Félix Leclerc

L'homme derrière la légende

Marcel Brouillard

Félix Leclerc

L'homme derrière la légende

ÉDITION DU CLUB QUÉBEC LOISIRS INC.
© Avec l'autorisation des Éditions Québec/Amérique inc.
© Éditions Québec/Amérique inc., 1994
Dépôt légal — Bibliothèque nationale du Québec, 1996
ISBN 2-89430-185-5
(publié précédemment sous ISBN 2-89037-762-8)

Imprimé au Canada

À mes petits-enfants, Zarah, Charlie, Vincent, Céleste,
à cette jeunesse en fleur à qui je souhaite,
à l'instar de Félix, de grandir dans un pays souverain
qui nous ressemble et nous rassemble.

NOTE DE L'AUTEUR

Depuis très longtemps, j'éprouvais le vif désir d'écrire la vie de Félix Leclerc, de l'homme derrière la légende. Sans le précieux concours de la grande famille de Québec/Amérique, principalement de Liliane Michaud, je n'aurais pu mener à terme cet hommage en faveur du pionnier qui a ouvert aux autres nations une fenêtre sur le Québec.

Toute ma reconnaissance va également à ma sœur Micheline, à mon frère Robert, à ma nièce Francine, à Philippe Laframboise, à Grégoire Leclerc et à Maurice Poirier, qui m'ont constamment épaulé durant cette période de gestation jusqu'à la délivrance, et bien sûr à Pauline, ma compagne des quarante-deux dernières années.

Un merci du fond du cœur va à tous ces proches de Félix, admirateurs silencieux, artistes, photographes et gens de lettres pour leur bienveillance, leur compréhension, leurs confidences et leur amitié.

TABLE DES MATIÈRES

Présentation

C'est dans les chansons que l'on retrouve les sentiments et les émotions d'un pays, aussi bien dans la tristesse que dans la joie. Tout au long de ces pages, vous suivrez en filigrane la petite histoire de nos chansonniers, de nos auteurs et interprètes, qui ont précédé ou accompagné celui qui porta les couleurs du Québec dans toute la francophonie : Félix Leclerc, le pionnier.

Pour marquer le quatre-vingtième anniversaire de la naissance du célèbre poète, cela s'imposait de partir à la recherche de sa véritable identité. J'oublie qui a dit « Tout homme a deux pays, le sien et puis la France », on pourrait croire que cette citation est de l'auteur du *P'tit Bonheur* et de *Moi, mes souliers*.

En relisant attentivement ce livre, avant de mettre sous presse, j'ai sursauté en constatant le nombre de personnes d'ici et d'ailleurs qui ont gravité autour de Félix Leclerc, depuis La Tuque, lieu de sa naissance en 1914, jusqu'à sa mort à l'île d'Orléans, en 1988. De là cette peur d'avoir oublié bien des gens ayant vécu dans les coulisses, dans l'ombre ou dans l'intimité de ce personnage qui n'entrait pas quelque part, mais qui apparaissait tout simplement, selon cette phrase imagée de son ami de la première heure, Guy Mauffette.

Bien entendu, on salue au passage plusieurs célébrités du monde culturel, politique et même sportif. Mais on y croise aussi ces humbles artisans, agriculteurs, ouvriers, bûcherons, ainsi que des comédiens et chanteurs avec qui Félix a établi des rapports amicaux, parfois durables, et avec qui il avait beaucoup d'affinités.

Au cours d'une vie, nul n'échappe à la critique ou à la cruauté humaine. Il n'y a pas à en faire une affaire personnelle, dit Félix, après avoir reçu des coups si durs qu'il aurait pu aussi bien abandonner en cours de route sa longue marche vers d'autres horizons. Nous tentons, pour la plupart, de faire pour le mieux sans y laisser trop de plumes.

Je souhaite, en évoquant les souvenirs d'un passé toujours présent, encourager ceux qui ont arrêté de croire en eux-mêmes et en la vie. Combien de jeunes artistes ou d'entrepreneurs de toutes sortes bourrés de talent ont rebroussé chemin, incapables d'affronter ceux qui montrent les crocs devant la compétence et la réussite de leurs semblables.

«En dépit de la civilisation, écrivait Maurice Chevalier, admirateur inconditionnel de Félix Leclerc, les lois de la jungle restent les mêmes. Seulement, on est plus ou moins coriace à ingurgiter et c'est ainsi que se décide notre destinée, belle ou désolante...» Même en s'inspirant de toutes les philosophies du monde, on ne peut vivre sans que le cœur s'use un peu, chaque jour, à essayer de comprendre...

Félix, le poète, né sous le signe du Lion, aurait pu se contenter d'une petite vie tranquille au milieu de ses proches. Mais il a choisi de se battre avec des mots, des idées, des chansons, une guitare, et de s'engager à défendre et à construire un pays à l'image de ses pionniers, de sa culture et de sa langue.

«La poésie, explique Gérard Depardieu, c'est pas une parole ou des livres, c'est une façon de vivre. Je pense que les poètes n'ont pas une parole, ils ont un souffle. Un poète, c'est quelqu'un qui va au bout de ce qu'il est, même si c'est difficile. Un poète, c'est quelqu'un qui ose être ce qu'il est. Qui n'a pas d'inhibitions, qui n'entre pas dans le troupeau de ceux qui suivent. Un poète, c'est quelqu'un qui est en marge avec son art, sa façon de voir des choses, au risque de choquer ou de blesser, un poète reste authentique, il dépasse les mots.»

On croit reconnaître Félix Leclerc dans le texte de Depardieu. Et sur ce témoignage, il est temps d'aller à la découverte du pays de Félix... mais avant tout de l'homme et de son histoire.

Marcel Brouillard

Mon cher Félix, tu es passé trop rapidement sur terre,
mais crois-moi tu as laissé à ceux qui t'aiment un sacré
maudit bagage d'amour, de tendresse inépuisable, que
tu emportes avec toi... au Paradis.

Francis Lemarque,
La Varenne, 14 janvier 1989

CHAPITRE PREMIER

La reconnaissance, enfin...

«Il aurait mieux valu que cet homme naisse sans bras et muet. Même écrit en bon français, l'ouvrage de cet écrivain désinvolte, morne et prétentieux ne serait qu'un os sans moelle, une pâte sans levain. Aucune de ses œuvres ne résiste à la lecture, la niaiserie suinte à chaque page. Chantant comme il écrit, par râles, par gargouillements et par rots; écrivant comme il chante, en feinte, en simulacre et en simili, cet homme sans talent poursuit à la scène, sur les ondes et dans les cabinets de lecture paroissiaux une fructueuse carrière industrielle.»

Si incroyable que cela puisse paraître, c'est l'un des commentaires qu'on peut lire, en 1940, à propos de Félix Leclerc, poète, dramaturge et chansonnier. Victor Barbeau est l'un de ceux qui fustigent l'écriture de Leclerc. «Personne n'a objection que pour l'amusement des mineurs il lance ses bulles de savon sur les ondes, mais, de grâce, qu'il ne prenne surtout pas ses savonnades pour de l'art. Ce fabricant de sucettes et de pommades n'invente pas, ne crée pas; il salive et transpire. C'est le conformisme lustré à la vaseline, la niaiserie montée en papillotes, la platitude découpée en caramels», poursuit le fondateur de la Société des écrivains canadiens.

«Comment un auteur connu, accrédité auprès des amateurs de la radio et de son peuple peut-il être pris au sérieux? se demande pour sa part Gilles Marcotte. Tout chez Leclerc sonne comme une timbale de fer-blanc, ce style prétendu naturel et spontané sent l'artifice à plein nez.» Il parle même de tromperies de la part de Jean Giono, de l'académie Goncourt, qui a accepté de préfacer *Moi, mes souliers*, et trouve exagérés les éloges de l'académicien à l'endroit de Félix Leclerc.

Que de polémiques littéraires autour de celui qui raconte simplement son enfance, ses premières désillusions et ses aspirations les plus profondes ! Comment expliquer que les écrits de Félix Leclerc fassent couler autant d'encre et de salive ?

Félix est atteint au cœur par cette litanie de mauvaises critiques qui lui inspirent des réflexions bièn amères : « Admettre le talent du voisin c'est presque avouer ne pas en avoir. Mon Dieu, comme on a de l'esprit et de la verve quand c'est pour démolir une œuvre que, dans le secret de son cœur, on aurait voulu écrire, mais comme les mots viennent laborieusement quand c'est pour reconnaître, admirer et s'incliner ! »

Au bout du rouleau, découragé, surmené, le voilà bien près de craquer. Il n'a qu'une envie, quitter la métropole où il tire le diable par la queue depuis son arrivée. Guy Mauffette et Henri Deyglun, forts de leur amitié naissante, tentent de l'encourager et lui confient de petits rôles dans des radioromans populaires, mais leur soutien est impuissant à secourir l'artiste meurtri.

Son état de santé laisse aussi à désirer. Le 6 février 1943, Félix se retrouve dans la salle d'attente du docteur Benoît Charlebois pour ce qu'il croit être de l'épuisement, ou de la fatigue.

Quelques jours plus tard, Félix fait lire la recommandation du médecin à Andrée, sa jeune épouse de quelques mois :

> « La présente est pour informer que le porteur, Félix Leclerc, est actuellement en repos pour une période indéfinie et ne devra revenir habiter la ville que lorsque nous en jugerons le moment venu. »

L'omnipraticien a en effet décelé une tache sur un poumon, ce qui à l'époque est un diagnostic inquiétant. Aussitôt Félix s'installe à Saint-Jovite, à quinze minutes du sanatorium de Sainte-Agathe qu'il fréquentera pour recevoir un traitement contre la tuberculose pulmonaire.

Même si Félix ne goûte pas vraiment ce repos forcé dans les Laurentides, il y trouve d'assez nombreuses satisfactions. D'abord, ce qui n'est pas pour lui déplaire, il a tout le loisir de rêvasser, comme il a tout le temps de chausser ses skis ou ses raquettes pour explorer les hautes montagnes laurentiennes. Grâce au curé Rodolphe Mercure, il fait la connaissance de Mgr Albert Tessier, historien et photographe renommé de la Mauricie. Par son entremise, plusieurs textes de Leclerc

18

paraîtront dans la *Revue dominicaine* et dans la revue de l'oratoire Saint-Joseph.

L'air salutaire du Nord laurentien est si efficace que Félix revient bientôt s'installer dans la métropole où il fait plus ample connaissance avec le père Émile Legault, qui l'entraîne dans la belle aventure des Compagnons de Saint-Laurent. Au sein de la troupe de théâtre, Félix arrive à cicatriser ses blessures et retrouve sa sérénité.

▼

Face à l'incompréhension, la maladie, la carrière qui n'avance pas, Félix a toujours pu compter sur le soutien des siens : «Laisse faire, mon Félix, il y aura de beaux jours pour toi, plus tard», lui répète sa mère, Fabiola, qui sait depuis toujours mesurer les tourments de son gars.

Tout jeune déjà... Filou, et plus tard Félisse, comme on l'appelait dans la famille, a commencé à composer des poèmes et à écrire des chansons. Sa mère l'encourageait fortement, même si son père, lui, trouvait que ce n'était pas un vrai métier. Il avait même offert à son fils de lui acheter une bonne terre et de l'installer confortablement.

«Mon père, raconte Félix, avait hâte que je me trouve un emploi bien à moi et comprenait mal que mon avenir fût, en apparence, le moindre de mes soucis. Après m'avoir consulté et m'avoir donné tout le temps pour y penser, il me suggéra d'aller comme commis au magasin général du village, tenu par quatre vieilles filles à museau de fouine. On m'engagea pour un mois. Je m'y rendais à bicyclette. Sur le guidon, j'avais installé un lutrin de broche auquel j'attachais de la lecture. Je me disais : "Un mois c'est un mois, après on verra..." Papa m'avait dit : "Tu veux chanter, d'accord ; mais chanter, c'est pas travailler, il faudrait que tu travailles. Les chanteurs que je connais chantent le soir, mais le jour, ils travaillent."» Dans le clan des Leclerc, on ne badinait pas avec la morale et le travail à accomplir. On devait apprendre un métier et gagner sa vie honorablement.

Son frère aîné, Jean-Marie, rebaptisé du nom de John, s'amusait du comportement original de l'«artiste» de la famille.

« Une fois, raconte John, il y avait un feu au nord, dans le bois, là-bas au bout de la terre... Filou est parti en courant comme un lièvre, sans penser à apporter une chaudière. Arrivé sur les lieux, il s'est mis à saucer son chandail de laine à col roulé dans le ruisseau, et il a éteint le feu avec ça ! Ce n'était qu'une flambée de branches mais le bois aurait pu y passer au complet. »

Filou aimait se lever tôt pour faire de grandes promenades dans les champs et respirer l'air du pays. On comptait sur lui pour rentrer avant la traite des vaches et le soin des veaux, mais quand il s'amenait enfin avec aux lèvres des mots ensoleillés de jours de fête, le travail était bien souvent terminé depuis longtemps. On lui pardonnait facilement ces escapades parce qu'il savait si bien raconter le vent et la neige en plein été, la débâcle des rivières et la douceur de la forêt endormie par le chant des hirondelles au printemps.

Ce campagnard, poète et déterminé, rêvait-il de briller sur les grandes scènes ? Souhaitait-il la gloire, l'argent, la vie facile, les voyages ? Non, ce qu'il voulait, c'était écrire sans relâche, inventer des mots, être reconnu avant tout comme dramaturge. S'il était avare de confidences sur ce sujet, ce n'était pas faute de connaître ses aspirations, mais plutôt parce qu'il ignorait quelle route le mènerait là où il voulait aller.

Quelques années plus tard, quand sa mère laisse entendre qu'il devra peut-être songer à s'expatrier si ses compatriotes ne l'acceptent pas, Félix répond sèchement : « Je ne passerai pas ma vie à m'excuser d'être Canadien français et à demander pardon à mon voisin d'être catholique. Ce sont là deux vêtements chauds, bien à moi, que je salis, que je couds et découds, parce qu'ils sont faits sur mesure pour moi dans ce pays rigoureux en pleine gestation. »

Son pays ! C'est toujours à ce thème que revient Leclerc. Il fut le premier à chanter et à raconter véritablement les gens de son pays, les humbles travailleurs, les silencieux fonctionnaires, les draveurs, les bûcherons, les faiseurs de pain et de rien, les mal-aimés et ceux qui ont appris par cœur, comme Raymond Devos, admirateur du début, la *Prière bohémienne*, pour savoir sourire aux voisins, sans en avoir envie.

▼

Il lui faudra attendre la reconnaissance d'outre-Atlantique pour que l'élite de son pays commence à le considérer avec sérieux. «Si l'on s'en prend si fort à Leclerc, écrit Jean Pellerin, c'est sans doute parce que ce jeune auteur de chez nous, ce petit monstre sacré et adulé des gens ordinaires, mérite qu'on s'intéresse de près à l'évolution de son talent. Voilà que, cinq ans après les attaques sans merci des médias coriaces, on parle du plus grand ambassadeur de la chanson française de son temps. Le peuple entier se retrouve maintenant dans la poésie et les chansons de Félix Leclerc, qu'on n'hésite pas à qualifier de pionnier. Il était écrit quelque part que cet homme de passion renaîtrait à l'âge de trente-six ans et qu'il ne pourrait plus échapper à son destin. Attendons voir ce qu'il adviendra de cette prophétie. On sait qu'il est plus difficile d'acquérir la notoriété auprès des siens qu'auprès des étrangers.»

▼

Le 23 décembre 1950, Félix Leclerc foule la scène du music-hall de l'ABC, à Paris. «Je m'avance avec ma guitare d'une main et ma chaise de l'autre (pour mettre mon pied dessus) et je n'entends qu'un bruit dans le silence de la salle : mes pas, le son de mes godillots canadiens qui, péniblement, vont l'un devant l'autre.» Dès la première chanson, l'assistance manifeste son contentement sans ambiguïté aucune. Ainsi, les Français l'applaudissent, ils aiment ses chansons. Félix gagne les coulisses étonné et ravi. «Les rideaux à l'italienne me passaient devant le visage et je me souviens avoir failli culbuter lorsqu'un machiniste me poussa sur scène pour resaluer. C'était parti.»

Une fois le rideau tombé, les ovations diluées et la foule dispersée, seul dans sa loge minuscule, Félix revoit le chemin parcouru depuis sa prime jeunesse à La Tuque, au sein de la maisonnée où naît sans doute son attrait pour la musique et l'écriture.

Assis à la grande table de cuisine, Félix, entouré de ses sœurs et frères, s'exerce au dessin sur du papier d'emballage, à la lueur de la lampe à huile. La ville ne sera électrifiée qu'en 1919. La propriété familiale regorge de distractions pour Félix qui ne manque pas une occasion de se faufiler à l'écurie où l'attendent les chevaux Nellie, Dolly...

Comme il est coutume dans les grandes familles, les aînés veillent sur les plus jeunes. Les tâches sont nombreuses, mais les Leclerc sont admirablement secondés par Harry McInnis, l'homme de confiance de la famille, un Irlandais catholique qui voit à la bonne marche des affaires. Quant à Fabiola, elle peut compter sur la fidèle Exilda Boudreau, qui l'assiste dans ses tâches ménagères pendant une bonne douzaine d'années.

Déjà la musique est présente dans la vie de Félix. L'heure des devoirs des écoliers Leclerc est baignée des airs de Bach, Beethoven et Chopin, que l'aînée de la famille, Marthe, exécute au piano. Souvent, après ses concerts improvisés, elle place sur le phonographe des 78-tours de Jean Latulippe et ses rigodons, de la chanteuse et auteure Aurore Baulé et du folkloriste Charles Marchand. À d'autres moments, c'est Enrico Caruso et ses plus beaux airs d'opéra qu'on peut entendre, au grand bonheur de Félix, de son frère Grégoire et du jovial Léo, son père, qui a une superbe voix de baryton.

Non loin des Leclerc, une maison blanche abrite les musiciens de la fanfare municipale qui portent l'uniforme bleu à boutons dorés et la casquette à visière de mica. Le drapeau tricolore de la France y est déployé, rappelant ainsi les plus beaux refrains de la Bretagne et de la Normandie. De temps en temps, le Corps de clairons du collège Saint-Zéphirin, dans lequel Félix joue de la grosse caisse, marche dans les défilés au son de *La Belle Françoise* ou de *Marianne s'en va-t-au moulin*. Félix fait aussi partie de la chorale des petits et joue les premiers rôles au théâtre de l'école.

Certains jours, dans la grande remise convertie en théâtre, Félix monte des pièces qu'on annonce à grand renfort de publicité artisanale et dont l'entrée coûte un sou, dix allumettes ou... n'importe quelle babiole !

En 1961, alors que Félix Leclerc est invité à signer le livre d'or de sa ville natale, lors du cinquantième anniversaire de La Tuque, le maire Lucien Filion, un ancien camarade de classe, lui cite cette phrase du romancier Graham Greene qui résume fort justement l'enfance de Félix : « Il y a toujours dans notre enfance un moment où la porte s'ouvre et laisse entrer l'avenir. »

▼

Félix est né poète et musicien comme d'autres naissent fonctionnaires ou commerçants. La simplicité, la spontanéité, le rêve et la liberté, voilà ce qu'a toujours apprécié celui qui refusait de vieillir et se voulait un enfant de douze ans pour l'éternité.

À des milliers de kilomètres de sa terre natale, Félix prend conscience de l'importance de son engagement. Ses livres et ses chansons deviennent vite des armes pour défendre le pays laissé derrière lui. Oubliées les railleries des débuts, finie l'amertume. «Nous l'aimerons plus longtemps que les autres, parce que nous aurons mis plus de temps à l'aimer...», Félix aimait croire que cette phrase de Marcel Proust, auteur qu'il relira toute sa vie sans se lasser, s'appliquait aussi à lui.

▼

Tout de suite Paris prend le «Canadien» dans ses bras et l'adopte sans condition. Pour la première fois, sur une scène parisienne, un homme se présente au public, seul, une guitare à la main et des poèmes aux lèvres. Il chante naturellement. Suivront Georges Brassens, Jacques Brel... On est unanime à déclarer que la France ne respire pas seulement l'air d'une de ses lointaines provinces. Elle assiste réellement à une révolution dans l'histoire de la chanson populaire. Le prophète avait vu juste puisque Félix venait d'avoir trente-six ans.

(Photo Germaine Saint-Denis. Musée régional de Vaudreuil-Soulanges)

CHAPITRE 2

Tout commence à La Tuque

Le dimanche 2 août 1914, c'est le début de la Première Guerre mondiale. Un grand nombre de Canadiens traversent l'Atlantique ; beaucoup ne reviendront pas. À La Tuque, au cœur du Québec, c'est un jour sans nuages ponctué d'un événement heureux : la naissance du sixième enfant des Leclerc, Félix.

Joseph Félix Eugène est l'enfant de Fabiola Parrot, alors âgée de trente-quatre ans, et de Léonidas Leclerc, une force de la nature. Cadet de Marthe, Clémence, Jean-Marie, Grégoire et Gertrude, Félix sera suivi de Cécile, Thérèse, Gérard, Brigitte et Sylvette : onze enfants en tout.

Entre Fabiola et Léonidas c'est le coup de foudre dès la première rencontre. La jeune fille vit dans une ferme à Sainte-Emmélie, à une cinquantaine de kilomètres de Trois-Rivières, et le jeune homme habite lui aussi dans une ferme à Saint-Édouard, à près de soixante kilomètres de la ville de Québec.

Après le mariage, en 1904, le couple achète une fromagerie à Biddeford (Maine), aux États-Unis. Deux ans plus tard, Léo, qui a la bougeotte et le goût du risque, vend à profit son entreprise. Il s'installe alors à La Tuque avec sa femme et leur premier bébé, Marthe, et se lance dans le commerce des chevaux, du foin, des grains et du charbon. Il réussit de plus à obtenir un permis de vente de boissons alcoolisées et devient vite prospère. Le grand comptoir de l'hôtel Leclerc attire une clientèle de gaillards à la recherche de gaieté et de distractions, ces nouveaux aventuriers venus s'établir dans une région en développement, prêts à tous les sacrifices pour tenter de s'assurer un avenir meilleur.

Du côté maternel, le grand-père de Félix, Eugène Parrot, est originaire de la région de Besançon, en France. Établi à Sainte-

Emmélie, il y tenait un magasin général. Il meurt en 1911, l'année où Grégoire vient au monde. Grand-maman Parrot, née Nathalie Langlois, institutrice, passe de longues périodes à La Tuque chez sa fille Fabiola avec qui elle s'entend à merveille. C'était, dit-on, une femme racée et digne. Quand Nathalie Parrot déambulait dans la maison, on raconte qu'on n'entendait que les frous-frous de son élégante longue robe noire.

Peu de temps après la naissance de Félix, le 168 de la rue Tessier, la maison familiale, est haussé de deux étages. On loue des chambres, principalement aux bûcherons et aux draveurs de l'extérieur et parfois aux patrons de la Brown Corporation, Harry Hellier et Onésime Gagnon, qui possèdent une usine de *pulpe* sur le bord des chutes de la rivière Saint-Maurice.

Léo a de l'entregent, c'est l'ami de tous : le curé Eugène Corbeil, un colosse comme lui ; son voisin qui ne fréquente pas l'église, Jos Lamarche, propriétaire de l'hôtel Windsor de La Tuque ; Télesphore Gravel, commerçant en lingerie ; Ernest Desbiens, inventeur et architecte sans diplômes ; François-Xavier Lamontagne, épicier-quincaillier et maire de 1927 à 1935.

À cette époque, la vallée prometteuse de la Haute-Mauricie accueille nombre de travailleurs dans ses chantiers. La Wayaga-mack engage des entrepreneurs et des hommes de foresterie pour couper le bois et amener la *pitoune* au *moulin à scie*. Tous s'approvisionnent chez Léo Leclerc : « Commerçant de bois et charbon, location de voitures de luxe pour les grandes céré-monies et de bogheis, déménagement et transport ». Tout un programme !

La grande remise rouge déborde de carrioles et de cabriolets. On y trouve même un fiacre royal qu'on peut louer à l'heure, et qui est tout indiqué pour *promener sa blonde les bons soirs*. Même les *boss* de la Canadian International Paper font partie de la clientèle. Léo laisse à ses plus vieux le soin de compter les recettes, en prenant soin de les prévenir cependant que « des provisions de courage pour l'avenir valent mieux qu'un plein sac d'or et d'argent ».

Dans le clan Leclerc, on se serre les coudes et on voit grand. L'oncle Aurèle, notaire, vient régulièrement à La Tuque pour négocier les contrats de terrains et de propriétés de Léo. Échange de bons procédés puisque c'est Léo, avec l'aide de ses frères Oscar et Alphonse, qui a payé les études du fortuné professionnel de Québec.

Dans les années vingt, le père de Félix passe pour l'homme le plus riche de la région. Avec son physique impressionnant (Félix le comparait à Harry Baur, cet acteur français à la taille imposante qui campa un Jean Valjean inoubliable dans les années trente) et sa force herculéenne, on a aussi souvent recours à lui dans des situations difficiles.

Malheureusement, le succès de Léo ne lui vaut pas que des amitiés. Une nuit, le feu consume la remise et toutes les voitures : carrosses, carrioles, calèches. Seule la maison est épargnée. Un peu plus tard, tout le bois coupé et les installations des Leclerc en montagne sont aussi ravagés par les flammes. Bientôt Léo reçoit une lettre anonyme : « Léo, t'as vu brûler ta remise, t'as vu brûler ton bois ! Maintenant, c'est une rançon de $5,000 ou toi ou l'un des tiens périra par l'arme à feu. »

Léo et ses proches tendent un piège au maître chanteur. Mais celui-ci n'est pas dupe et la riposte ne se fait pas attendre : « Léo, t'as vu brûler ton bois, t'as ri de moi avec ton enveloppe bourrée de papier à la place de l'argent. Écoute ! La rançon de $5,000, c'est pas une farce, je mettrai mon projet à exécution. Prends-moi pas pour un tordu. Dépose du vrai cash cette fois, à la même place, demain à onze heures du soir. Viens seul sans témoin. Agis comme je te le dis, sinon attends-toi au pire. »

Parents et enfants sont bouleversés par ces malheurs qui s'acharnent sur eux. On parle même de quitter la région. Réflexion faite, on décide de jouer le grand jeu. Léo et Rosario Beausoleil, le chef de police qui a pris soin de se déguiser, vont déposer une autre enveloppe truquée à l'endroit fixé, sur la plus haute branche d'un chêne en direction de Fitzpatrick... Enfin ! on arrête le coupable qui échappe de justesse à la colère de Léo, prêt à lui servir toute une raclée, grâce au policier qui préfère le remettre à la justice. Le condamné purgera sa peine derrière les barreaux, malgré les appels à la clémence de Fabiola, plutôt encline au pardon.

▼

En 1925, La Tuque, dont la population est d'environ 5 000 âmes, est en pleine évolution. Il n'y a pas si longtemps, cette ville de la Mauricie, fondée en 1911, bâtie en plein cœur de la forêt sauvage, servait de grande artère aux voyageurs, aux Amérindiens, aux missionnaires et aux premiers colons, sans oublier les coureurs de bois et les trafiquants de fourrures.

Léo Leclerc, ami du maire Wenceslas Plante, est bien intégré dans la vie de sa communauté et assiste régulièrement aux réunions du conseil municipal menées d'une façon assez pompeuse et teintées, sinon imbibées, de religion comme il se doit à l'époque :

— Tout le monde debout, ordonne le maire, pour réciter les prières d'usage et demander au Seigneur de bénir nos délibérations. Je ne veux pas faire de sermon, mais il ne faut jamais oublier le bon Dieu.

Après le retentissant « Ainsi soit-il » de l'assistance, terminé en crescendo par le jovial et barytonnant Léo Leclerc, le maire Plante ouvre l'assemblée. Un soir, il se tourne vers le conseiller Georges Filion pour le citer en exemple parce qu'il a amené avec lui son jeune fils Lucien. Le conseiller entend ainsi lui enseigner ses devoirs de jeune citoyen.

Lorsque Félix apprend que son camarade du collège Saint-Zéphirin a assisté à une séance du conseil, il tanne son père jusqu'à ce que celui-ci lui promette de l'amener à l'hôtel de ville.

C'est ainsi que, curieux de tout, et déjà intéressé aux questions de la société qui l'entoure, Félix est présent à la réunion suivante, timidement assis au bout d'un banc de la salle de réunion de l'hôtel de ville, mais la main déjà fermement levée pour poser sa première question de citoyen : « Pourquoi les jeunes n'ont-ils pas le droit d'assister aux séances du conseil comme les adultes ? Ici, il me semble qu'on est en de bonnes mains », de plaider Félix, qui reçoit alors ses premiers applaudissements.

Cet éveil social n'annule en rien ses autres sujets d'intérêt. Au royaume des orignaux, des ours et des castors, Félix connaît une enfance heureuse dans une famille où l'on aime aussi les arts ; sa mère, entre autres, est bonne musicienne. Les instruments de musique de toutes sortes abondent dans la maison : violon, violoncelle, banjo, piano, guitare et *ruine-babines*. Le soir, on chante en chœur *À Saint-Malo beau port de mer*, *J'ai mis des cordes à mon violon*, *Il était un petit navire*, *Au bois du rossignolet*, *Michaud est tombé*, et toujours *Le Petit Mousse*. *La Légende de saint Nicolas*, patron des écoliers, est la préférée de Félix qui s'oblige à chanter l'air jusqu'au huitième couplet puisque ce n'est qu'à ce moment que les trois petits enfants, mis à mort par le méchant boucher, ressuscitent.

VIII
Le premier dit : J'ai bien dormi.
Le second dit : Et moi aussi.
Et le troisième répondit :
Je croyais être en Paradis !
Il était trois petits enfants,
Qui s'en allaient glaner aux champs...

Bientôt c'est l'âge d'or de la radio, on écoute les émissions folkloriques d'Ovila Légaré ou de Tommy Duchesne. On chante et on danse parfois jusqu'aux petites heures du matin. On ne manque jamais de musiciens dans la famille pour accompagner les chanteurs, que ce soit au piano, au violon ou à l'accordéon. Tous les airs de *La Bonne Chanson* de l'abbé Charles-Émile Gadbois y passent : *Le P'tit Cordonnier*, *Le P'tit Grégoire*, *Veux-tu le vrai bonheur ?*, *Il faut croire au bonheur*, *Le P'tit Moulin*. Comme il en pleut des *bonheurs* et des *p'tits*! Félix en a-t-il été influencé quand il a écrit *Le P'tit Bonheur* ou *La P'tite Misère*?

Ses loisirs d'adolescent sont partagés entre la forêt, la musique et la lecture. En hiver, les bûcherons engagés par le paternel affûtent leurs haches ou leurs scies, pendant qu'on joue Schubert au salon...

Somme toute, Félix vit une adolescence harmonieuse, sans révolte. Il sait ce qu'il doit à son père : l'énergie, la solidité, la lutte et la gaieté. Il connaît le rôle de sa mère qui incarne le courage, le rêve, l'enthousiasme.

Les soirs d'hiver, ma mère chantait
Pour chasser le diable qui rôdait ;
C'est à mon tour d'en faire autant
Quand sur mon nom coule le vent.

▼

En 1928, c'est le départ de Félix pour le séminaire des oblats de Marie-Immaculée à Ottawa, à deux pas du parlement du Canada. Dans le train qui l'amène dans la capitale, son père lui confie : «Quand tu reviendras en vacances, peut-être que ce ne sera pas à La Tuque.» Et de fait, durant les quatre années de ses études secondaires, Félix rend visite aux siens chaque fois dans une ville différente. Léo a constamment besoin de bouger : tantôt on le retrouve à Val-d'Or, tantôt à Rouyn, tantôt à Noranda, à Trois-Rivières... et la famille le suit !

Il ne faut pas croire que Félix entre au séminaire pour cause de vocation. Comme beaucoup de jeunes de l'époque qui démontraient un quelconque attrait pour l'étude, la lecture ou faisaient tout simplement preuve d'une certaine curiosité intellectuelle, Félix avait été remarqué par un père *recruteur* qui avait cru déceler chez lui la vocation sacerdotale. «J'étais un petit gars de la Mauricie, dit Félix, qu'un père oblat qui recrutait dans les campagnes avait emmené au juvénat du Sacré-Cœur pour faire un missionnaire dans le Grand Nord en lui promettant un traîneau à chiens. J'aimais les chiens, ma mère pleurait de bonheur et moi j'étais malheureux comme les pierres dans ce milieu où on n'apprenait que le pardon et la miséricorde. Le seul professeur qui m'ait un peu marqué, c'est le père Arthur Guertin, un bon nationaliste canadien-français qui fut aussi un grand curé à Hull.»

Félix est scruté à la loupe par ses professeurs religieux. On évalue ses capacités intellectuelles, physiques et morales. Le rapport du père Louis-Philippe Pelletier, o.m.i., est éloquent à cet égard.

La Tuque, 28 juin 1928

DOSSIER DE M. FÉLIX LECLERC

1 - Au point de vue physique :

Enfant grand et gros pour son âge...
Santé semble excellente...

2 - Au point de vue moral :

Piété : enfant vraiment exceptionnel au point de vue piété, c'est ce que disent le curé, les vicaires, les frères... Est le servant de M. Corbeil, curé (au couvent)... ne manque jamais la messe le matin et communie souvent...

Talent : intelligence ordinaire mais capable de faire, je crois, un bon cours classique... c'est d'ailleurs l'opinion de ses professeurs, les frères maristes...

Caractère : énergique, curieux et très ouvert...

Vocation : vocation solide, je crois... Depuis longtemps l'enfant désire faire un missionnaire chez les sauvages. Il a manifesté son désir à M. Corbeil et à M. Cormier. Lors de sa dernière visite, l'enfant en a parlé à Mgr Rhéaume qui lui a conseillé de s'adresser au juniorat...

3- Au point de vue éducationnel :

École : fréquente l'école des frères maristes de La Tuque...

Classe : est en cinquième année et dans la première moitié de sa classe... six... sept... sur vingt...

Examen pour entrer au juniorat :
    Analyse : bien... (2 fautes)
    Dictée : bien... quelques fautes...
    Anglais : très bien
    Arithmétique : assez bien

4- Au point de vue familial :

Esprit vraiment chrétien dans la famille... l'une des meilleures de La Tuque, dit le curé, et je le crois...

Le père travaille à Rouyn et la famille doit déménager à l'automne...

Nombreuse famille et tous les enfants semblent avoir une éducation peu ordinaire... Deux jeunes filles ont fait leur cours complet au couvent de Nicolet... une autre doit y aller en septembre... Un jeune homme est au Collège séraphique des capucins d'Ottawa depuis trois ans...

La mère ne désire rien tant que de donner ses enfants au bon Dieu, elle est prête à faire tous les sacrifices... Elle s'engage à donner $120 par année pour Félix...

N.B. À en juger par l'ensemble, je crois que c'est une excellente demande... Plusieurs prêtres et religieuses du côté de la mère. Voir sœur Nathalie de l'école normale de Hull.

Fabiola, comme beaucoup de mères québécoises de l'époque, prie depuis longtemps pour obtenir qu'un de ses enfants entre en religion. Son rêve est encore à réaliser : Gertrude et Cécile vont à l'école normale de Hull, pas tellement éloignée du collège de leur frérot. Jean-Marie est inscrit à l'Institut agricole d'Oka. Quant à Grégoire (Greg), qui fréquentait le Collège séraphique des capucins à Ottawa depuis 1927, il finit par se caser au collège Bourget, de Rigaud, en 1930, afin d'améliorer sa connaissance des affaires et de la langue anglaise. « Je me suis présenté au bureau du premier clerc de Saint-Viateur en faisant un peu le fanfaron. Je connaissais la vie, j'avais eu des blondes, je fumais et je ne voulais pas qu'on me marche sur les pieds. »

Comme son frère Grégoire, Félix renoncera à l'apprentissage de la vie religieuse après quelques années d'essai et de douces pressions exercées par sa mère...

▼

Pendant ce temps, Léo, lui, a d'autres préoccupations et comme chaque fois qu'il a une idée, sa décision est vite prise. Voilà qu'il lorgne du côté de l'Abitibi. Avec son ami Camille Rivard, il fonde une compagnie et achète un important commerce d'épicerie. La famille se retrouve donc à Rouyn au printemps de 1929.

Malheureusement, le krach boursier vient tout mettre en péril. En 1931, les Leclerc décident de transporter leurs pénates à Trois-Rivières, rue Sainte-Julie, et d'acheter une épicerie, avec permis de vente de bière, sur la rue Saint-Maurice. Léo et sa fille Clémence, plus particulièrement, veillent à la bonne marche du nouveau commerce.

Cependant, Léo n'est pas vraiment heureux ; ce qu'il aime, c'est la vraie vie d'habitant, de défricheur, de laboureur. À l'automne, la famille s'établit donc sur une terre à Sainte-Marthe, près de Trois-Rivières.

Par un heureux hasard, Léo trouve à acheter à bon compte tout l'équipement et les animaux de ferme d'un cultivateur au cours d'une vente aux enchères. Le seul inconvénient, c'est que ce cultivateur habite Sainte-Eulalie. Pendant deux jours et deux nuits, en caravane, il faut traîner le troupeau de vaches, de cochons et de moutons, puis les chevaux, l'un attelé à une charrette chargée de cages à poules et de lapins, et l'autre tirant des meules de foin à fourrage. Quelle équipée ! Étant donné l'occasion, Félix s'est esquivé momentanément de ses études à Ottawa pour venir prêter main-forte à sa famille bohémienne. Bien des années plus tard, l'employé de la ferme, Georges Tye, prend toujours plaisir à raconter les multiples péripéties de ce déménagement spectaculaire.

Enfin, la vie reprend son cours normal pour les campagnards. Les soirées musicales recommencent, c'est maintenant au tour de Gertrude de s'asseoir au piano pour jouer *Plaisir d'amour* et accompagner les belles voix de Léo, de Greg, qui a appris le solfège à Ottawa, et de Félix au moment des vacances. Quant à l'épicerie de Trois-Rivières, l'histoire se termine en queue de poisson. C'est une perte quasi totale.

Greg, ses études terminées, n'attend que l'occasion d'aller travailler à l'extérieur pour aider les siens. Comme toujours, chez les Leclerc, l'aide vient souvent d'un membre de la famille. Un jour d'avril 1934, l'oncle Aurèle, fier de son rôle d'homme arrivé, ayant de bonnes relations et voulant en faire profiter ses proches, s'amène avec une proposition de travail pour Greg :

— C'est officiel, mon Greg ! Dans une semaine, tu dois être à ton poste au ministère de la Colonisation au parlement de Québec. J'ai la parole du premier ministre, Alexandre Taschereau, un bon libéral comme moi. Comme toi aussi, j'espère bien. Ta chambre est réservée à la pension Lachance. Peut-être que Félix te rejoindra un de ces jours... Il doit bien avoir fini de servir la messe au couvent et de jouer au galant en valsant avec sa garde Lemieux...

Quelque temps auparavant, Félix avait servi de chevalier servant à cette garde Lemieux lors de sa première sortie mondaine au banquet offert par l'usine de *pulpe*, et la famille s'était un peu moquée de ses timides picotements amoureux. «Pour la première fois je voyais ses bras nus, où couraient des diamants ronds comme des yeux. Son cou plus blanc que l'ivoire tenait un collier d'or fin. Elle avait l'élégance et la majesté d'une reine.»

Enfin, Greg est ravi d'avoir trouvé un travail. Quant à Félix, inscrit à l'Université d'Ottawa, il a bien le temps d'y penser. Quoique...

(Archives Fernand Robidoux)

CHAPITRE 3

Premières armes à la radio

Au cours de ses études dans la capitale fédérale, Félix étudie religieusement l'œuvre des poètes que l'on dit maudits : Baudelaire, Verlaine et Rimbaud, le célèbre auteur du *Bateau ivre*. Il lit Paul Claudel et connaît par cœur *Le Vaisseau d'or*, d'Émile Nelligan, mais ne néglige pas les chansons populaires de Lucienne Boyer, *Parlez-moi d'amour*, et de Tino Rossi, *Ô Corse, île d'amour* et *Vieni, vieni*.

C'est aussi l'époque où nos glorieux Canadiens remportent la coupe Stanley pour la deuxième année consécutive avec les Aurèle Joliat, Howie Morenz et Armand Mondou. Même si Félix ne peut admirer la photo des joueurs que sur de petites cartes distribuées avec parcimonie, il peut tous les reconnaître par une seule mèche de cheveux : Sylvio Mantha, Pit Lépine, Albert Leduc et le gardien de but George Hainsworth sont parmi ses préférés.

En 1933, la crise fait encore des ravages et le manque d'argent des Leclerc contraint Félix à interrompre ses études à l'Université d'Ottawa.

Le jeune Félix retourne donc sur la terre de ses parents maintenant établis à Sainte-Marthe, à cinq minutes en aval de Trois-Rivières et du sanctuaire Notre-Dame-du-Cap, lieu de pèlerinage très fréquenté. Là, il n'est pas long à comprendre qu'il n'a pas la vocation agricole. Les travaux de la ferme et des champs ne sont pas vraiment de son ressort. Au contraire, lorsqu'il veut participer à la tâche, Félix ne parvient qu'à distraire la famille et les *engagés* avec ses histoires loufoques. Un vrai clown !

Là où il est le plus utile, c'est à la veillée, où il ne se fait pas prier pour chanter en s'accompagnant tant bien que mal à la guitare, assis dans l'escalier ou sur le perron. Son répertoire va de *Mon chapeau de paille* au *Credo du paysan* en passant par *L'Angélus de la mer*, *Le Rapide-Blanc* et les chansons de La Bolduc. Mais avant tout, l'artiste en herbe veut chanter ses compositions, dont sa première, à peine ébauchée, qui deviendra *Notre sentier*.

L'écriture l'attire, surtout l'écriture pour le théâtre. Il étudie Shakespeare et Molière qui le fascinent. Toutes ces activités n'empêchent pas Félix de penser qu'il a vingt ans et qu'il est peut-être temps de chercher du travail. Il se souvient d'avoir lu quelque part que l'homme d'action est avant tout un poète, qui doit passer de la parole aux actes.

▼

Voilà que c'est son parrain, l'oncle Alphonse, qui le fait passer aux actes en l'amenant à Québec. Son filleul a la parole facile, signe indéniable d'une aptitude au commerce. Pour l'oncle Alphonse, la situation est claire : l'entregent de Félix, sa faconde, son goût pour le monde sont autant de qualités qui feront de lui un fameux vendeur d'assurances ou de produits domestiques. L'oncle imagine déjà le succès que remportera ce beau jeune homme en train de faire du porte à porte !

Ce n'est toutefois pas l'avis du nouveau citadin qui voit l'avenir d'un autre œil. Et d'ailleurs, sans qu'il l'ait formulé précisément, son premier rêve se réalise : le voilà annonceur à la radio de Québec.

À CHRC, Félix est tour à tour lecteur de nouvelles, animateur, et homme à tout faire, de 1934 à 1937. Au cours de l'émission qu'il anime, *Le Club du coucou*, on entend Jean Sablon, Mireille, La Palma de l'Empire, Réda Caire, Roméo Mousseau et Fernand Perron. C'est avec humour que Félix racontait qu'il devait chaque matin ouvrir la station, à l'hôtel Victoria, avec le *God Save the King* et la fermer chaque soir avec le même hymne national. «Fallait bien faire plaisir à ces quarante familles anglaises de la capitale et leur démontrer que j'étais bilingue.»

À Québec, il habite avec son frère Grégoire qui assiste à la naissance de sa carrière radiophonique. Son aîné est probablement, de tous ses frères et sœurs, celui de qui il a toujours été le plus près.

Félix passe la majeure partie de ses loisirs à lire et à écrire. Il prend aussi des leçons de guitare de Victor Angelilo, pour lequel il gardera un profond respect. Bientôt l'élève rejoint presque le maître : «Continuez par vous-même, lui dit Angelilo, vous avez trouvé votre propre style.»

Toutes ces occupations lui laissent bien peu de temps pour fréquenter les cafés ou courir les filles ou pour avoir une petite amie.

Il y a bien une certaine Pauline Duval, qui travaille à la station de radio de Trois-Rivières. Mais les parents ne veulent rien savoir du prétendant de leur fille : à cause de son accoutrement, de sa tignasse en broussaille et de son comportement étrange qu'ils trouvent souvent incompréhensible. Cependant, le charmeur plaît beaucoup, pour ne pas dire passionnément, à sa cousine, Louise Leclerc. Elle le compare au beau François Paradis, le héros de *Maria Chapdelaine*.

Originaire de la ville de Québec, Louise Leclerc, qui fut lectrice de nouvelles à la radio et plus tard à la télévision, a bien connu son cousin Félix, alors qu'elle approchait de la vingtaine. Elle se rendait chez son oncle Léo à Sainte-Marthe, et là, tout le monde chantait, accompagné à la guitare par Félix et au piano par sa cousine Gertrude.

Félix était romantique, Louise aussi. Il écrivait sans cesse de la poésie et lui dédiait parfois ses écrits. «Il a été mon premier amoureux. J'étais folle de joie à l'idée de passer mes vacances dans sa famille établie à deux pas de Cap-de-la-Madeleine.» Louise conserve jalousement les lettres que Félix lui a adressées et dont certaines contiennent des poèmes inédits. Félix l'impressionnait beaucoup. «Il savait tout et me racontait des tas de choses sur les oiseaux, les fleurs, la nature. Quand nous marchions dans les bois, il connaissait les différentes sortes d'arbres. Il était merveilleux. Rien, chez lui, ne semblait laborieux. Je savais déjà qu'un jour il ferait des choses extraordinaires.»

C'est le père de Louise qui avait fait des démarches auprès du propriétaire de la station radiophonique CHRC, Narcisse Thivierge, pour lui suggérer d'engager son neveu. Malgré les bonnes intentions de son oncle, Félix n'avait pas tellement apprécié cette forme de *patronage*, mais le travail l'intéressait et il savait bien qu'on le renverrait vite s'il ne faisait pas l'affaire.

À la pension Lachance, rue Saint-Joachim, où logent Grégoire et Félix, trois jeunes étudiants en droit fourbissent leurs armes : Roland Legendre, Marcel Crête et René Hamel. Ce dernier se fit élire député fédéral du Bloc populaire de Saint-Maurice–Laflèche et ensuite député libéral provincial de Saint-Maurice. En 1958, il se présenta à la direction du Parti libéral du Québec avec Paul Gérin-Lajoie et Jean Lesage, qui remporta les suffrages. Hamel devint ministre du Travail, procureur général et enfin juge.

On discute souvent jusqu'aux petites heures du matin : de droit, de lettres, des femmes, de spectacles, de sport, aucun sujet n'est exclu de ces longues conversations animées par Félix, que le débat politique ne passionne pas outre mesure.

Tout au long de ces années passées dans la capitale, son frère Grégoire étudie le chant classique avec un professeur émérite, Jean Riddez, père des comédiennes Sita et Mia. Comme Félix, il ne passe pas inaperçu auprès des jeunes filles de Québec, avec son charme, sa voix magnifique et son entregent. Sa puissante voix de ténor lui aurait sans doute permis d'entreprendre une carrière de chanteur, à l'instar de Richard Verreau, Georges Coulombe et Pavarotti qu'il admire, mais le sort en a décidé autrement. Greg en gardera toujours une sorte de nostalgie.

▼

Un jour, après sa promenade matinale, Félix rentre en trombe à la pension :

— Greg, réveille-toi, j'ai trouvé la perle rare qu'il te faut dans *Le Soleil* de ce matin. Lis-moi ça...

— Voyons, Félisse, tu n'as quand même pas envie de me marier ! Es-tu malade ? Je n'ai pas encore profité de ma liberté. À part ça, je les aime toutes et je les trouve toutes belles. Comment veux-tu que je me décide à faire un choix ?

— Je t'assure, Greg, que c'est le destin qui frappe à ta porte. Un vrai signe prémonitoire, prends ma parole !

Félix lui tend *Le Soleil* du 22 septembre 1934, où Greg peut lire : «Jeune fille de 18 ans, sentimentale, désire correspondre avec jeune homme sérieux de 20 à 30 ans, distingué et bien éduqué. Je rêve de partir pour le pays de Cythère. J'habite Sainte-Angèle-de-Rimouski.»

— Tu vois, Greg, d'affirmer Félix, elle a des lettres comme toi. Elle veut voyager comme toi et s'envoler vers la Grèce, dans cette île d'Aphrodite, le vrai pays de l'amour. À vous deux, Cythère!

Quelques mois plus tard, Grégoire épouse cette romantique Laurette Gagné à Saint-Grégoire-de-Montmorency, avec, comme témoin, Félix, tiré à quatre épingles. Les nouveaux mariés s'installent alors à Québec et plus tard dans une petite ferme à Sainte-Flore, près de Shawinigan. Ils auront six filles, cinq garçons, dont Christian, qui a hérité les talents de chanteur de son père.

En 1952, une fois les enfants élevés, Grégoire et Laurette quittent Sainte-Flore pour venir s'installer dans la métropole. Greg peut ainsi suivre la carrière de son frère et le voir plus souvent à Vaudreuil, où Félix et Andrée aiment bien recevoir la parenté.

«Laurette était souvent en désaccord avec Félix. Il y avait parfois des flammèches et des grincements de dents entre ces deux-là», nous a confié Greg. Mais les relations finirent par s'améliorer. Greg s'était lié d'amitié avec un trio mexicain, Los Tres Compadres, qui connaissait un certain succès au Québec. Ce fut une véritable fiesta le soir où Greg amena Hilario, Antonio et Jose chez Félix; d'autant que la paix fut définitivement scellée entre Félix et Laurette ce même jour.

Devenu veuf, Grégoire épouse Jeannine Pellerin, institutrice et mère de quatre enfants, qui s'ajoutent aux onze enfants qu'il a déjà. Encore une fois, quoique indirectement, c'est grâce à Félix qu'il rencontre sa nouvelle femme, en assistant à une représentation de sa pièce, *Les Temples*, en 1966, à Montréal.

Aujourd'hui, le couple habite Outremont. Greg, encore solide à quatre-vingt-trois ans, prépare le deuxième tome de ses mémoires, qui paraîtra en tirage restreint pour les membres de sa famille. Il avait envoyé à Félix, quelque temps avant sa mort, un récit savoureux, aussi destiné au clan familial, tiré à quarante exemplaires. Greg y relatait surtout des anecdotes personnelles et des faits vécus à La Tuque entre 1911 et 1934.

Après une lecture ramenant combien d'émotions à sa mémoire, Félix avait écrit quelques réflexions à Greg. Celui-ci a bien voulu nous faire partager ces mots que lui adressait son frère quelques mois avant sa mort.

Île d'Orléans, 12 septembre 1987

Cher Greg,

Je te félicite. Ce n'est pas une petite affaire. C'est un monde que je découvre, un compte rendu détaillé, réaliste et précis, d'une époque révolue mais de la valeur d'un documentaire.

Remarque que la chose a déjà été faite régionalement parlant, tandis que ton travail touche le problème national de ces temps maudits et bénis (soumission, ignorance, empiètement, arbitraire, etc.)!

Gaétane reconnaît dans cette histoire ses propres parents, la mentalité de ses voisins, la dominatrice puissance de l'Église. Je ne savais rien de la balafre à la figure, de la grande timidité que tu combattais et cette énorme émotion que tu devais endiguer.

Tu me fais découvrir Clémence, Gertrude et l'hommage que tu leur rends jaillit de ton cœur. La présence du nègre, le vol des engagés, le feu, l'aveuglement de Fabi [maman Fabiola], la triste réalité du pauvre Jos Lamarche, la caravane des animaux, le baptême de Sylvette. Une petite merveille.

C'est de la photo bien faite en noir et blanc vérifiable parce que sans poésie ni fanfreluches!

Laisse les gens y voir et avec le temps l'histoire d'une famille peut devenir celle d'un pays qui a souffert en silence et dont enfin nous sommes sortis.

Bravo et salut aux tiens de qui tu sembles avoir toute la sympathie. C'est important pour un écrivain à ses débuts. J'ai eu grand plaisir et étonnement à assister au déroulement de ce film de ma famille que par pudeur ou crainte de blessure, on ne m'a jamais raconté.

Ton trottinant frère Félisse qui attend la solitude...

▼

Quand la nostalgie le gagne, Félix fuit la capitale; il enfourche sa motocyclette d'occasion et se dirige en grande vitesse par le Chemin du Roy, vers les siens à Sainte-Marthe. Il n'oublie pas de lancer sa monnaie au passage payant du pont de Sainte-Anne-de-la-Pérade, village connu pour ses *petits poissons des chenaux*, les poulamons, sorte de morue naine qui, chaque hiver, remonte le Saint-Laurent pour venir frayer à l'embouchure des rivières.

En 1938, à la demande d'un compagnon de travail de Québec, Yvan Desève, à qui l'on vient de confier la direction d'une nouvelle station, située dans l'immeuble du Château-de-Blois, à Trois-Rivières, Félix se retrouve annonceur à CHLN. Comme il le faisait à Québec, il ouvre la station très tôt le matin et la ferme le soir. Il consacre le reste de son temps aux travaux de la ferme à Sainte-Marthe. Mais par-dessus tout, il rêve de poésie, de théâtre et de chansons.

À la radio, Félix a pour compagnon de travail Yves Thériault, qui deviendra l'un de nos plus prolifiques écrivains à succès. Jack, comme Félix l'appelait sans qu'il ait jamais dit pourquoi, avait lui aussi connu le sanatorium et n'aimait pas, non plus, parler de cette époque.

L'auteur d'*Agaguk*, souvent à court d'argent, avait accepté de collaborer au journal *La Semaine*, de 1967 à 1969. Dans les chroniques qu'il y écrivait, il a souvent raconté les frasques de son ami Félix : un jour, celui-ci avait imaginé un reportage improvisé sur un incendie qui dévorait tout un secteur de la ville de Trois-Rivières !

« Nous avions, le samedi, une émission appelée "Ilya et Gomez" où Félix chantait ses propres mélodies sous le nom d'Ilya, le chantre de Bohême. Gomez, c'était moi. La musique cubaine venait d'arriver au Québec et je chantais des rumbas, des paso doble et quoi encore. Et au fond de la guitare de Félix, ajoutait-il, il y avait, collée avec quelle patience, la photo de Tit-Loup, une bien belle fille aux "yeux de feu", comme dit le cliché. Hélas, nous n'avons jamais pu apprendre quoi que ce soit de cette fille. Félix en gardait le secret. » Secret d'ailleurs encore bien gardé aujourd'hui !

L'annonceur Leclerc vit ses premières expériences d'auteur radiophonique avec Noël Gauvin et Jacques Boisjoli, qui répètent des nuits entières au studio de la station. Le public, stupéfait d'entendre ces sketches hilarants, est quelque peu étonné, voire réticent. « Va falloir que j'aille du côté de la Grande Ville. Peut-être qu'à Montréal ce sera différent. Faut-il avoir un langage et des mots appropriés pour chacune des régions de ce drôle de pays ? »

Félix s'interroge avec amertume devant son père qui l'encourage toujours : «Laisse porter, ça viendra. La récolte est à l'automne, tu es au printemps de ta vie.»

Sa mère renchérit sur les propos de son mari : «Il n'y a de vrai que ton rêve. Il faudrait aller dans un autre pays. En France ou aux États-Unis...»

Tourmenté par la fièvre de la grande ville, Félix se rend régulièrement à Montréal, et plus spécialement à Radio-Canada, l'unique endroit de sa convoitise. Sans résultat. Il refait son parcours, s'arrête à la cathédrale Saint-Jacques (aujourd'hui cathédrale Marie-Reine-du-Monde) ou à l'église Notre-Dame. Durant ces années du début de la guerre, les églises sont remplies à toute heure du jour. La vie artistique aussi se porte mieux, du fait que l'on gagne de bons salaires à travailler dans les usines de munitions et d'équipement militaire.

Les Montréalais apprennent à vivre dans l'obscurité, parce qu'il faut à tout prix économiser l'électricité. C'est à la faveur de la pénombre que Félix se faufile en douce au Loew's pour assister à une représentation de *Roméo et Juliette*, avec les solistes du Metropolitan Opera, de New York, sous la direction musicale de Wilfrid Pelletier. En 1941, Félix a le privilège de voir *Petrouchka*, de Stravinski, avec les Ballets russes. Est-ce à ce moment-là qu'il eut son premier coup de foudre pour la musique slave ?

Plus tard, Félix écrira que c'est à La Tuque, et encore plus à Sainte-Marthe, qu'il a décidé d'être un artisan comme ceux du temps des cathédrales, qu'il chanterait ses histoires de lièvres à lui. Ses héros ne proviendraient pas des campus, mais plutôt des savanes, près des sources froides que l'on voit couler quand on s'assoit sur une souche.

Il aime ce travail fait à la main, ce polissage qu'il a connu en construisant *Notre sentier* : «J'étais seul à ma station de radio, à Québec, et j'ai commencé sérieusement, enfin... sérieusement... Je voulais terminer une chanson pour voir ce que ça donnerait. J'essayais de m'exprimer. Je me disais : ça ne coûte pas cher. Un bout de papier, un crayon et une vieille guitare achetée à tempérament. Et puis, j'ai commencé. *Notre sentier* est née de là... » Ensemencé à Sainte-Marthe, c'est à Québec que ce beau texte devait connaître son épanouissement :

> Notre sentier près du ruisseau
> Est déchiré par les labours
> Si tu venais, fixe le jour
> Je t'attendrai sous le bouleau.

*Ses chansons sont émouvantes parce qu'elles sont
humaines et qu'elles représentent tout le mystère
nuancé et compliqué des âmes simples.*

Pierre Mac Orlan

CHAPITRE 4

Adagio *ouvre le bal*

Même s'il fuit la vie mondaine et les endroits bruyants, Félix n'est pas pour autant coupé de ce qui se passe autour de lui. Il donne souvent l'impression de planer au-dessus du plancher des vaches, pourtant les retombées de la crise économique marquent son adolescence et les affres de la Deuxième Guerre mondiale l'inquiètent et viennent assombrir les beaux jours.

Le poète est furieux lorsqu'on procède à l'arrestation du maire de Montréal, Camillien Houde, en 1940, accusé d'avoir incité le peuple à refuser le service militaire obligatoire. Le maire sera interné sans procès pendant quatre ans. Un peu partout au Québec, on s'oppose à la conscription. Beau geste sans lendemain ! Après l'enrôlement forcé de bien des jeunes, commencent à tour de bras les grandes neuvaines, la récitation du rosaire, les messes quotidiennes. Comme bien d'autres, les fils de Léo Leclerc préfèrent le champ de blé au champ de bataille.

Dans les journaux et à la radio, on répète sans arrêt que tous doivent participer à la fabrication d'avions, de chars d'assaut, d'armes, d'obus et d'habits militaires. Félix fulmine !

« Malgré tout, dit Félix, les Canadiens français (comme on dit à l'époque) n'ont pas le choix. Ils doivent se battre pour défendre ce pays, le Canada, devenu une colonie anglaise après la conquête de la Nouvelle-France par les Anglais, en 1763. »

▼

Même si l'émancipation du Québec n'est pas le sujet de l'heure, et que, au Québec, on est encore porté à regarder ce qui se fait ailleurs en poésie, en chansons, Félix compte parmi les rares qui s'intéressent, déjà, aux arts populaires, par exemple.

Il est l'un des premiers à prendre au sérieux la poésie du poète Émile Coderre qui signe du pseudonyme Jean Narrache. À quelques reprises même, Félix prend la défense de ce poète à l'humour grincheux. *Quand j'parle tout seul* et *J'parl' pour parler* sont parmi les recueils qui ont connu de grands tirages pour l'époque.

Ce qui n'empêche pas Félix d'être en désaccord avec le premier poète populiste du Québec sur certaines de ses idées. Invité à prendre la parole, en 1939, au cours d'un débat universitaire sur la poésie, Félix s'oppose à Coderre lorsque celui-ci affirme : «Les gens se montent bien un peu, mais en paroles seulement. Je constate ceci en passant sans l'admirer. Mais c'est cela. Cette inertie est bien de notre race, et à cela se mêle le gros bon sens qui dit : À quoi bon s'insurger ?» Cette résignation et ce peuple «né pour un p'tit pain» ne sont déjà pas du goût de Félix.

On parle aussi beaucoup alors de Mary Travers, devenue La Bolduc, dont on célèbre, en 1994, le centième anniversaire de naissance à Newport, en Gaspésie. Félix Leclerc la classe parmi les grands de la poésie populaire : Rictus, Villon et Bruant, Gélinas. Cette courageuse mère de treize enfants s'est faite en quelque sorte la porte-parole et la défenderesse du peuple ouvrier, en écrivant des chansons dans sa cuisine et en les chantant dans les salles paroissiales.

Mary Travers, avec son turlutage légué par ses ancêtres irlandais, chante à sa façon la vie des petites gens et le fait divers. Elle obtient un succès fou avec sa chanson *Toujours l'R100*, lorsque ce ballon dirigeable, parti d'Angleterre, se pose à l'aéroport de Saint-Hubert, près de Montréal, après soixante-dix-huit heures quarante-neuf minutes de vol, le 1er août 1930.

Le 28 mars 1934, Elzire Dionne, âgée de vingt-six ans, donne naissance à des quintuplées. Dans le monde entier, Annette, Yvonne, Cécile, Émilie et Marie font la manchette. Au cours des dix années qui suivent leur naissance, près de quatre millions de personnes se rendent en Ontario pour contempler de près les *jumelles* Dionne. Aujourd'hui encore, le Musée des quintuplées attire près de quinze mille visiteurs par an. La

Bolduc ne manque pas de souligner l'événement en composant *Les Cinq Jumelles*, que Félix s'amusait à turluter à sa façon :

> À Calender, Ontario
> Ils sont forts sur les jumeaux
> Ça prend une bonne Canadienne
> Pour avoir ça à la d'mi-douzaine
> Hi ha ha les gens du Canada
> Marchent de l'avant comme des braves soldats !
> Ça prend un cultivateur
> Pour avoir autant d'ardeur.

▼

En 1942, Félix a vingt-huit ans et n'a jusque-là publié aucun ouvrage ; il se sent encore trop jeune et préfère étudier, voyager un brin, attendre. Le poète observe les siens, écoute leurs joies ou leurs misères. Il engrange. Son pays lui livre la froideur des hivers, la douceur des nuits d'été à la campagne. Le fermier, le rude travail des laboureurs, la vie du paysan sont choses toujours à découvrir ; la terre et la moisson n'ont pas de secret pour lui. Les animaux domestiques et les oiseaux sont de vieux amis. Les plus petits insectes lui font des confidences, qu'il n'a pas fini d'écouter.

Mais déjà il sait l'art difficile de traduire la finesse d'un paysage avec des mots ordinaires. Il raconte à petits traits, comme l'artiste brosse un portrait, une scène. C'est un peintre de l'écriture.

Bien avant que Félix connaisse la gloire à Paris, Linette A. Dansereau prononce une causerie sur notre poète, devant les membres du Cercle Récamier à Montréal, il y a plus de cinquante ans. Elle le compare à La Fontaine, sans doute à cause de la morale tirée des nombreuses tranches de la vie humaine et aussi parce qu'il fait souvent parler les animaux.

Ce n'est pas Félix qui prend ombrage de cette comparaison, au contraire. La Fontaine est resté l'un de ses auteurs préférés depuis qu'il en avait appris les fables à la petite école. Admiration qui l'entraîna même un jour à se livrer à un petit larcin.

Lors d'un séjour en France, il alla se recueillir sur la tombe du fabuliste au cimetière du Père-Lachaise. C'est là que son admiration lui fit commettre un geste qu'il a confessé plus tard, sans vraiment le regretter toutefois : «Je vais vous faire une confession, avoue-t-il. Que me pardonne la ville de Paris, la lettre E qui manque au nom de Jean de La Fontaine, le E de la fin, c'est moi qui l'ai. Je l'ai arrachée... elle est ici sur mon mur dans mon grenier du Canada... et j'en prends bien soin.»

▼

Son travail à la radio et ses écrits dramatiques commencent à attirer l'attention. Les journalistes Odette Oligny, Jovette Bernier et Jeanne Frey parlent régulièrement de Félix Leclerc dans leurs chroniques artistiques. On porte un intérêt marqué à son travail, soutenu et original. Deux radioromans, entre autres, écrits par Félix et réalisés par Guy Mauffette retiennent l'attention : *La Grande Nuit* et *Le Rival*, à Radio-Canada. À l'occasion de la semaine sainte, *Ce Vendredi-là...*, une heure de méditation dramatique de la Passion, lui vaut des félicitations du cardinal Rodrigue Villeneuve, archevêque de Québec.

Bon nombre d'émissions de Leclerc sont reprises à la demande du public : *Le Traversier*, *Cantique*, *Le Cerf-volant*, etc. Félix acquiert en peu de temps une solide réputation sur les ondes de la radio d'État. Les Compagnons de Saint-Laurent créeront sur la scène de L'Ermitage un poème dramatique de Félix, *Sanctus*. De plus en plus de Québécois se retrouvent en Leclerc et sont conscients qu'il est à édifier une œuvre propre au pays : chanter la terre, les choses, les gens de chez nous.

En 1946, dans une série mensuelle sur les ondes de Radio-Canada, *Je me souviens*, dirigée par Paul Leduc et réalisée à tour de rôle par Guy Mauffette, Judith Jasmin et Roger Daveluy, Félix fait revivre nos traditions comme bien peu ont su le faire avant lui. Au générique apparaissent les noms de ses amis d'hier et d'aujourd'hui : Janine Sutto, Yvette Brind'Amour, Huguette Oligny, Pierre Dagenais, François Rozet, Juliette Huot, Jean-Pierre Masson, Robert Gadouas, Miville Couture, Ginette Letondal, Fred Barry et, à la toute fin de la série, la très jeune comédienne et chanteuse Monique Leyrac.

«Félix Leclerc a acquis ses titres à la notoriété par la radio. Dès ses premières émissions, le public radiophile s'est rendu

Léo Leclerc et trois de ses fils : Grégoire, Félix, devant, et Jean-Marie.

La maison natale de Félix à La Tuque.

Léo dans son rôle de barman à La Tuque. (*Collection Grégoire Leclerc*)

Félix bat le gros tambour dans le Corps de clairons du collège Saint-Zéphirin, en 1925. (*Collection Lucien Filion*)

Fabiola, vingt ans, et Léo, vingt-trois ans, lors de leur mariage en 1900.
(Collection Grégoire Leclerc)

Les oncles et tantes de Félix, de gauche à droite :
Alphonse, Aurèle, Eugénie, Anny et Oscar. À l'extrême droite, Léo, le père.
(Collection Grégoire Leclerc)

La première photo officielle de Félix,
alors qu'il est annonceur de radio à Québec.
(Archives Fides et Famous Studio)

Grégoire, frère de Félix,
du temps de Rouyn-Noranda.

Félix et Martin à Vaudreuil. (*Collection Marie-Christine Deyglun*)

En 1953, Félix arrive au quai de l'Anse au Foulon à Québec, à bord du *Scythia*,
en compagnie de son épouse Andrée et de son fils Martin. Marcel Lebœuf et
André Duchesneau, à l'extrême droite, l'accueillent en héros. (*Collection de l'auteur*)

Le journaliste Philippe Laframboise et Félix dans le hall du cabaret Continental à Montréal.

Une fête en l'honneur de Félix à Vaudreuil en juillet 1953. De gauche à droite : Charlotte Duchesne, Liliane Rousseau, Lucie Laurin et Guy Godin. À l'arrière : Noël Guyves, Guy Mauffette et Raymond Lévesque. (*Photo Simon-Pierre Tremblay*)

Félix est acclamé à Vaudreuil en 1953. De
gauche à droite : Thérèse Cadorette, Yves
Vien, Gilberte Poulin, Andrée Vien-Leclerc,
Estelle Mauffette, Félix, Estelle Caron,
Louise Mauffette, Pierre Bruno, Guy
Mauffette, Bérangère Mauffette et Lucien
Thériault.
(*Photo Simon-Pierre Tremblay*)

Marjolaine Hébert et Félix.

Félix, Roger de Vaudreuil et Pierre Paquette à
Radio-Canada.
(*Archives* Échos Vedettes)

Félix aux Trois Baudets en 1953.
(*Collection de l'auteur*)

Janine Sutto et deux des
chiens de Félix à Vaudreuil.
(*Photo Lausanne*)

Les Compagnons de Saint-Laurent à Sainte-Anne-de-la-Pocatière en 1947.
Première rangée, de gauche à droite : Jean Coutu, Yves Vien, Andrée Vien-Leclerc,
Hélène Loiselle, Lucille Cousineau, Denise Vachon, Thérèse Cadorette. Deuxième rangée :
Bertrand Gagnon, Félix, Guy Provost, Georges Groulx et le père Émile Legault.
(*Collection Guy Provost*)

Félix en compagnie du père Émile Legault, de Georges Groulx et de Paule Bayard.
(*Archives* Échos Vedettes)

Félix signe le livre d'or de la ville de La Tuque en 1960. À gauche : le maire Dallaire
et à droite : Lucien Filion, élu maire l'année suivante. (*Photo Rolland Lalancette*)

Félix dans *Les Brûlés* de l'Office national du film. (*Archives Fides et ONF*)

Félix joue le cuisinier dans ce film de l'ONF tourné en 1958 en compagnie de Jacques Bilodeau, à gauche, et d'Ovila Légaré. (*Archives* Échos Vedettes)

Henri Deyglun et Félix à Vaudreuil.
(*Collection de l'auteur*)

Félix, Martin, Louise et Pierre Vinet,
ainsi que la jument rouge...
(*Collection Martin Leclerc*)

Félix rencontre Les Bozos : Clémence Des Rochers, Claude Léveillée, Jean-Paul Filion, Jean-Pierre Ferland et Jacques Blanchet devant. (*Archives* Échos Vedettes)

Félix en compagnie d'André Lejeune,
à gauche, de Guy Mauffette, au centre,
et de Paolo Noël.
(*Collection de l'auteur*)

Martin Leclerc en policier
de la Gendarmerie royale...
(*Photo Monique Gauthier*)

Félix et Yves Massicotte à Vaudreuil.
(*Photo Gilles Lord*)

Félix Leclerc troubadour : une production de l'ONF avec le poète et Monique Leyrac. (*Archives Fides et ONF*)

Félix et son épouse Doudouche dans leur maison de l'Anse de Vaudreuil. (*Archives Fides et ONF*)

La première maison de Félix
dans l'Anse de Vaudreuil.
(*Photo Martin Leclerc*)

Félix en bonne compagnie...
(*Collection de l'auteur*)

Félix devant sa deuxième maison de l'Anse. (*Collection de l'auteur*)

compte qu'il avait en lui un véritable créateur et non plus un de ces multiples écrivailleurs mercantiles qui encombrent les ondes de leurs détestables mélodrames. Chaque texte de ce jeune écrivain porte la marque d'un talent robuste, original, ennemi de toutes les conventions», écrit Roger Duhamel.

Ce dernier fit la connaissance de Félix plus tard, dans les coulisses de Radio-Canada, et en particulier au cours d'une soirée mémorable chez le colonel Roger Maillet, en l'honneur de l'élection du nouveau maire de Montréal, Jean Drapeau, élu pour la première fois en 1954.

Tout en continuant d'écrire des sketches pour la radio, Félix retouche dix-huit des contes qui avaient séduit les auditeurs de *Je me souviens*. Son premier livre, *Adagio*, fait son apparition en 1943. Phénomène sans précédent dans l'histoire de l'édition québécoise, le premier tirage de quatre mille exemplaires s'envole en moins d'un mois. À l'été 1944, c'est *Allegro* qui connaîtra le même succès. *Andante* est publié à l'automne de la même année. Ces trois ouvrages n'ont pas cessé d'être réimprimés depuis.

Une semaine avant Noël, en 1946, paraît *Pieds nus dans l'aube*. La critique se montre cette fois partagée, réticente et parfois éreintante. Malgré cela, il faut réimprimer l'ouvrage afin de répondre à l'engouement des nombreux lecteurs.

La même année, Radio-Canada présente *Théâtre dans ma guitare*, une série réalisée par Florent Forget. Certains se rappelleront *Le Bal chez les fleurs*, *La Nichée*, *Le Soulier dans les labours*, *Chasse à l'homme*. «Un théâtre que j'imagine à l'intérieur de ma guitare, explique l'auteur. Quelques mesures-thèmes que je joue au début et à la fin du programme font comme un petit rideau sonore.»

Félix fera également une autre suite de *Contes et légendes de mon pays* et bien d'autres émissions radiophoniques réalisées par Guy Beaulne, Paul Leduc, Armand Plante, et surtout par son grand ami Guy Mauffette. Radio-Canada confia aussi à Leclerc, en 1942, des émissions spéciales, dont l'une consacrée au centenaire de la mort de Calixa Lavallée, le compositeur de l'hymne national, *Ô Canada*, et une autre au centenaire de sir Wilfrid Laurier, ancien premier ministre du Canada.

Au-delà de ses qualités d'auteur et de chanteur, et peut-être même avant tout, Félix Leclerc a des qualités humaines qui lui attirent la sympathie de ses compagnons de travail et de ses admirateurs. Il plaît spontanément, il est chaleureux ; son besoin de communiquer est authentique. Il a le sourire facile et goûte la présence des gens de tous les milieux. Sa vie durant, sa forte personnalité attachante sera toujours louée de tous. Dès que Félix paraît en public, il se retrouve vite entouré, les jeunes étudiants le poursuivent pour le harceler de questions.

À plusieurs reprises, Félix se rend à la Bibliothèque Saint-Sulpice, lieu de rassemblement par excellence des peintres, des musiciens, des écrivains et du monde de l'enseignement supérieur. Encore tout jeune homme, Félix entend les derniers cours publics de littérature donnés à cet établissement, juste avant la fondation de la faculté des lettres de l'Université de Montréal.

Il fréquente aussi la bibliothèque de l'école supérieure Le Plateau, située au parc La Fontaine, et assiste à quelques concerts et récitals, notamment celui du prodigieux jeune pianiste André Mathieu, dans l'auditorium de ce centre culturel qui sera peu à peu délaissé après l'inauguration de la Place des Arts.

Une fois installé à Montréal, Félix passe de longs moments à la Bibliothèque municipale, rue Sherbrooke. La quantité d'ouvrages mis à sa portée l'émerveille. Il peut enfin étancher sa soif de connaissances sur ses sujets de prédilection, et il n'en manque pas : poésie, voyages, théâtre... Féru d'histoire, Félix dévore les œuvres de Jules Michelet et l'*Histoire des Canadiens français* en huit volumes de Benjamin Sulte. Entouré de tous ces mondes à découvrir, le temps ne compte plus, Félix peut y passer la journée complète à lire. Il dévore, entre autres, les romans d'Alonié de Lestres (pseudonyme du chanoine Lionel Groulx) *L'Appel de la race* et *Au Cap Blomidon*.

▼

Ce n'est pas d'hier que Félix s'intéresse aux affaires publiques de son pays et à ceux qui en écrivent l'histoire, si l'on en juge par cette lettre énigmatique et inédite :

BIBLIOTHÈQUE SAINT-SULPICE
1700, rue Saint-Denis, Montréal, Canada

Le 4 juillet 1934

Monsieur l'abbé Lionel Groulx
847, rue Sherbrooke est
Montréal

Cher monsieur,

J'accuse réception de vos deux ouvrages d'Anthiaume : Descelliers et Cartes marines.

Grand merci de l'hommage que vous faites à la Bibliothèque Saint-Sulpice de votre «Découverte du Canada». Je l'ai lu avec le plus grand intérêt et le plus grand plaisir. C'est fouillé, c'est plein de vie ; c'est de l'histoire, et de l'histoire «animée» avec un rare bonheur.

Telle est l'opinion du lecteur moyen que je suis.

Veuillez donc agréer de nouveau mes remerciements et me croire

Votre bien dévoué,

Félix Leclerc

Qui peut expliquer comment il se fait que Félix adresse cette lettre au chanoine Groulx, sur du papier portant l'en-tête de la Bibliothèque Saint-Sulpice ? On sait qu'il a fréquenté cet établissement culturel dès ses premières visites dans la métropole. Rien ne nous prouve cependant qu'il ait travaillé ou collaboré avec la direction de l'organisme.

Pendant une certaine période, Félix assistait, à la Bibliothèque Saint-Sulpice, à des soirées d'initiation à la vie économique, organisées par l'École des Hautes Études Commerciales. Il participait également à d'autres rencontres littéraires de la Société des écrivains tenues au même endroit. C'est là qu'elle couronnait ses lauréats lors de fastueux galas. «Malheureusement ou heureusement, dit Félix, je ne pouvais pas y assister parce que je n'avais pas le costume approprié et aussi l'argent nécessaire pour m'offrir des billets et me faire accompagner à ces fêtes réservées à la classe plus fortunée.»

(Collection Marie-Christine Deyglun)

CHAPITRE 5

Les Compagnons de Saint-Laurent

Aussi longtemps qu'il avait travaillé à la ferme paternelle, Félix avait été exempté du service militaire. Mais une fois installé à Montréal, le voilà convoqué à se présenter au Centre de recrutement. L'examen médical démontre un souffle au cœur qui l'empêche de jouer au soldat. Ce qui somme toute n'est pas pour lui déplaire, persuadé qu'il aurait fait un bien piètre combattant.

Félix Leclerc, le pacifiste, a vilipendé la guerre, entre autres dans *Dialogues d'hommes et de bêtes* paru en 1949 : «Guerre : gauche, droite, gauche, droite, rataplan, plan, plan! Chut! espionner, mentir, surprendre, crier, dévaliser, fuir, traquer, revenir, marche! marche! marche!» On peut alors comprendre la lettre qu'il envoie au ministre de la Guerre en 1939 :

> Mon cher ami,
>
> Vous qui avez cheveux blancs et expérience, vous comprendrez un fils qui vous demande intervention afin qu'on ne l'appelle pas aux armées. Je préférerais rester ici dans l'ennui et la vie ordinaire, plutôt que d'aller faire ces folles randonnées en bateau ou en avion rapide. Je n'ai pas l'âme pour vivre en groupe, je ne me sens pas l'âme du soldat. Volontiers je fais le sacrifice de la vie militaire et de ses joyeuses tueries, de ses galons et de ses prises de terrain pour rester bêtement à l'arrière, sans avancement. Si vous n'acquiescez pas à ma demande, j'irai à la caserne et je tirerai le fusil, mais au-dessus des têtes, je roulerai le char d'assaut, mais à côté des mourants, alors, je retarderai la glorieuse victoire...

Durant toutes ces années de conflit mondial, Félix ne cesse d'écrire des textes pour la radio et le théâtre. Dans ses contes, il met en scène des pauvres, des déshérités, des défavorisés, des malheureux, qui souvent connaissent des destins tragiques. Il condamne la guerre entre les peuples, qui n'est que souffrance, fléau, châtiment, drame inhumain.

Félix désapprouve aussi la guerre entre compatriotes. On lui reprochera parfois ses paroles : «On ne s'aime pas, on se mange, on se lutte, on se bascule, on se cogne sur la tête, on se défend de réussir, s'inquiète-t-il. Un gars qui a les yeux plus hauts que le troupeau, il reçoit un coup de masse sur la tête pour qu'elle soit à l'égalité des autres. »

Lui qui aime ses concitoyens ne parvient cependant pas à s'empêcher de livrer le fruit de ses réflexions assez directement, tout en sachant qu'un tel langage ne peut lui attirer que des inimitiés.

Selon Félix, on préfère l'escabeau à l'échelle, la colline à la montagne, la parole à l'acte, le conseil à l'exemple, la glissade à la montée, le vulgaire au chef-d'œuvre. On a peur de l'effort. On n'a pas de fierté parce qu'on est ignorant. Voilà un jugement bien sévère pour les siens.

Mais sa franchise est loin de faire le vide autour de lui. Il charme. Le beau poète aux yeux de rêve, à la crinière ondulée, ne passe pas inaperçu auprès des femmes, mais aucune n'a encore su retenir son attention très longtemps, enfin jusqu'à maintenant...

Mireille Bastien, qui a connu Félix à l'Université d'Ottawa, et qui travaille elle aussi à Radio-Canada, croise un jour Félix dans les couloirs et lui présente une collègue, Andrée Vien. Déjà éprise de la voix de Félix, qu'elle entendait alors qu'il travaillait à la radio de Québec et qu'elle l'écoutait de l'autre côté du fleuve, à Lévis, où elle habitait, Andrée est toute chavirée et aimerait bien savoir quel effet elle a produit sur le beau séducteur. Félix, sous des dehors placides, est lui aussi conquis. Chacun de son côté n'attend que l'occasion de revoir l'autre.

Sur les conseils de Guy Mauffette, Félix a emménagé depuis peu à la pension Archambault, une résidence où logent beaucoup de jeunes artistes. Le soir, il raconte ses histoires, gratte la guitare et chante pour les futures célébrités de la maison et des alentours. Il faut dire qu'il a un public de choix : Jacques Auger, Jean Despréz, Lucien Thériault, Paul Dupuis, Yves Thériault, Louis Morrisset, Mia Riddez, Gérard et Alex Pelletier, Réginald Boisvert, Jean Coutu, Georges Groulx, Thérèse Cadorette.

Même si ses soirées sont bien remplies, Félix n'oublie pas sa rencontre avec Andrée. Elle-même n'attend qu'un signe de celui qui la fait rêver. L'occasion se présente bientôt puisque Félix cherche une dactylographe pour ses trois premiers ouvrages, *Adagio*, *Allegro* et *Andante,* et qu'Andrée accepte de faire le travail. C'est le début d'une union qui durera près de vingt-cinq ans.

Fille unique du capitaine Louis Vien, décédé, Andrée travaille au service de la publicité de Radio-Canada depuis 1938. Elle a un frère, Yves, qui fut aide de camp du gouverneur général Georges Vanier. Après plus d'une année de fréquentations, la date du mariage est fixée. Félix gagne assez bien sa vie et ne manque pas de pain sur la planche. Il joue et écrit des sketches pour la radio. Andrée lui fait cadeau de sa première machine à écrire, achetée au prix de douze dollars.

Félix Leclerc épouse Marie Yvonne Andrée Vien, le 1er juillet 1942. La bénédiction nuptiale est donnée en la cathédrale de Montréal par le père Émile Legault. Seuls quelques intimes sont présents. Le père, la mère et quelques membres de la famille de Félix sont venus de la Mauricie. Andrée étant orpheline, seul son frère unique Yves est présent, de même que son oncle Thomas Vien, sénateur. Guy Mauffette est absent et pour cause : il est lui-même en voyage de noces à l'île aux Coudres. Au sortir de l'église, le chapeau de la mariée s'envole au vent, présage, selon la belle-maman, que le couple voyagera beaucoup.

Puis c'est le voyage de noces : une croisière au Saguenay–Lac-Saint-Jean. Au retour, le couple séjourne quelques semaines à Sainte-Marthe, dans la famille des Leclerc, puis fait un court séjour à Bedford, à la ferme d'un beau-frère, avant d'habiter les Laurentides et ensuite la Maison des Compagnons, au 1275 de la rue Saint-Viateur Ouest à Montréal. Chapelle, bureau, bibliothèque, salle de répétitions, atelier de décors et de costumes, salle à manger, tout y est. La troupe, toujours en veine d'innovation, entreprend de lancer son premier théâtre d'été en reprenant à L'Ermitage *Le Comédien et la grâce*, de Ghéon.

Le couple file le parfait bonheur. Félix a la tête bourrée de projets et veut des enfants à la douzaine avec «Doudouche», surnom dont il a gratifié Andrée.

▼

La carrière roule bien. Il a la chance de partager son amour de la poésie, du théâtre, de l'écriture avec les artistes montants de l'heure, qui sont en plus ses amis. L'atmosphère est très stimulante.

Depuis sa première rencontre avec Guy Mauffette, Leclerc s'est lié d'amitié avec le jeune acteur et réalisateur, qui lui fait interpréter sa première chanson dans le radioroman *Le Restaurant d'en face* diffusé par Radio-Canada.

Félix est heureux chez les Compagnons de Saint-Laurent. Il a l'occasion de jouer à Boston dans deux comédies de Molière : *Le Médecin malgré lui* et *Les Précieuses ridicules*. Les moyens financiers étant toutefois restreints, la troupe doit voyager dans une vieille ambulance aménagée en autobus !

Devant les réticences de Félix à jouer sur scène, le père Émile Legault, directeur de la troupe, avait dit à Félix : «Il n'y en a qu'un seul qui puisse jouer ce rôle de valet et c'est toi. Tu as le physique du domestique, la diction épaisse, la charpente maigre du lièvre domestique, le regard bête et la compréhension lente du pays. Tu es l'idéal. Voici ton texte, apprends-le rapidement.» Le directeur avait vu juste puisque, à Boston, Paul Chambon, le consul de France, adresse ses félicitations à la troupe. À son avis, il s'agit là des meilleures représentations de toutes les pièces jouées sur la scène du New England Mutual Hall.

Félix a aussi l'occasion de jouer à Radio-Canada dans *Tante Lucie*, une émission quotidienne de Louis Morrisset. Le poète accepte de jouer la comédie, par besoin financier, mais surtout pour acquérir de l'expérience comme auteur dramatique, sa vraie passion.

Félix se nourrit de théâtre : il ne rate pas l'occasion de voir les troupes de la Comédie-Française qui viennent présenter leur spectacle à Montréal : *L'École des femmes*, avec Louis Jouvet, *Les Femmes savantes*, avec Gabrielle Dorziat, *Le Bourgeois gentilhomme*, avec Gémier, sans oublier *Le Médecin malgré lui*, au Monument national, avec le célèbre Coquelin. Il enviait ceux qui, en 1922 à Montréal, avaient eu la chance d'admirer Cécile Sorel, Albert Lambert fils et Louis Ravet dans *Tartuffe*.

Félix connaît tout le théâtre de Molière, mais l'homme le passionne aussi. Il admire cet auteur qui a si bien su décrire les travers et les vices de son temps, et qui a dû livrer de dures batailles à la suite des querelles déclenchées par *L'École des femmes* et *Tartuffe* ou *L'Imposteur*. Puis qui, après un repli sur le terrain de la comédie de mœurs, excelle en malade si peu imaginaire que le 17 février 1673, pris de convulsions, il s'effondre en pleine représentation !

▼

Avec les Compagnons de Saint-Laurent, à Montréal et dans les Chenaux de Vaudreuil, c'est une belle aventure qui a duré quinze ans, de 1937 à 1952. «Dès son entrée chez les Compagnons, raconte Hélène Jasmin-Bélisle, Félix Leclerc apporte aux comédiens sa poésie, son immense talent et un brin de douce folie. Entrer dans cette troupe, c'est aussi s'insérer dans une grande famille joyeuse et bien vivante. Le père Legault lui-même est très moqueur, ricaneur et grand espiègle devant l'Éternel.»

Chez les Compagnons, tout est prétexte au théâtre et au jeu. Le directeur aime bien faire marcher sa troupe. «Vous allez être gentils ce soir, nous recevons le consul de l'Uruguay, il a un drôle de parler ce gars-là, mais surtout ne riez pas. Il est question d'une tournée dans son pays. Soyons donc attentifs à ses propositions. Ce n'est pas le temps de niaiser. Vous me comprenez bien?»

Le consul s'amène, endimanché, en parfait haut fonctionnaire, cheveux lissés, raie au milieu, portant le monocle et une veste en daim. Les comédiens, assis en rang d'oignons, posent des questions avec beaucoup d'égard et de diplomatie. Curieusement, le père Legault formule des demandes plutôt bizarres et échevelées, que l'on met sur le compte de la nervosité. Par bonheur, le consul ne s'en offusque pas et continue de répondre de son mieux avec un accent étranger fort prononcé et quelque peu inintelligible. Mais voilà qu'il s'emporte, accuse le gouvernement de son pays, des États-Unis, et même du Canada, de maintenir en place des régimes dictatoriaux, menace... Les Compagnons, mal à l'aise, ne savent plus comment réagir. Soudain, fou rire du père Legault qui sous le déguisement du consul présente Félix !

Un jour, un metteur en scène russe se présente chez les Compagnons pour recruter quelques artistes montréalais : toujours en quête de contrats intéressants, plusieurs jeunes artistes sont suspendus à ses lèvres. Hélène Loiselle, Charlotte

Boisjoli, Jean-Louis Roux (devenu sénateur en 1994), Thérèse Cadorette sont de ceux-là qui découvriront que c'est le père Legault lui-même qui les a fait marcher. Ce qui ne les a pas empêchés, tous, de connaître le succès. En fait, avec le père Legault, c'est du théâtre vingt-quatre heures sur vingt-quatre.

▼

Le directeur des Compagnons rêvait depuis longtemps de s'installer à la campagne. Le 29 mars 1945, jour de son anniversaire, il reçoit un appel du chanoine Lionel Groulx, qui lui parle d'un domaine libre à deux pas de sa résidence des Chenaux, qui pourrait convenir pour installer les Compagnons.

La description des lieux est très alléchante : une grande maison en bois et quatre chalets rustiques dispersés sur un terrain d'environ quarante arpents, face au lac des Deux-Montagnes. Le père Legault fonce en direction de Vaudreuil en prenant à son bord Madeleine et Jean Coutu et leur bébé Angèle, qui seront les premiers à s'installer dans ce merveilleux domaine quelques semaines plus tard. Les Leclerc suivront rapidement, de même que les Guy Provost, Jean Gascon et Georges Groulx.

C'est en 1941, dans ses bureaux de la rue Mont-Royal Est, que le fondateur des Compagnons a fait la connaissance de Félix Leclerc. Le père Legault a vite compris que ce grand maigrelet échevelé qui avait l'air de tomber de la lune était un tourmenté qui avait quelque chose à dire et qui cherchait une tribune. Il misait sur Radio-Canada, mais à ceux qui lui demandaient s'il n'avait pas de connaissances qui pourraient le pistonner, Félix rétorquait qu'il n'était pas question d'entrer dans la grande société autrement que pour sa propre valeur et qu'il était prêt à attendre son heure.

L'heure sonna, heureusement, par l'entremise de Guy Mauffette. Le père Legault confia à l'hebdomadaire *Notre temps*, en 1955 : «Je le revois dans les couloirs de Radio-Canada, au moment où il débutait, longeant les murs, timide et comme dépaysé ; je l'entends qui chantait pour nous, dans l'intimité des Compagnons, des chansons toutes neuves, en même temps qu'il raclait une mauvaise guitare.»

Qui aurait pu prévoir que c'est en grattant cette mauvaise guitare, achetée à Québec et payée par versements de dix dollars, que Félix Leclerc remporterait le Grand Prix du disque en 1951 ? Cette guitare Cromwell, fabriquée aux États-Unis, est aujourd'hui sous la garde de Daniel Bissonnette, directeur du Musée régional de Vaudreuil-Soulanges. « Quand mes souliers iront dans les musées, ce s'ra pour s'y, s'y accrocher. »

À cette époque, Félix était reconnu pour ses pièces de théâtre, son jeu de comédien, mais nul ne le voyait encore comme chanteur. « Les Compagnons ont eu, un jour, la joie de créer la première œuvre pour la scène de Félix Leclerc : *Maluron*, en 1947, sur la scène du Gesù et de l'École technique d'Ottawa, et plus tard *Sanctus*, écrivait le père Legault. Nous y avons mis tout notre cœur : un sympathique mélange d'amour du théâtre et d'amitié pour l'auteur. Précédemment, une maison d'édition de Toronto publia, en anglais, un recueil des dix meilleurs contes de littérature française : il y avait Daudet, Maurois, Balzac, Maupassant et, parmi eux, le seul Canadien, Félix Leclerc.

« J'aurais été le premier surpris, ajoutait-il, si vous m'aviez dit à l'époque que Félix serait un chanteur populaire. Il ne chantait que devant quelques amis et avait besoin d'une stricte intimité. C'était un timide et un solitaire. J'aurais jamais pensé qu'il passerait la rampe sur une scène. J'avais remarqué qu'il avait hérité du don de raconteur de village que possédait son grand-père, le don de communiquer, d'être près de la nature et de la vie. C'est un bonhomme qui est resté très authentiquement lui-même. Il n'a pas laissé le succès lui monter à la tête... Comme Molière, il avait appris à corriger les mœurs en riant et en ne se mettant jamais en colère... »

▼

Même si, avec le recul, le père Legault reconnaît que la cohabitation au domaine des Compagnons n'était pas toujours facile, cette époque, ce « temps de Vaudreuil » est resté pour Félix, Doudouche et les autres gravé dans leur mémoire. L'endroit était magnifique, tout fleuri en été et pourtant un cauchemar au printemps à cause des inondations. Durant l'hiver, les chemins étaient parfois impraticables les jours de tempête, mais il fallait quand même trouver le moyen de se rendre à Montréal les soirs de représentation.

Les Vaudreuillois du bel âge se rappellent encore la participation des Compagnons à un défilé de la Saint-Jean. Ils avaient conçu un superbe char allégorique ayant pour thème La Fée des Chenaux et l'avaient dédié au chanoine Lionel Groulx. «Vous êtes sûrement d'excellents ouvriers de notre avenir culturel», avait commenté l'abbé Groulx.

Entre le père Legault et Félix, l'amitié était profonde et empreinte de respect : «Leclerc est un authentique. Vous ne le voyez jamais si heureux qu'entouré de ses chiens, la tête dans le vent, le regard appliqué sur l'horizon de Vaudreuil, son patelin, attentif au langage qui monte de la terre. Le meuglement d'une vache, dans les lointains, lui propose une musique aussi attachante que les applaudissements des auditoires mondains. Au fond de son cœur, il garde une ferveur pour les laboureurs, chaussés des mêmes godillots.»

Dans une longue lettre adressée de Paris au père Legault, en 1953, Félix écrivait : «Aujourd'hui, ça marche, mais je peux bien vous le dire, le ciment de mon affaire, le fond, la base, la connaissance de mon voisin, l'indulgence, la facilité, les ailes, c'est à vous que je le dois. Un soir, le nuage s'est crevé, j'ai vu que mon chemin serait l'art. Merci de me l'avoir dit, de m'avoir ouvert la porte de ce royaume que je pensais réservé aux seuls Européens. Et Dieu sait si j'ai eu du plaisir. D'abord à me chercher. J'ai fureté dans des domaines où j'avais l'air d'un fou (le gendarme dans *Le Pendu dépendu*, un valet dans Molière, un guitariste dans *Le Barbier de Séville*, l'auteur dans *Maluron*)... Mais, mon Dieu, quand j'y pense ! Pas vous avoir connu, j'aurais manqué tout ça... Je viens vous tirer un coup de chapeau, bien honnêtement et sans fanfreluches, il faut se reculer d'une toile pour la voir, se reculer d'un pays pour le voir, se reculer de vous pour vous voir...»

▼

Mais pour Félix, l'époque des Compagnons tire à sa fin. À Vaudreuil, il ne manque pas de pain sur la planche mais, dit-il : «J'ai 200 ans d'ouvrage au moins... Il ne faut pas abuser du puits. J'aime laisser dormir l'eau pour qu'elle puisse se renouveler à l'aise.»

Félix refuse d'être identifié à une formule quelconque. Un beau matin, c'est une idée de pièce de théâtre qu'il entreprend d'écrire. Le lendemain, c'est le soleil ardent qui le pousse à prendre sa guitare pour composer un bijou de chanson. Une autre fois, c'est à l'apparition de la lune qu'il entreprend d'écrire quelques pages de sa prose poétique. Il se défend bien d'être romancier : « J'connais pas ce gars-là... » dit-il.

Félix Leclerc savait de quoi il parlait, c'était un homme de la terre, de la campagne. S'il a trempé ses souliers dans la boue des champs, ce n'était pas par snobisme, il n'a pas chanté Ma cabane au Canada, *mais il a vécu dedans.*

Jean-Paul Sermonte

CHAPITRE 6

Des Chenaux à l'Anse

C'est à Outremont, en juillet 1945, un vendredi 13, que naît Martin. Tout s'est déroulé à la vitesse de l'éclair. Le docteur est arrivé à temps à la maison et Félix a joué le rôle de sage-femme. Quelques jours plus tard, il compose *Les Nouveau-nés* :

> Le vieux écoutait le tapage
> Que faisait la cloche du village,
> On lui dit que c'était pour fêter
> L'arrivée de l'enfant nouveau-né...

Peu de temps après l'heureux événement, les Leclerc s'installent dans les Chenaux, à Vaudreuil. Ils occupent un modeste logement jumelé à celui de la famille du comédien Jean Coutu et à proximité de la grande maison des Compagnons de Saint-Laurent, autrefois habitée par le docteur Maxime Brisebois, celui-là même qui acheta le présumé secret de la bombe atomique. L'affaire fit les manchettes à l'époque. Ces résidences des Leclerc et Coutu et des Compagnons n'existent plus. Elles ont été remplacées par un luxueux hôtel, le Château Vaudreuil.

Dans ce nouveau décor enchanteur, Félix compose : *La Gigue, Bozo, Demain si la mer*. En 1946, la famille Leclerc transporte ses pénates dans une maison qu'elle loue d'Alcide Pilon, dans l'Anse de Vaudreuil, face au lac des Deux-Montagnes. C'est dans cette maison surtout que viendront, tour à tour, les célébrités de la chanson française, qui inscrivent sur un grand mur blanc leurs autographes et leurs hommages. D'autres chansons voient le jour : *Le Train du Nord, Le Bal, La Complainte du pêcheur, Elle n'est pas jolie, Francis, Moi, mes souliers, Le P'tit Bonheur* et *L'Hymne au printemps*, inoubliable :

> Les blés sont mûrs et la terre est mouillée
> Les grands labours dorment sous la gelée,
> L'oiseau si beau, hier, s'est envolé ;
> La porte est close sur le jardin fané...

Félix écrit sans relâche sur sa terre d'adoption, Vaudreuil, la nature, le lac des Deux-Montagnes, les bêtes, les grandes joies et les peines de son entourage. Il lui arrive souvent de se promener en tracteur l'été et, durant l'hiver, d'atteler ses deux colleys ou la jument rouge de son voisin de l'Anse, Rosaire Vinet, pour aller au village acheter des victuailles.

Félix note ses textes sur tout ce qui lui tombe sous la main ; Doudouche se rappelle que Félix griffonnait ses écrits au verso des feuilles de calendriers et même sur les murs de leur logis, au grand dam du propriétaire. Quand il passait au magasin d'Ovide Boileau au village, il lui arrivait d'acheter des chutes de papier peint. Pendant des mois, il écrivait poèmes et chansons au verso de feuilles qu'il découpait dans ce papier. Il prendra ensuite l'habitude d'écrire ses pensées plus simplement sur des cahiers d'écolier. Il en semait dans toutes les pièces de la maison.

Le cultivateur Rosaire Vinet, qui a connu le père Legault alors qu'il étudiait au collège Saint-Laurent et travaillait comme machiniste au théâtre, a mille anecdotes à partager sur l'époque de Vaudreuil. Un dimanche, pendant le sermon du bon curé Adhémar Jeannotte, Félix, appuyé à l'orgue au jubé, sort un carnet et note :

> Quand monsieur l'curé raconte
> Qu'la paroisse est pleine d'impies
> C'est pas à cause des péchés
> C'est qu'les dîmes sont pas payées...

... ainsi serait née *Attends-moi, Ti-Gars*.

À la sortie de l'église, Félix chuchote dans le creux de l'oreille de son ami Rosaire Vinet : « Il aurait donc fait un bon député et son frère de l'Union nationale (Joseph-Édouard) un bon curé. »

Rosaire évoque avec nostalgie le souvenir de sa première rencontre avec son voisin Félix, qui avait cherché en vain des attelages pour ses chiens chez tous les marchands du village. Vinet avait tout de suite prévenu :

— Entre voisins on peut se tutoyer. Ton nom c'est Félix Leclerc, l'artiste ; le mien c'est Rosaire Vinet, l'habitant.

— Rosaire ! tu es béni du ciel avec un nom semblable, long comme trois chapelets...

—J'ai peut-être ce que tu cherches. Entre voisins, on peut ben s'accommoder, pas vrai ? Tiens, Félix ! Regarde-moé ça, un bel attelage presque neuf. Ça appartenait à mon oncle Jos Charron, de Rockland en Ontario... J't'en fais cadeau.

C'est le début d'un long voisinage. L'amour de la terre, des animaux rapproche ces hommes aussi différents que semblables. Quand le poète dit : « Tu sais, Rosaire, un arbre qui pousse, c'est beau et grandiose ; il faut prendre le temps de s'arrêter pour l'écouter grandir », Rosaire, homme de la terre, n'a pas besoin d'explication, il sent tout cela, même s'il n'a pas les mots pour le dire.

À partir de cette rencontre amicale, une complicité et une confiance absolue s'établissent entre eux. Rosaire a la clé de la maison de Félix. Chaque fois que celui-ci part en tournée avec Doudouche et Martin, au Québec ou en Europe, Rosaire surveille les alentours. Il prend soin des bâtiments, des animaux domestiques.

Le voisin Vinet se servit de la grange des Leclerc pour entreposer son foin durant plus de vingt ans. Chaque fois qu'il rappelait son geste généreux à Félix, il recevait la même réponse : « Mais non, au contraire, c'est toi qui me rends service en la remplissant de foin pour l'empêcher de s'envoler ! »

Il faut dire que Rosaire ne se fait pas prier pour rendre service. Au cœur de l'hiver, alors que la tempête sévit depuis deux jours, Félix doit absolument se rendre à Oka. On ne voit ni ciel ni terre, les routes sont fermées. Pourtant, Félix a promis de chanter, beau temps mauvais temps, et d'aller saluer le forgeron Paul Girard. Rosaire attelle sa jument Belly à la carriole, fait une place à Félix, bien emmitouflé avec sa guitare, et traverse le lac pour se rendre à la trappe d'Oka, où le chanteur donne son spectacle pour les gens de la région et de la faculté d'agriculture.

Sur le chemin du retour, aux petites heures du matin, Rosaire ramène l'artiste à bon port. Le cheval avait eu le temps de reprendre des forces chez le maquignon Ulric Lanthier. Durant tout le parcours, Félix, le pince-sans-rire, en profite pour peaufiner les couplets de *Je cherche un abri*, chanson de circonstance.

Je cherche un abri pour l'hiver
Un feu pour réchauffer mes doigts,
Ses amis, le faiseur de vers
Les perd quand s'avance le froid...

Deux heures pour parcourir cinq kilomètres! Et quel froid, même bien enveloppés dans des *buffalos*, la guitare aussi d'ailleurs, il ne fallait surtout pas qu'elle prenne froid! La journée avait été longue, mais Félix était content, il n'aimait pas manquer à la parole donnée. Et qu'importe, Doudouche les attendait avec un bon gueuleton bien arrosé qui les avait vite réchauffés. «Et puis, dit Félix, quand il fait mauvais temps, c'est le temps de se promener dans les chemins, y a personne pour nous déranger.»

▼

Encore tout récemment, Rosaire Vinet évoquait les vingt-cinq années passées dans l'entourage de Félix Leclerc, Guy Mauffette, Henri Deyglun et leurs familles. «Y aurait tellement de choses à écrire sur ces oiseaux rares, une espèce en voie d'extinction.»

Rosaire avait pris la relève de son père cultivateur et son fils Claude fait maintenant de même. Félix appréciait ces ouvriers agricoles, compétents, toujours prêts à tirer le meilleur parti des nouvelles techniques et des anciens modes de fonctionnement. Il les consultait sans arrêt, il n'en savait jamais trop sur les animaux, l'agriculture.

La bonhomie et la gentillesse de Rosaire lui valaient aussi de bons rapports avec d'autres voisins tels Henri Deyglun et Janine Sutto qui étaient heureux de le féliciter lorsqu'on lui a décerné la médaille du Mérite agricole.

Encore aujourd'hui, il croise régulièrement Martin Leclerc, qui habite à deux pas de chez lui. Il regarde toujours avec un peu de nostalgie les photos du temps où Martin partageait les jeux de Daniel et Laurent, deux des sept enfants de Guy Mauffette. «Après la séparation du couple Mauffette, Louise, sa femme, est venue vivre durant trois ans dans notre petite maison d'en face au bord de l'eau. Tu sais, ils sont restés amis, ces deux-là. J'ai ben de la misère à comprendre ça, les séparations. Je trouve ça ben triste, surtout pour les enfants.»

▼

Oui, Vaudreuil, c'était une belle époque ! L'insouciance, les amis, la joie de vivre. Souvent, Guy Mauffette et Yves Vien se retrouvaient chez Félix. Ils formaient un trio plutôt époustouflant ! Quand les trois étaient réunis, Doudouche se demandait toujours ce qui allait en résulter. Une simple sortie d'une heure tournait parfois à l'équipée.

Un bel après-midi, le trio s'installe dans la petite chaloupe à moteur, histoire d'aller pêcher quelques perchaudes pendant une heure ou deux. Tard dans la soirée, Doudouche s'inquiète mais ce n'est qu'à minuit qu'elle reçoit enfin un coup de fil de Félix :

— Mais où êtes-vous donc à cette heure-ci ?

— Ne t'en fais pas, Doudouche, on a été emportés par la vague du lac des Deux-Montagnes, mais on rentre. Nous partons du quai d'Oka.

— Mais Félix, on est en pleine nuit, ce n'est pas prudent de s'aventurer ainsi. Guy et Yves sont-ils toujours avec toi ?

— Mais oui, ne crains rien. On n'a qu'à suivre les bouées du chenal. On a perdu l'heure mais pas la raison. On a manqué d'essence et on s'est laissé aller à la dérive jusque chez les Indiens. Rassure-toi, ils nous ont reçus comme des frères ! On nous a offert juste un petit verre d'eau-de-vie de canne à sucre.

— Voyons, Félix, c'est pas possible. Es-tu bien à Oka ou à la Guadeloupe ?

— Il faudrait que tu nous rendes un petit service, Doudouche. Vu qu'il fait noir comme dans la gueule d'un loup, on aura besoin d'un signal ou d'un fanal une fois arrivés dans l'Anse. Veux-tu placer l'auto face au lac et allumer les phares pour nous guider ?

Doudouche s'empresse d'aller cueillir Louise, la femme de Mauffette, et Thérèse Cadorette, celle de Vien. Et les voilà au bord du lac en train de faire des signaux lumineux ! Il est trois heures du matin lorsque les joyeux naufragés accostent au petit quai de l'Anse, pompettes et contents de leur escapade nocturne.

J'ai deux montagnes à traverser
Deux rivières à boire
J'ai six vieux lacs à déplacer
Trois chutes neuves à mettre au lit
Dix-huit savanes à nettoyer
Une ville à faire avant la nuit...

Oui, Vaudreuil, quelle belle époque !

(Collection Paul-Henri Goulet)

CHAPITRE 7

Mauffette et Leclerc : une rencontre décisive

«Guy, c'est un poète de la parole. L'être le plus riche que je connaisse. Plein de sève. Avec lui, j'ai vécu des moments terriblement beaux. Avec Guy, j'ai été longtemps en vacances.»

Félix Leclerc

Comme le répètent ses proches, Guy Mauffette, meneur de jeu dynamique et phosphorescent, jouit d'un trop-plein de vie, d'une originalité extraordinaire et d'une imagination débordante. Toutes ces années passées à jouer l'amuseur public sur les ondes, au cinéma ou sur les plus grandes scènes, il en parle comme si c'était hier. De même que, encore aujourd'hui, à l'aube de ses quatre-vingts ans, il est intarissable dès qu'il est question de son ami Félix. Mille souvenirs lui reviennent à la mémoire, qu'il raconte tout en fouillant dans ses archives pour y puiser une photo, une cassette audio ou vidéo qui illustrent son propos.

Leur première rencontre est inoubliable : deux poètes se font face, l'atmosphère est empreinte de merveilleux, d'irréel. Comment pouvait-il en être autrement chez ces deux êtres qui enfin se connaissent ou plutôt se reconnaissent.

«Un jour, vers 1938, j'étais à mon bureau à Radio-Canada dans la salle commune que nous occupions avec quelques réalisateurs au King's Hall. Mireille Bastien vint à moi et me dit : "Il y a un gars qui te ressemble comme deux gouttes d'eau et qui depuis plus de deux mois fait tous les couloirs pour offrir ses textes. Il a vu Jean-Marie Beaudet, Gérard Arthur et bien d'autres. C'est un bonhomme qui sort de l'ordinaire. Tu devrais bien le recevoir." Je dis à Mireille de m'amener le gars extraordinaire. J'étais absorbé dans une distribution que j'élaborais, lorsqu'il se présenta à mon pupitre. Je ne l'avais pas vu arriver. Comme j'allais souvent le constater par la suite, Félix n'entrait pas quelque part, il apparaissait! Levant les yeux, je l'aperçois.

Ce fut un choc. Il me souriait, je croyais voir mon propre visage dans une glace...

— Non! Ne parle pas, assieds-toi, lui dis-je. On s'est jamais vus, mais je te reconnais, je te connais. Qu'est-ce que tu fais? T'aurais dû me donner plus tôt de tes nouvelles.

« Il me regardait, souriait en se tapant sur la cuisse. C'est la première fois qu'il me rencontrait et mon discours aurait pu en ébahir bien d'autres, mais lui entra aussitôt dans le jeu. Il voulut me lire un de ses textes. Je refusai. Je lui dis : "Le gars de l'ascenseur voudrait une adresse qu'il lirait à l'occasion des noces d'or de ses parents. Va le voir, interroge-le, reviens t'installer ici et ponds cette adresse."

— Si ça t'amuse, c'est ben correct, j'vas faire ça pour toi.

— Eh! tu ne m'as pas encore dit ton nom.

— Félix Leclerc, fils de Léonidas. J'vas aller voir ton gars de l'ascenseur. »

Félix écrit sur-le-champ une adresse pleine d'images poétiques, d'une franche gaieté et d'une originalité folle. Mauffette, subjugué, le présente aux réalisateurs, aux producteurs. Le soir même Henri Deyglun les invite à manger chez lui. Deyglun, emballé, émerveillé, lui promet aussitôt un rôle dans *Les Secrets du docteur Morhanges*, qu'il écrit et que Paul Langlais produit. Il lui offre de jouer, dès la semaine suivante, dans l'adaptation qu'il a faite de *Madame Sans-Gêne*.

Quant à Mauffette, il confie à Félix le rôle de Florent Chevron dans *Un homme et son péché*, de Claude-Henri Grignon, où l'on retrouve le débutant dans la peau de l'amoureux transi de la belle Angélique, jouée par Mia Riddez. Guy le présente ensuite à Paul Leduc, qui lui commande des sketches. On l'engage dans *Vie de famille* et dans *La Fiancée du commando* où il joue le rôle de Pierre Cadoret.

« Mais pour revenir à cette première rencontre, comme Félix était au bout de ses économies, il songeait à regagner la maison familiale à Sainte-Marthe, près de Cap-de-la-Madeleine. Je l'emmenai chez moi à Notre-Dame-de-Grâce. Et là, de huit heures du soir à cinq heures du matin, il a chanté sans arrêt, à commencer par sa chanson la plus récente, *Sur le bouleau*. Et après, épuisés tous les deux, on a couché dans le même lit. Y avait pas d'autre place. Ma sœur Estelle, à notre réveil, nous a confondus, tellement on se ressemblait.

«Puis je lui ai trouvé, rue Drummond, tout près des studios de Radio-Canada, une pension de famille, chez les Archambault, et je lui ai payé sa première semaine en attendant qu'il touche un cachet. Il s'y est installé avec sa guitare, sa boîte métallique, tout son matériel d'écriture, et son drôle d'instrument de musique tzigane.

«Puis, Félix Leclerc a fait son chemin, bien sûr malgré tout et parfois contre tout, relate encore Guy Mauffette. J'ai tout fait pour lui, m'identifiant souvent à lui. Nous avions une parenté spirituelle, avant qu'elle ne devienne réelle par le jeu des alliances.

«C'est dans cette même pension que logeait Andrée Vien. Pour la première d'une grande émission que je réalisais, *Détente*, avec la participation de quarante musiciens, j'invitai Félix et Andrée, qui amena avec elle sa cousine Louise Vien. Je la voyais pour la première fois, mais à partir de ce jour nous sommes souvent sortis à quatre. Nous ignorions que ça finirait avant peu par un double mariage et que notre existence se trouvait engagée dans ces premiers contacts.

«On a souvent pensé que Félix et moi étions beaux-frères, mais ce n'est pas le cas. En fait, le capitaine Louis Vien, de Lévis, qui fut tué pendant la Grande Guerre, avait deux enfants, Yves et Andrée (Doudouche). C'est alors que le sénateur Thomas Vien, son frère, recueillit pour quelques années les orphelins et assura leur éducation. Yves fit son droit et devint avocat et officier supérieur dans l'armée canadienne, à titre de juriste. Par l'entremise de sa cousine Louise, la fille du sénateur, qui devint mon épouse, et de sa sœur Andrée, il en vint à fréquenter les Compagnons de Saint-Laurent, dont il devint directeur et administrateur. Plus tard, Yves épousera Thérèse Cadorette, comédienne de la troupe. Quant à Andrée Vien, secrétaire à Radio-Canada, elle épousa Félix Leclerc. Nous nous sommes mariés presque en même temps : le jour de leurs noces, j'étais en pleine lune de miel à l'île aux Coudres.

«Donc, Félix n'a jamais été mon beau-frère. C'est beaucoup mieux, il fut mon frère. Pendant plus de vingt ans, j'ai fait éclore sa production à la radio, j'ai été son interprète au théâtre, créant toutes ses premières pièces dans notre compagnie commune appelée VLM pour Vien, Leclerc, Mauffette.

« Peu de temps après, j'ai présenté Félix au père Legault qui, immédiatement conquis par sa personnalité, l'a invité à loger chez les Compagnons, rue Saint-Viateur. Il y avait, dans cette maison, les bureaux de la Jeunesse étudiante catholique que dirigeait alors Gérard Pelletier, devenu plus tard journaliste, puis ministre, puis ambassadeur, puis écrivain.

« Félix a connu un succès énorme et rapide comme auteur et comédien. Je m'insurge contre ceux qui prétendent encore aujourd'hui qu'il n'a pas été reconnu par les siens. Complètement fausse cette affirmation. Ça ne tient pas debout. Félix a été adulé par ses collègues de travail, par son entourage, par ses employeurs et par le public qui le découvrait petit à petit. Mais il voyait grand, grand ! Tous les réalisateurs voulaient lui offrir du travail. Je lui ai laissé ma place, en 1940, dans *La Rumba des radioromans*, où il devait chanter au début de l'émission. Il a eu un succès éclatant avec son premier radiothéâtre, *Le Slave*, qui racontait l'histoire tzigane d'un homme qui avait tiré sur la statue du soldat inconnu. Je le répète, ce n'est pas vrai que Félix n'a pas été accepté ici. Ça peut aider la légende, mais ce n'est pas la vérité, à mon humble avis. Je ne prétends pas l'avoir lancé, car personne ne lance personne. On s'enrichit au contact des gens. C'est tout.

« Félix aurait sûrement pu aussi bien faire carrière au théâtre et au cinéma, mais il avait autre chose de mystérieux en tête. Un bon matin, on me demande de réaliser une émission spéciale pour le Vendredi saint. Je décidai de monter *La Vie de Job*, avec Félix dans le rôle principal de l'homme juste frappé par le malheur. Il fut sensationnel. Dans cette même distribution, j'avais engagé les pères Émile Legault, Ambroise Lafortune et Marcel-Marie Desmarais, et René Lévesque ! Je les avais avertis : Prenez-vous pas pour des acteurs. Contentez-vous simplement, avec vos voix radiophoniques, de bien lire vos textes. Après l'émission fort réussie, Félix, si sobre en scène, était déchaîné comme pas un. Quel caricaturiste verbal ! Il nous a fait rire à se rouler par terre en ce Vendredi saint. D'ailleurs, personne dans la vie ne m'a fait rire autant que lui.

« C'est justement en souvenir de cette émission que Félix m'apporta en cadeau la sainte Bible, qu'il lisait constamment. Sur la page de garde du gros livre à reliure rouge, c'était écrit : "Guy, dans cette Bible, repas à toute heure depuis 6 000 ans. Ouvre et attable-toi devant l'interminable festin ! Félix, Noël 1942."»

▼

Lorsque Félix affirme que les hommes veulent qu'on leur ouvre un coin de poésie, qu'on leur montre des choses inconnues, délivrantes, pour leur faire oublier la fadeur de l'existence, la longueur du parcours, la pesanteur des soirs, il ne craint pas de louanger son ami Mauffette, le citadin, qui lui a beaucoup appris, alors qu'il se sentait perdu dans la métropole, lui, le campagnard de La Tuque. « Guy, c'est un poète de la parole. L'être le plus riche que je connaisse. Plein de sève. Avec lui, j'ai vécu des moments terriblement beaux. Avec Guy, j'ai été longtemps en vacances. »

Félix et Guy : deux enfants du même âge, que l'on pouvait parfois confondre à leurs débuts. L'un avait l'accent de la campagne et l'autre celui de la ville.

Poète de la parole, disait Félix en parlant de Guy, poète des sons aussi. Henri Deyglun, dans une série d'articles sur les « frères siamois » parue en 1967, avait rapporté un texte de Mauffette. Celui-ci y racontait son enfance sonore. « Les sirènes des bateaux, les cloches des églises qui annoncent elles aussi, le plus souvent, des départs. Nostalgie !... La cloche qui annonçait qu'on allait couper l'eau. Celle de l'aiguiseur de couteaux et de ciseaux. Le guenillou criant : "Rrrag !" Les cloches des pompiers et leur "pompe à steam", la cavalcade des chevaux aux bruits de sabots si multiples, si divers. Il y avait tant et tant de voitures hippomobiles en mon enfance – laitier, boulanger, marchands de toutes sortes : glace, fèves au lard dans leur pot de grès, légumes, fruits, et tous les cris pour annoncer leur marchandise. Je te le répète, Félix, tout était sonore, tout. Les magnifiques percherons des voitures de brasseries et, devant les bureaux de mon père vétérinaire, tous ces chevaux qu'il devait examiner. Tout cela piaffait en faisant tinter des clochettes. Je me souviens aussi d'un petit magasin de sucreries de l'autre côté de la rue. Quand on ouvrait la porte, cela déclenchait un drôle de bruit de sonnailles ; j'achetais là des lunes de miel et un génie en chocolat : Charlot ! le grand Charlot du cinéma muet. »

Quel poète ! Il faut dire que, dès sa naissance, le 8 janvier 1915, Guy Mauffette a baigné dans une atmosphère propice à une ouverture sur les arts. Il appartient à une famille d'artistes, dont le plus grand plaisir était de recevoir les virtuoses de passage dans la métropole. Ainsi, le trio Cortot, Casals et Thibaud fréquentait la maison familiale. Le grand-père maternel de Guy, Émery Lavigne, était un très grand musicien, ainsi que son grand-oncle, Ernest Lavigne, fondateur du fameux parc Sohmer où se produisaient les plus grands chefs d'orchestre et virtuoses du monde, notamment John Philip Sousa, compositeur du *Colonel Bogey*, la chanson de marche préférée de Félix.

Guy Mauffette, qui s'était fait au théâtre Stella et à la Société canadienne d'opérette une excellente réputation d'acteur, chantait aussi et dansait dans les revues musicales. Il apparut dans bien des opérettes avant que Lionel Daunais et Charles Goulet ne fondent les Variétés lyriques, dont il devint l'un des interprètes favoris du public. À New York et à Chicago, il joue dans *Saint Lazar's Pharmacy*, en 1946, avec Myriam Hopkins, Gratien Gélinas, Huguette Oligny, Jean-Pierre Masson, Jean Lajeunesse, Henri Letondal.

« J'ai commencé à faire de la radio parce que la famille grandissait et que le théâtre ne me permettait pas de gagner mon sel. J'avais vingt-sept ans au tout début d'*Un homme et son péché*. J'ai démissionné six ou sept ans plus tard quand je me suis rendu compte que ça devenait une farce paysanne et qu'il n'y en avait plus que pour Séraphin et son avarice. Mon beau-frère Lucien Thériault me remplaça avec succès. Il y a bien eu *Le Ciel par-dessus les toits*, de Guy Dufresne, que je réalisai avec beaucoup de bonheur, et *Radio-Bigoudi*, *Baptiste et Marianne*, avec Monique Leyrac et Jacques Normand. Plus tard, j'ai mis en scène *Le P'tit Bonheur*, *La P'tite Misère* et *La Caverne des splendeurs,* trois pièces de Félix. Oui, j'ai un peu souffert de ne pas avoir été toujours pris au sérieux. Certaines gens ont dit : "Mauffette, c'est les p'tites fleurs, les p'tits oiseaux." C'est pas vrai. Le problème, c'est que je me vends mal.

«Ma première radio, ce fut à CKAC à l'émission d'Henri Letondal, *L'Heure provinciale*. Robert Choquette m'entendit et m'engagea à son émission *Le Vieux Raconteur*, où déjà ma sœur Estelle disait des poèmes et interprétait des pièces de Choquette avec comme partenaire Hector Charland.»

Encore aujourd'hui, Guy Mauffette a l'esprit ouvert sur l'avenir. Il peint sans arrêt et mijote de beaux projets. C'est la jeunesse même, dans un enthousiasme chaque jour renouvelé.

Mais l'étiquette qui lui est restée collée à la peau est celle de l'inoubliable *Cabaret du soir qui penche*, où il nous faisait découvrir les artistes de la chanson populaire québécoise et française. Bien entendu, Félix y occupait une place de choix. Guy avait l'art de ponctuer ses émissions d'improvisations et de textes poétiques, atmosphère qu'il a voulu reconstituer dans son ouvrage *Le soir qui penche*, illustré de plusieurs dessins de l'auteur. En 1989, il me fit une dédicace... prémonitoire : «L'avenir appartient à ceux qui savent cultiver la divine fleur du passé.»

▼

Si heureux qu'ait été l'événement du départ de Félix pour Paris, ce départ a aussi été déclencheur de l'éloignement des deux amis.

Au fil des ans, il y a eu une coupure dans leurs relations. La complicité et la franche camaraderie des débuts se sont peu à peu envolées...

Mauffette s'en veut presque d'avoir été l'artisan des événements qui ont conduit au succès que Félix a connu à Paris. «Son pied le conduisait toujours là où son âme le précédait. Malheureusement pour moi, elle devait le conduire au loin. Pour toujours, même s'il est revenu. Et le pire : c'est un peu de ma faute. À cette époque, les textes de Félix connaissaient beaucoup de succès. Mais ses chansons ? Il gardait toujours espoir que ça marcherait un jour, mais des fois, il trouvait que ça prenait du temps. Je le revois encore se prenant la tête à deux mains, dans sa petite Austin à Vaudreuil. "J'comprends pas, bout d'm... il me semble que c'est pourtant bon mes affaires." Pour chasser son cafard passager, je lui disais que j'échangerais volontiers tous les mots que j'avais prononcés au micro pour une seule de ses belles chansons.

«Tout a commencé par l'anniversaire de Jean-Pierre Masson. On travaillait tous les deux à CKVL. J'avais demandé à Félix de venir à Verdun, tôt le matin, pour le fêter, et d'apporter sa guitare et un gâteau de fête. Ce qu'il fit. Après l'émission, on s'est retrouvés dans un studio où Félix s'est mis à chanter. Le réalisateur Pierre Dulude a enregistré ce récital improvisé, histoire de fabriquer un beau souvenir. Et c'est quelques mois plus tard qu'il fit jouer cet enregistrement à un imprésario français de passage à Montréal. Jacques Canetti a aussitôt eu le coup de foudre et, peu de temps après, ç'a été le commencement de la grande aventure pour Félix et la fin du plus beau chapitre pour moi.

«Canetti me trouvait un peu trop exalté, ça l'agaçait. On n'a pas beaucoup sympathisé. C'était un homme préoccupé, avec tous les artistes qu'il représentait : Chevalier, Patachou, Francis Blanche, Michel Legrand. Il les avait tous. Le secret de la réussite de Félix à Paris, c'est d'être arrivé là avec du bon blé, un grand vent du Québec, et d'être resté lui-même. Pour en revenir à Canetti, je lui ai fait parvenir, il y a plusieurs années, un synopsis de film sur Félix. Je le conserve encore dans mes tiroirs. Il est toujours d'actualité puisque Félix est un sujet qui n'a pas d'âge. On en parlera encore dans cent ans. Bien entendu, dans ce scénario, il y a du très bon et du moins bon. Quand on écrit un texte, il faut faire comme disait Jean Cocteau : "Secoue le pommier sans arrêt et garde seulement les pommes qui ne tombent pas."»

... Le souvenir d'un patriote entêté, d'un philosophe aux vastes horizons, d'un homme engagé qui a dit, chanté, écrit et porté sur scène la beauté du monde, l'amour et le rêve, mais aussi l'indignation et la colère...

Marie Malavoy,
ministre de la Culture et
des Communications du Québec,
Québec, 5 octobre 1994

CHAPITRE 8

BOZO
et autres chansons immortelles

À Vaudreuil, il y a des notes à l'infini dans le bureau de Félix. Il écrit, il réfléchit, entouré d'affiches de tournées canadiennes et européennes, de coupures de presse punaisées aux murs, d'une bibliothèque rudimentaire chargée de livres, où voisinent des écrivains classiques avec des contemporains américains et des auteurs d'ici. Félix a lui-même fabriqué ce meuble, de peine et de misère. Un gros ours polaire inuit orne aussi la pièce. Cinq lettres taillées se détachent sur un abat-jour en bois : F-É-L-I-X.

Quand il n'est pas dans son bureau, Félix passe beaucoup de temps à flâner dans les champs. Mais il lui arrive aussi de bavarder avec les cultivateurs, ses voisins et ceux qui se rendent à la coopérative de Dorion, ensoleillée par la présence et les propos d'Hermione Lalonde, et avec les gens de son village : le boulanger Jean Boucher et son fils Jean-Guy, le boucher-maire Jean-Paul Dumberry, le notaire Pierre Lamarre, le maraîcher Gilles Daoust, le bedeau Eugène Ranger et le directeur de la Caisse populaire, Jean Boileau.

La silhouette de Félix, debout sur son traîneau tiré par ses chiens, la casquette enfoncée jusqu'aux oreilles, le foulard rouge claquant au vent, avec sa grosse canadienne doublée de peau de mouton, et chaussé de bottes de trappeur, est encore présente dans la mémoire des Vaudreuillois.

Depuis plus d'un siècle, Vaudreuil, situé sur la rive sud du lac des Deux-Montagnes à trente minutes de Montréal, est la patrie de prédilection et d'adoption des gens de la scène et de la littérature, notamment le chanoine Lionel Groulx, Robert Choquette, Léonise Valois, Henri Deyglun, Estelle Caron, Janine Sutto, Thérèse Cadorette, Henri Poulin, Guy Mauffette, Yvette Brind'Amour, fondatrice du Théâtre du Rideau Vert, l'éditeur Albert Lévesque, père de l'auteur-compositeur-interprète Raymond et de la comédienne Mariette, et le producteur de films Jean-Yves Bigras, qui a une admiration sans bornes pour Félix Leclerc.

Bigras est un pionnier du cinéma québécois. Il réalise en 1949 *Le Gros Bill* avec Juliette Béliveau, Maurice Gauvin et Ginette Letondal, et *Les Lumières de ma ville* avec Monique Leyrac et Mauffette, que l'on revoit avec René Dary dans *Son copain* (intitulé *L'Inconnue de Montréal* en France), une coproduction. Et que dire de *La Petite Aurore, l'enfant martyre*, produit en quatorze jours au coût de 59 000 $, qui rapporte 800 000 $ et attire 750 000 spectateurs ! Jean-Yves Bigras est emporté trop jeune par la maladie pour réaliser son rêve de tourner avec son idole Félix. Le scénario est alors mis aux oubliettes.

Félix est l'auteur de plusieurs comédies diffusées, en 1952, dans le cadre de l'émission *Sous les feux de la rampe* à Radio-Canada. Son ami Bigras est le réalisateur de la plupart de ces téléthéâtres : *La Geneviève, Le P'tit Vieux, La Bouteille à lait, Le Passant charitable, Voyage de noces* et *Chasse à l'homme*.

En 1946, Leclerc connaît un succès appréciable avec son récit *Pieds nus dans l'aube*, où l'on retrouve cet enchantement, cette féerie poétique de la vie de tous les jours. C'est en somme le récit merveilleux des années de son enfance à La Tuque : ses joies, ses peines, ses découvertes d'adolescent. Comme l'écrit Maurice Blain, le roman de Leclerc met du temps à se laisser apprivoiser. Il le compare au *Grand Meaulnes*, d'Alain-Fournier. Félix publie ensuite *Dialogues d'hommes et de bêtes*, en 1949.

« L'auteur, écrit Marie-Rose Turcot dans *Le Droit*, possède la magie du mot évocateur, des images vivantes, et quelques-unes de ses fables méritent de survivre dans les pages d'une anthologie canadienne. »

Le chanoine Groulx aussi a loué ce coin de pays. Lui qui fut, jusqu'à sa mort à l'âge de quatre-vingt-dix ans, l'âme et l'éveilleur de conscience des Vaudreuillois, des Québécois, n'écrivait-il pas à la première poétesse de son village, Marie Attala Amanda Léonise Valois, que rien n'était plus facile, en ce coin de nature, que d'être ou de se croire poète. C'est à l'abbé Groulx qu'elle s'adresse en 1934 pour lui demander une préface à son livre *Feuilles tombées*. Cette enfance commune, il la soulignera ainsi : « Attala est de mon pays. Elle est née et a vécu à Vaudreuil, nom enchanteur, paysage harmonieux aux lignes classiques, avec des plongées en plein rêve : la ligne bleue des Laurentides, le lac, la "Grande Rivière", qui charrie tant d'histoire et de légendes ! »

Cette pionnière du journalisme féminin signe de nombreux articles dans les quotidiens et hebdos du temps. Louise Warren, arrière-petite-nièce de Léonise Valois, vient d'écrire une biographie de cette femme de lettres qui fut la première au Québec à publier un recueil de poésie, en 1910. Ses amours avec Rodolphe Lemieux, qui devint ministre des Postes, n'ont pas de lendemain. C'est néanmoins grâce à son aide qu'elle entre à l'Hôtel des Postes, à l'angle des rues Plessis et Sainte-Catherine à Montréal. Coïncidence, cet édifice devient en 1983 le Théâtre Félix-Leclerc.

▼

Loin de moi l'idée ou la prétention de jouer au professeur ou à l'historien, à l'exemple de ce grand ami disparu, Robert-Lionel Séguin, de Rigaud. Mais depuis longtemps il est difficile de résister à la beauté de Vaudreuil, que déjà Champlain et Radisson lorgnaient en 1613, Jean Nicolet en 1640, d'Iberville en 1686, sans oublier La Vérendrye, Dollard des Ormeaux et les autres premiers découvreurs, missionnaires ou coureurs des bois. Pour aller vers l'ouest du pays, il fallait passer par Vaudreuil, car la rivière des Outaouais était la seule voie d'accès. Mais ce n'est qu'en 1773 qu'on fonda ce village raconté maintes fois par Leclerc, qui fut, durant ses vingt-deux années passées à Vaudreuil, un pionnier, un modèle à suivre, un demi-dieu. Une seule chanson de Félix nous a mieux fait connaître dans le vaste monde que le travail de tous nos ambassadeurs. C'est avec raison que notre troubadour national a dit : « Si tu es poète, que ton ambition ne soit pas de briller mais de chanter le coin de terre où tu vis. »

Ce coin de pays où, vers 1945, on s'aventure encore sur la rivière, en face du quai de Vaudreuil, pour faire la coupe de la glace, en mars. Armés de haches, de gaffes, de godendards, de grosses pinces à poignées, de câbles, de chaussures à crampons, de traîneaux tirés par des chevaux et d'énormes pelles à neige, les Dumberry envahissaient la surface gelée des eaux moins polluées du temps. Ils avaient le parfait monopole, Honoré, père de Jean-Paul, assisté du Noir, de Ti-Loup, de Ti-Mé, tous des Dumberry forts et bons travailleurs. Se joint à eux nul autre que Félix qui fait l'apprentissage de ce dur métier.

On entrepose ces impressionnants cubes de soixante centimètres dans les glacières d'Honoré Dumberry ou de Johnny Sagala et on foule alentour le bran de scie provenant des scieries d'Eugène Blouin et plus tard d'Albert Jasmin. Jusqu'à l'arrivée des réfrigérateurs, on fait la ronde à cheval en offrant pour dix cents un beau gros bloc de glace digne de la plus vieille glacière du village.

Du côté de l'Anse de Vaudreuil, les Vinet et les Brasseur découpent également la glace pour leurs besoins personnels et vont avec Félix chercher leur bran de scie au « moulin » de Hudson, où travaillent plusieurs Indiens d'Oka, qui viennent, de temps en temps, vendre des manches de hache et de pic à cinquante cents et des paniers de linge en écorce faits à la main. Autres temps, autres mœurs... Le solide poète apporta aussi son aide à Paul-Émile Martel et à Alcide Pilon dans cette rude besogne de coupeurs de glace.

▼

C'est à Vaudreuil que Félix crée son œuvre magistrale. Que de belles chansons immortelles : *Le Roi heureux, Mac Pherson, La mer n'est pas la mer, La Danse la moins jolie...* Et quelle générosité ! Il accepte un jour de venir les chanter, en refusant tout cachet, à l'entracte, lors d'une partie de cartes du Cercle de fermières. En témoignage de gratitude, on lui remet une enveloppe qui contient un bien modeste billet de vingt dollars qu'il accepte de la même façon qu'il l'aurait fait d'un cadeau précieux.

La même année, il fonde avec Guy Mauffette et Yves Vien la compagnie VLM. Et, le 23 octobre 1948, j'ai la joie immense d'être dans les coulisses et d'apporter ma contribution comme accessoiriste à la première mondiale de la pièce de théâtre *Le P'tit Bonheur*. Doudouche y met tout son cœur et toute son ardeur.

Peu de temps après, la pièce fut reprise à Rigaud, à l'auditorium du collège Bourget. Le sénateur Thomas Vien était présent. Le dimanche suivant, le prude chanoine Lionel Brazeau glisse quelques propos outrés dans son prône. Plus tard, le curé s'est repenti de s'être quelque peu emporté à cette occasion.

Ensuite, ce fut la grande tournée du *P'tit Bonheur* au Québec, en commençant par le Théâtre du Gesù, quarante soirs durant. Cette comédie en deux actes et six tableaux – *Le P'tit Vieux*, *La Muette*, *Le Banc sur la route*, *Le Traversier*, *La Geneviève* et *Mouan* – est jouée par Guy Mauffette, Huguette Oligny, Julien Lippé et Jean-Pierre Masson. Félix interprète quelques chansons en intermède lors des changements de décor.

En 1948, Félix achète sa première voiture, une «bébé Austin». Plus tard, ce sera des Volkswagen, jamais de grosses autos. Un jour, j'ai eu l'occasion d'entreprendre avec Félix, dans sa Austin, une tournée de promotion en région. Il fallait d'abord poser des pancartes sur des centaines de poteaux de Bell Canada et de la Gatineau Power. Puis, Félix attendait patiemment pendant que je laissais en consignation des billets aux commerçants de l'endroit. Félix, qui prenait les choses au sérieux, nous enseignait à parler franc et fort dans le micro installé dans la voiture, afin que les haut-parleurs juchés sur le toit résonnent aux quatre vents.

La société VLM a connu également le succès avec d'autres pièces de Félix, notamment *La Petite Misère* et surtout *La Caverne des splendeurs*, qui valut à son auteur le premier prix du Concours dramatique des Amis de l'art. Elle fut présentée par les Compagnons de Saint-Laurent au Théâtre du Gesù, à Montréal, du 23 octobre au 19 novembre 1949. On pouvait en même temps applaudir les Compagnons de la chanson, qui avaient accordé à VLM l'exclusivité de leurs apparitions au Canada.

▼

À la veille de la Révolution tranquille, on assiste à un essor sans précédent de la vie culturelle au Québec. Félix est suivi d'une multitude d'auteurs interprètes : Raymond Lévesque,

Hervé Brousseau, Gilles Vigneault, Claude Léveillée, Claude Gauthier, Marc Gélinas, André Lejeune, Georges Dor, Jean-Pierre Ferland, Guy Godin, Germaine Dugas, Tex Lecorre, Sylvain Lelièvre, Stéphane Venne, Jacques Blanchet, Pierre Calvé, Jacques Michel, Pierre Létourneau, plus tard Robert Charlebois, etc.

On bouge aussi dans le domaine de l'écriture. De nombreux écrivains québécois s'imposent. Félix Leclerc suit les traces de Robert Choquette, Germaine Guèvremont, Gabrielle Roy, Félix-Antoine Savard. D'autres s'ajouteront : Anne Hébert, Gérard Bessette, Roger Lemelin, Gaston Miron, Bruno Roy, Jacques Godbout, Nicole Brassard, Louis Caron, Jean-Claude Germain, Philippe Laframboise, Réjean Ducharme, Louis-Martin Tard, Henriette Major. Puis Marie-Claire Blais, Denise Bombardier, Yves Beauchemin, Noël Audet, Marie Laberge...

Les troupes de théâtre se multiplient avec Gratien Gélinas, Pierre Dagenais, Yvette Brind'Amour, Jean Gascon, Jean-Louis Roux, Françoise Berd, Jeanine Beaubien, Paul Buissonneau, Monique Lepage, Jean Duceppe et, toujours, Félix Leclerc.

Paul-Émile Borduas publie *Le Refus global*, manifeste du groupe des automatistes dont il est l'instigateur. Forcé de quitter son poste de professeur à l'École du meuble de Montréal, il décide finalement d'émigrer à New York, puis à Paris en 1955. Alfred Pellan publie aussi son manifeste, *Prisme d'yeux*, en 1948. Lui et Borduas demeurent les deux principaux promoteurs d'un renouveau des arts plastiques au Québec. Un esprit nouveau.

D'autres artistes s'ajoutent à la liste des « initiés » adulés par les uns et conspués par les autres. Tout d'abord, il y a Jean-Paul Riopelle, qui sera le premier à s'affirmer et même à se distinguer sur le plan international. Parmi les autres : Marcelle Ferron, Marcel Barbeau, Jean-Paul Mousseau, Fernand Leduc, Françoise Sullivan, Madeleine Arbour, Pierre Gauvreau et Muriel Guilbault font partie des signataires du *Refus global*, lancé en 1948 chez le libraire Henri Tranquille.

Les attaques du *Refus global* contre le clergé et le système d'enseignement, et ce plaidoyer en faveur de la libération totale de l'individu n'ont pas gain de cause auprès de Félix, qui est loin d'être un mordu de la peinture dite moderne ou abstraite.

Rien ne change au pays de Québec, disait-on après la publication de *Maria Chapdelaine*. Mais voilà qu'à l'aube de la Révolution tranquille, ça bout au fond de la marmite nationale. Félix Leclerc préfère rester coi, à l'écart du brouhaha politique. Il doit avant tout créer son œuvre marquante. Ça prend tout son temps et tout son argent de poche.

Du côté de la peinture figurative, on se doit de citer des peintres aujourd'hui disparus : Marc-Aurèle Fortin, René Richard, Clarence Gagnon, Ozias Leduc, Jean-Philippe Dallaire, Suzor-Côté, Jean-Paul Lemieux, Albert Rousseau, Léo Ayotte, Mario Verdon. À ces noms prestigieux s'ajoutent d'autres excellents peintres septuagénaires encore à l'œuvre : Stanley Cosgrove, Henri Masson, Umberto Bruni, Normand Hudon, Viateur Lapierre, Marcel Favreau, Maurice Domingue, André L'Archevêque, Francesco Iacurto, Jean-Marc Blier et Marcel Bourbonnais, qui fut député fédéral de Vaudreuil-Soulanges. Ce dernier s'arrêtait à l'occasion chez Félix Leclerc, non pour discuter politique mais plutôt pour échanger des opinions sur le monde des arts.

À Vaudreuil, quelques sculpteurs faisaient halte chez Félix : Charles Daudelin, Robert Roussil, Jean-Julien Bourgault et Armand Vaillancourt.

«Parler avec Félix, raconte Vaillancourt, c'était un cadeau du ciel. Nous l'écoutions religieusement. Quelques mois avant sa mort, il m'avait dit : "Tu devrais sculpter un sentier que tous les Québécois reconnaîtraient par ses signes particuliers, sentier qui mènerait notre peuple à proximité de Bytown (Ottawa), là où vivent en tour d'ivoire les mandarins qui refusent encore de nous donner les clés de la maison qui abrite notre rêve collectif. On aurait tout simplement à traverser le pont de Hull pour régler une fois pour toutes le problème de notre appartenance et de notre survivance."»

▼

Puis c'est l'arrivée de la télévision. René Lévesque, baguette en main, devant son tableau noir, anime *Point de mire*. À la première émission de la série télévisée *Votre choix* à Radio-

Canada, ce dernier et Daniel Johnson, père, sont venus applaudir Félix Leclerc, l'artiste qu'ils ont tous deux choisi pour chanter à cette occasion.

(Collection de l'auteur)

CHAPITRE 9

Jacques Canetti entre en scène

À Vaudreuil, Félix devient parfois impatient, et ses proches voudraient bien qu'il se passe quelque chose de neuf dans la vie du poète, qui cherche à prouver que ses chansons, autant que ses textes pour la radio et le théâtre, ont leur valeur. Félix rêve d'enregistrer ses chansons et décide d'agir. Avec ses amis Guy Mauffette et Yves Vien, il se rend au bureau de Rosaire Archambault, qui vient de remplacer son oncle à la direction de la maison de musique Edmond Archambault, fondée à Montréal en 1896.

Mandaté par sa compagnie, Rosaire fait un séjour en Europe pour prendre connaissance du marché du disque à l'échelle mondiale. Il signe dès lors des ententes avec des fabricants et des éditeurs français, Pathé-Marconi, Odéon, tant pour la musique populaire que classique ou religieuse.

À son retour, il met sur pied une solide agence de distribution qui existe encore aujourd'hui. En peu de temps, quinze chanteurs et musiciens canadiens apparaissent au catalogue de disques Alouette. L'homme d'affaires est particulièrement fier de ses réalisations. N'oublions pas qu'à cette époque les autorités gouvernementales font la sourde oreille et sont peu enclines à subventionner les artistes, Félix en sait quelque chose.

Mais, en ce printemps 1950, ce n'est pas encore ce qui préoccupe Félix, qui vient de faire entendre un enregistrement à Rosaire Archambault.

— Qu'est-ce que vous pensez de mes chansons ? Y en a une qui s'appelle *Moi, mes souliers*, une autre *Le P'tit Bonheur* ; les autres, pour le moment, ont pour noms *Bozo, La Veuve, Attends-moi, Ti-Gars.* Si vous aimez pas les titres, on pourra peut-être les modifier.

— Vous savez, monsieur Leclerc, que notre compagnie est avant tout spécialisée dans la vente et la distribution de disques de toutes les langues et de toutes les marques. Nous avons bien une marque de *records* qui est plutôt réservée aux chanteurs de folklore et de western. Ce n'est pas tout à fait votre genre, d'après ce que je viens d'entendre... Je vous vois difficilement avec Tommy Duchesne, Conrad Gauthier, Jimmy Dabate, Marie Lebrun ou Pierre Pétel. Je fais exception pour Rina Ketty et aussi un peu pour Pétel, qui fait quand même de bonnes chansons.

— Peu importe, monsieur Archambault, l'étiquette, la compagnie ou l'association avec d'autres artistes. Tout ce que je souhaite, c'est que le public me fasse savoir, une fois pour toutes, si je dois continuer à me *désâmer* et à me faire croire que j'ai du talent.

— Mais oui, cher Félix, vous êtes bourré de talent ! Votre voix est exceptionnelle, sans parler du contenu de vos chansons qui décrivent tellement bien ce que nous sommes. Il suffit de prendre son temps et de ne pas manquer le bateau.

Finalement, après une longue discussion de deux à trois heures, Félix et ses amis repartent avec la promesse de recevoir une réponse dans moins d'un mois. Rosaire Archambault, fort impressionné par ce qu'il a entendu sur la bobine, fait écouter les ballades et complaintes de son pittoresque visiteur aux membres de sa famille, qui en sont fort emballés. Puis il consulte quelques personnes avisées. Leur verdict : ce n'est pas commercial, c'est trop original et il n'y a pas un gros marché pour ce genre-là. Bref, on tire les choses en longueur.

Mais pendant ce temps-là, autour de Félix, les événements se précipitent. Jacques Canetti s'amène à Montréal, entend les chansons de Félix et...

▼

Rosaire Archambault dira plus tard qu'il avait rendu un grand service à Félix en ne signant pas rapidement d'entente avec lui. Félix aurait eu certes un beau succès ici, mais n'aurait pu connaître la consécration à l'étranger et s'assurer des revenus supérieurs. Sans rancune aucune, ils se reverront à Paris et à Montréal et deviendront de bons amis.

«En 1958, raconte Rosaire Archambault, nous avons eu un succès remarquable avec son premier album, sous l'étiquette Épic, distribué par Columbia. La critique a été unanime. Gilles Marsolais écrivait : "Dans ses chansons, nous retrouvons l'écrivain-conteur de ses livres, mais encore plus attrayant, plus près de nous. Devant se conformer à la technique du disque, Félix ne s'y sent pas emprisonné, bien au contraire; sa pensée se déploie à l'aise dans sa langue savoureuse, et il sait mouler la chanson dans une formule qui lui est tout à fait personnelle, et qui le place bien en vue à côté des authentiques de la trempe des Trenet, Brassens, Mouloudji, Montand. Sa musique est plus variée, plus souple, plus enlevée, car Félix est de plus en plus un maître de la guitare et son jeu est unique."»

Cette année-là, la maison Ed. Archambault signait un contrat avec Félix lui-même pour publier douze chansons sur papier à musique et en album. Elle confiera aux Éditions musicales Tutti, propriété de la compagnie Philips, la diffusion pour l'Europe. Quant au premier livre de chansons de Félix, il avait été publié en 1951 par les Éditions Raoul Breton, qui seraient aujourd'hui propriété du groupe Charles Aznavour. Les douze chansons furent enregistrées sous l'étiquette Polydor.

Pour transcrire la musique des chansons du deuxième livre consacré à Félix, Archambault fit appel au réputé professeur de piano et docteur en musique Eugène Lapierre, qui touchait aussi l'orgue chez les rédemptoristes. Il fit un travail de bénédictin avec *La Drave*, *Les Perdrix*, *Le Québécois*, *Ce matin-là* et les autres. De très beaux textes furent aussi mis en musique et publiés par différentes maisons d'édition de France : Francis Lemarque, Intersong et Métropolitaines. Félix ne fit pas nécessairement fortune de son vivant avec la diffusion de ses œuvres, mais reçut quand même, deux fois par an, des droits d'auteur de la CAPAC, devenue la SOCAN, que ce soit pour la vente ou l'exécution de ses chansons en public, sur scène, à la radio, à la télévision ou autrement. Et pour bien longtemps, ses héritiers recevront des redevances sur toute son œuvre.

Rosaire Archambault se souvient comme si c'était hier du jour où Félix Leclerc fut invité une deuxième fois à la maison mère Archambault pour signer des autographes, en 1953. Jamais pareille chose ne s'était produite depuis la venue de Tino Rossi en 1947. Félix lui-même en était tout étonné : « Un jour que j'étais allé autographier des disques chez Archambault, je trouve les portes de devant bloquées. Quatre rues noires de monde, pas un char ne peut passer. Un commis me suggère la cave. Nous voilà sautant par le soupirail, des fils d'araignée plein la face. Impossible de m'échapper... Quel souvenir inoubliable ! »

▼

À la fin de l'été 1950, l'imprésario français Jacques Canetti, né en Bulgarie en 1909, élevé en Angleterre, détecteur de talents par excellence, passe quelques jours à Montréal. Il se rend au Faisan doré, du boulevard Saint-Laurent, pour applaudir Jean Rafa, avec qui il entretient des liens d'amitié depuis leur rencontre à la salle Pleyel, à Paris, et sur les ondes de Radio-Cité, dont Canetti est le directeur artistique, dès 1936. Son émission, *Le Music-hall des jeunes,* lui donne tout un pouvoir à cette époque.

Canetti est partout. Il réussit à obtenir de Marlene Dietrich un enregistrement en français. Coup de génie. C'est lui qui organise les premiers concerts de Duke Ellington et de Louis Armstrong à Paris. Pendant la guerre, on le retrouve à Alger. Il prépare les émissions de Radio-France et fonde un théâtre de chansonniers qui voyage à travers le Moyen-Orient. Puis c'est la Libération en 1945. Il reconstitue l'écurie Polydor et devient directeur artistique du catalogue Philips, crée le théâtre des Trois Baudets où il fait connaître les plus grands noms de la chanson. En 1963, Canetti monte ses productions dans lesquelles on trouvera Jeanne Moreau, Jacques Higelin, Brigitte Fontaine et Serge Reggiani.

Jacques Canetti organise le *Concours d'amateurs Le Crochet*, concours très éprouvant pour l'artiste en herbe qui se fait conspuer et siffler sans vergogne s'il n'arrive pas à supporter les feux de la rampe, par manque de talent, d'assurance, de préparation ou par panique. Jean Rafa, tout comme Jacques Brel et André Dassary, est l'un de ceux qui s'en tirent haut la main en remportant la grande finale. Entre Rafa et Canetti s'ébauche une amitié qui ne s'est jamais démentie.

Mais ce soir-là, au Faisan doré, Canetti veut voir à l'œuvre le plus remarquable de nos fantaisistes, Jacques Normand. Rafa, arrivé à Montréal depuis le 23 décembre 1948, a préparé le terrain et parlé avec emphase de son ami. Canetti est à l'affût.

Après le dernier tour de chant de Normand, à deux heures du matin, Canetti, emballé, ne perd pas de temps et lui propose de le prendre en main et de le propulser au rang des vedettes du calibre de Maurice Chevalier ou de Charles Trenet. Mais Normand ne l'entend pas de cette oreille. Un peu gris à pareille heure, mais bien conscient de l'offre alléchante, il déclare sans ménagement à son illustre visiteur :

— Monsieur Canetti, je ne suis pas votre homme. Oubliez-moi ! Le seul qui puisse véritablement représenter les Canadiens français en France, c'est Félix Leclerc. Cherchez pas ailleurs, il n'y en a pas d'autres. Et là-dessus, messieurs, je vous tire ma révérence.

Un peu déconcerté par la décision hâtive de Normand, Canetti se retourne vers Rafa.

— Qui c'est, ce Leclerc ? Vous le connaissez, Jean ? Je veux le voir au plus tôt.

Canetti est un meneur, un homme de décision, un vrai chef, c'est un homme qu'on ne fait pas attendre. Alors, en pleine nuit, Rafa téléphone à Pierre Dulude, de CKVL, qui connaît bien Leclerc. Il compte parmi ses meilleurs amis. C'est lui qui s'occupe en bonne partie de ses engagements au Québec.

Dulude, d'abord interloqué, à cause de l'heure tardive d'une part et parce qu'il n'a jamais entendu parler de Canetti d'autre part, consent, devant la biographie impressionnante que Rafa lui fait de l'imprésario, à organiser un rendez-vous le jour même.

Au petit matin, Félix se rend à la station de radio de l'avenue Gordon à Verdun, et se présente à Canetti. Après avoir écouté une bobine de chansons déjà enregistrées par Dulude et avoir observé Félix s'accompagnant à la guitare, l'imprésario tranche.

— Monsieur Leclerc, je vous engage. Avant la fin de l'année, vous ferez un malheur à Paris !

— Pas trop vite, cher monsieur Canetti. Doucement, douce-ment... je ne suis pas prêt. J'ai même pas assez d'argent pour m'acheter un billet d'avion ou de bateau.

— On vous enverra votre ticket et on vous logera convenable-ment. On va s'occuper de vous, soyez sans crainte. Préparez votre passeport, monsieur Leclerc !

« Nous nous sommes alors rendus avec Pierre Dulude au Studio Marco où, en trois heures, nous avons enregistré douze chansons, toutes plus belles les unes que les autres. Ensuite, ajoute Canetti, je suis rentré au Ritz Carlton, sans perdre un instant, pour taper la lettre d'engagement de Félix : cinq ans d'exclusivité et huit faces de disque par an. Félix n'eut pas de réaction, il n'y croyait pas. Il me demanda seulement "si ce serait de vrais disques durs". »

▼

Le soir même de la signature du contrat, Canetti reprend l'avion avec les chansons de Leclerc enregistrées sur magnétophone. Dès son arrivée, il fait entendre la voix de son poulain à son voisin de Saint-Cyr-sur-Morin dans la Brie, le romancier Pierre Mac Orlan, qui en reste bouche bée. Celui-ci s'engage à patronner la candidature du Canadien et à la proposer aux membres du jury du Grand Prix du disque dont il fait partie. Après avoir débuté comme journaliste, Mac Orlan a écrit des poèmes et des chansons, et plusieurs romans à succès, dont *Quai des brumes*, qui fut porté à l'écran en 1938 avec Michèle Morgan et Jean Gabin, scénario et dialogue de Jacques Prévert.

▼

Quelques mois passent, puis Félix reçoit un télégramme de l'imprésario : « Vous commencez dans un mois à l'ABC. » Au début, Félix croit qu'il s'agit d'un théâtre pour enfants et non du premier music-hall de Paris.

C'est parti ! Déjà, la roue tourne. La machine Canetti est en marche. La production des disques ne se fait pas attendre. Bientôt, on les trouvera sur le marché, en France et au Canada.

Paris, 29 septembre 1950

RADIO-PROGRAMMES
Étude de spectacles et productions radiophoniques
Immeuble Pleyel
282, Faubourg Saint-Honoré, Paris VIIIe
Téléphone : Carnot 60-24

Monsieur Jean Rafa
5796, 13e Avenue, Rosemont, Montréal, Canada

Cher ami,
[...]
2. FÉLIX LECLERC : ses premiers disques seront prêts cette semaine et j'envoie des échantillons à plusieurs exemplaires à Métrodisc en les priant de vous en remettre un de chacun.

Par ailleurs, le matériel de pressage sera également envoyé cette semaine à Toronto afin que les disques de Leclerc puissent sortir fin octobre au Canada. 3. Etc., etc.

Bien amicalement,

Jacques Canetti

Et encore :

Paris, 3 novembre 1950

Cher Jean Rafa,
[...]
1. FÉLIX LECLERC peut débuter définitivement le 23 décembre à l'ABC. Lui ai écrit dans ce sens et pense qu'il doit accepter cette chance unique qui s'offre à lui. Pourriez-vous le saluer de ma part.

2. LES COMPAGNONS DE LA CHANSON débutent définitivement le 20 novembre au Théâtre des Compagnons de Saint-Laurent à Montréal.

3. HENRI SALVADOR s'embarque le 14 novembre et débute le 24 à Montréal.
[...]
Amitiés et à bientôt,

Jacques Canetti

«Lorsque j'ai fait venir Félix Leclerc à Paris, il était tout à fait inconnu. Raoul Breton fut le seul éditeur français à venir me voir pour me demander d'éditer Leclerc. J'ai accepté en lui faisant remarquer que Félix avait besoin d'argent pour faire venir sa famille à Paris. Sans marchander, Breton offrit de lui avancer un million de francs pour l'édition de douze chansons. En 1951, ce n'était pas une petite somme, mais par la suite les droits du *P'tit Bonheur* devaient amortir à eux seuls cette avance considérable. Ce vrai poète a été le précurseur de la chanson québécoise. Il a ouvert les portes aux auteurs-compositeurs-interprètes, surtout à ceux qui venaient se présenter devant le public des Trois Baudets avec une simple guitare. Son influence a été considérable», témoigne Jacques Canetti.

▼

Le 31 mai 1910 un événement mondial se produit : la queue de la comète Halley vient frôler la Terre... et risque de provoquer la fin du monde. Selon toute apparence la fin du monde n'est pas arrivée, mais Jean Rafa en profita pour naître ce jour-là. Est-ce pour cela qu'on l'a toujours décrit comme : un éclat de rire, un bon mot, une chanson express ?

Rafa est un enfant de la butte Montmartre où, dès son jeune âge, il fut un protégé du grand dessinateur Poulbot, qui doit sa célébrité à son personnage de gosse montmartrois, gavroche moderne, facétieux, frondeur, mais aussi misérable et profondément sensible. Le dessinateur avait créé le groupe des Petits Poulbots, et leur gentillesse et leurs frasques étaient très appréciées sur la Butte.

Engagé chez un tailleur, Rafa vend son premier veston de scène à Charles Trenet. Le commerce où Rafa travaille est situé juste à côté du grand music-hall L'Empire où le fantaisiste se précipite dès qu'il a une minute pour fureter dans les coulisses, au grand désespoir de son patron.

En 1937, pour voir l'Amérique, Rafa s'engage comme garçon de table sur le *Bretagne*. C'est à bord qu'on découvre son talent de chanteur, et le capitaine du navire fait de lui l'organisateur des soirées de gala. Le voilà animateur et chanteur. Puis vient la guerre. Jean, nommé sergent, forme le groupe des Chasseurs de cafard pour distraire les soldats. Tandis qu'à moins de cent kilomètres on fait éclater les bombes, lui, Rafa, fait éclater le rire et la chanson de France.

Après la fin des hostilités, Jean débuta comme animateur dans les boîtes de nuit de Monte-Carlo, de Paris et de province. Avec l'accordéoniste Émile Prud'homme, il compose : *Au printemps*, *Pour sûr! qu'est-ce que tu dis ?* enregistrées par Bourvil. Plus tard après son arrivée au Québec, il écrit *Du pep*, avec Roche et Aznavour. Au Québec, Rafa se produit d'abord à la salle Harpell, à Sainte-Anne-de-Bellevue, puis au Faisan doré.

C'était la belle époque du spectacle, du moins pour les imprésarios. C'est ce qu'il m'a été donné de constater quand, en 1949, j'ai eu l'occasion d'organiser une petite tournée dans ma région avec Roche et Aznavour, Monique Leyrac, Aglaé, Billy Munro et Jacques Normand, qui avait alors insisté pour que j'engage Jean Rafa à... trente-cinq dollars par soirée. Le cachet de Roche et Aznavour, en 1949, était de soixante-quinze dollars, dont quarante pour Pierre et trente-cinq pour Charles. Félix ne participait pas à ces galas, puisqu'il ne se sentait pas prêt à affronter le public québécois. Ce qui ne l'a pas privé du plaisir de rencontrer toute la troupe que Jacques Normand ramène chez le poète dans l'Anse de Vaudreuil.

Le 23 décembre 1951, Rafa s'installe définitivement dans la métropole canadienne avec sa famille. Il devient rapidement le boute-en-train des ondes, à CKAC, entre autres. Il écrit aussi des chansons, dont les paroles des célèbres *Nuits de Montréal* qui décrivent si bien l'atmosphère de cette époque de la « chansonnette française » :

> J'aime les nuits de Montréal
> Pour moi ça vaut la plac' Pigalle
> [...]
> Et quand je vois naître le jour
> Aux petit's heures
> Vers ma demeure
> Je vais heureux (où ça ?)
> À Montréal, c'est merveilleux.

À Paris, en 1953, Félix a eu la chance de profiter des bons offices de Rafa qui s'est fait un plaisir de l'emmener visiter, dans les moindres recoins, la place du Tertre en compagnie de Pierre Labric, le maire de la Commune libre du Vieux-Montmartre. Celui-ci avait tout mis en œuvre pour rendre la visite inoubliable, un autre exploit pour Labric qui avait déjà à son crédit celui d'avoir descendu la tour Eiffel à bicyclette.

▼

C'est aussi au début de l'année 1950, avant qu'il soit question d'aller chanter en Europe, que Félix Leclerc rêve de publier en France ses premiers livres. Il en parle à plusieurs reprises au père Paul-Aimé Martin, fondateur et directeur des Éditions Fides, sans succès. Finalement, en décembre, au moment de son départ pour Paris, il se fait plus pressant auprès du père André Cordeau, adjoint au directeur :

Vaudreuil, 5 décembre 1950

Mon cher père Cordeau,

D'abord, la lettre que vous m'avez donnée pour la bourse a porté fruits et je vous en remercie. Le ministère provincial du Commerce m'accorde 1 000 dollars pour mon voyage à Paris.

Craignant de ne pas avoir le temps de vous voir avant mon départ (je m'embarque mardi prochain par T.C.A.), je vous écris un mot.

Père Cordeau, c'est rien qu'une supposition mais supposons que mes affaires là-bas aillent bien, quand on dit bien, et que monsieur Canetti et les Français expriment le désir de me connaître mieux, j'ai pensé (et j'en ai parlé à des gens qui n'ont pas trouvé ça fou), j'ai pensé qu'on édite une série de mes meilleurs contes et fables. Qu'on fasse un livre avec cette liste par exemple :

1- Le Traversier 2- Procès d'une chenille 3- La Trace 4- Sanctus 5- Chez les siffleux 6- Coucher de soleil 7- La Vallée des quenouilles 8- Le Hamac dans les voiles 9- Ce vendredi-là 10- Sandale, le charmeur 11- La Lichée 12- Le Soulier dans les labours 13- Histoire de cinq petits lapins 14- Un bal chez les fleurs.

Remarquez que ce n'est là qu'une supposition. Je peux aussi revenir dans deux semaines Gros-Jean comme devant, mais supposons que... Qu'en pensez-vous ?

Et le Théâtre de village, va-t-il sortir ? J'aimerais bien que vous me donniez un coup de téléphone d'ici à mardi afin qu'on se dise bonjour. Dans tous les cas, merci père Cordeau et bonne et heureuse année à vous et à Fides.

Je penserai à vous autres sur la scène de l'ABC.

Félix L.

P.-S. — Voulez-vous, s.v.p., demander à madame Julia Richer qu'elle retourne Le Fou de l'île dans l'Anse... il serait mieux là...

Peu de temps après l'envoi de cette lettre, c'est au tour de Jacques Canetti, peut-être un peu poussé par Félix, d'écrire au directeur adjoint de Fides, qui est aussi secrétaire-trésorier des Compagnons de Saint-Laurent :

Paris, 9 janvier 1951

M. André Cordeau, prêtre c.s.c.
25 est, rue Saint-Jacques, Montréal

Cher monsieur,

Félix Leclerc est enfin arrivé à Paris et plaît à tout le monde par l'authenticité de son talent et la gentillesse naturelle de son caractère.

J'ai eu l'occasion de feuilleter quelques-uns de ses livres et je me suis demandé si je ne devais pas essayer d'en faire éditer, au moins un, pour commencer, à Paris.

Quelle serait votre position au sujet de ce projet ? J'aimerais vous lire car Félix m'a dit que vous étiez son éditeur au Canada. Avec mes meilleurs vœux pour cette nouvelle année...

Jacques Canetti

Félix ne peut plus attendre. Il s'occupe de ses affaires et revient à la charge en mars 1951 :

Mon cher père Cordeau,

Monsieur Canetti, mon patron, voudrait tout simplement qu'on édite en France une série (un volume) de mes meilleures histoires – la liste que je vous ai donnée avant de partir – et qui groupe, je crois, une quinzaine de mes meilleurs contes et fables. D'après mon contrat avec Fides, il faut une entente avec l'auteur et l'éditeur pour la publication d'un nouveau livre puisé dans les anciennes éditions.

Or, y aurait-il moyen de faire cette entente. Je ne tiens pas à publier ici Adagio, Allegro, Andante tels qu'ils sont, les contes étant de valeur inégale et d'intérêt inégal. Mais nous pourrions faire un beau livre de mes meilleurs contes.

Maintenant, monsieur Canetti tiendrait (étant donné que cette édition serait pour la France) à ce que ce livre soit lancé par une grosse maison d'édition française connue, vieille, célèbre, organisée en publicité, connue de la presse, des journalistes, dans les coins reculés, l'équivalent de Fides au Canada quoi !

Je ne veux aucunement me séparer de Fides, et croyez bien que je ne suis pas parti pour la gloire, mais autant pour vous que pour moi, voilà ma chance de me faire connaître en passant par la grande porte. Que pensez-vous de tout cela? Et qu'est-ce que Fides exigerait pour que ce projet puisse se réaliser?

J'y attache une grande importance et il faudrait qu'il se réalise. Donc j'attends le résultat de vos décisions, que je communiquerai à monsieur Canetti. Supposons que le livre marche comme les chansons, voyez-vous la force que cela me donnera quand je publierai un nouveau livre chez Fides à mon retour au Canada? Car il n'est pas question que je chante toute ma vie – la création m'intéresse plus que l'exécution. Je ferai d'autres chansons, je ferai du film, je ferai d'autres livres, je commence seulement à me réaliser. Les marchés s'ouvrent à ma production. Trop d'artistes canadiens sont morts par faute du manque d'encouragement, manque de débouchés, manque de contacts, manque de mécènes, moi j'ai tout ça, il faut y aller. Et croyez-moi, je ne serai jamais l'homme de la quantité, mais celui de toute la qualité que je peux apporter.

Père Cordeau, je vous laisse à toutes ces pensées et j'attends la réponse sage, clairvoyante et simple que vous avez toujours eue à mes points d'interrogation.

Félix L.

Comme on peut le constater, Félix ne lâche pas prise facilement. Il négocie et en vient finalement à des ententes fermes. Fides accepte de publier un recueil de ses meilleurs contes. Mais le livre sera publié à Montréal et quelques milliers d'exemplaires seront envoyés à la librairie Fides, boulevard Raspail, à Paris.

Dans une autre lettre adressée au père Cordeau, le 12 avril 1951, Félix écrit : «Fides (de Paris) m'a fait toute une vitrine sur le boulevard Raspail. Il ne manque que ma guitare, et moi au milieu. Ça va bien à part ça. Je commence à être entraîné à me grouiller et à travailler fort. Mais Paris n'est pas l'endroit pour créer (les créateurs sont au champ...).»

C'est à Paris, en 1955, aux Éditions Amiot-Dumont, que paraît *Moi, mes souliers...* avec le sous-titre *Journal d'un lièvre à deux pattes*. Félix y raconte les moments difficiles, les étapes cahoteuses de son cheminement, de même que ses expériences radiophoniques et théâtrales qui l'ont amené à connaître la gloire en France et la renommée dans toute la francophonie.

Quant au *Fou de l'île*, refusé par Fides en 1950, il est publié chez Denoël, à Paris, en 1958. Devant le succès remporté, Fides change d'idée et le publie en 1962. *Le Fou de l'île* connaît par la suite plusieurs rééditions, dont une édition de grand luxe, en 1989, en plus d'avoir été traduit en anglais sous le titre *The Madman, the King and the Island*, en 1976.

Félix reviendra au roman en 1972 avec *Carcajou ou Le Diable des bois*, dans lequel il met en scène un écrivain qui rêve qu'on l'a emprisonné pour avoir écrit un texte subversif contre l'ordre établi. Le livre raconte l'histoire de Marcel Carcajou, le diable, qui, pour prendre possession de la terre, prétend ramener un homme juste à Dieu. Comme dans tous ses écrits, Félix se préoccupe de la condition humaine.

Félix suit de près le travail de son éditeur, il fait des suggestions et fait part de ses revendications. Il lui faudra parfois être patient, ce qui n'est pas son fort, et attendre les décisions du directeur littéraire. Félix ne se laisse pas arrêter :

Mon cher père Cordeau,

Et Pieds nus dans l'aube? Qu'est-ce qu'il devient? Je n'en ai pas de nouvelles depuis juin... J'aimerais bien savoir ce que vous en pensez.

Je passe mon temps dans les fonds, sur les battures et j'écris des choses dans l'eau...

Envoyez un mot.

Félix Leclerc
a/s Jos Pichette
Saint-Pierre, île d'Orléans

Ses demandes sont heureusement comblées. Peu de temps après l'envoi de cette missive, Fides publie *Pieds nus dans l'aube*, précédé d'une chronologie, d'une bibliographie et de jugements critiques.

(Photo André Larose)

CHAPITRE 10

Paris prend Félix dans ses bras

«Je m'embarquai à Dorval par une terrible tempête de neige, billet aller et retour payé en argent français, laissant à ma femme mon peu d'argent canadien et la promesse de bourse canadienne qui devait venir d'une heure à l'autre et qui n'est pas venue. Et en route pour Paris, seul avec ma guitare, une petite valise, les vœux de mes amis, de ma femme et de mon enfant-lièvre, et un grand frémissement dans tous mes membres de m'envoler vers le pays de France. C'était la première fois que je prenais l'avion Trans-Océan...»

Félix Leclerc, *Moi, mes souliers*

En décembre 1950, Félix se retrouve seul, à Paris, en train de répéter pour l'ABC. Seul et nerveux, car depuis son arrivée le directeur du théâtre, Mitty Goldin, l'assomme de conseils : d'abord éviter de mettre le pied sur une chaise pour caler sa guitare sur sa cuisse lorsqu'il chante, puis regarder davantage le public, et enfin se vêtir d'une façon plus convenable. Toutes ces recommandations n'ont pas l'heur de plaire à Félix qui n'a aucune intention de faire la marionnette. «C'est à prendre ou à laisser. Je suis comme je suis. Et si ça ne marche pas, je prendrai l'avion ou le bateau pour Montréal. On finira bien par m'accepter et me comprendre. Mais les Français n'ont pas dit leur dernier mot. J'attends d'eux une réponse claire et nette», écrit-il à Doudouche.

▼

Trois jours avant que Leclerc ne se produise sur une scène parisienne, Jean Rafa est dans les parages. Il va saluer son ami Canetti et, bien entendu, Félix. Pour distraire le Canadien que la nervosité envahit, Rafa l'entraîne au bal musette Le Tourbillon, de la rue Tanger, à La Villette. Sans prévenir Félix, Rafa espère avoir l'occasion de l'y faire chanter, question de lui faire passer son trac, tout en lui permettant de découvrir le vrai public français et d'avoir un avant-goût de ce qui l'attend à l'ABC.

L'accordéon et le bandonéon sont à l'honneur. L'assistance fredonne les succès de l'heure, *Rue de Lappe*, de Francis Lemarque, *La Rumba du pinceau*, que chante Bourvil. L'animateur invite les danseurs à souscrire à la cagnotte des musiciens. Il faut débourser un franc pour quatre morceaux de danse. L'atmosphère détendue gagne Félix qui oublie les appréhensions de son premier spectacle parisien. Pour la première fois depuis son arrivée, il peut se laisser aller au plaisir de profiter de cette ville qu'il ne pensait pas, même dans ses rêves, voir si tôt et dans de telles conditions. Après quelques verres de pastis, Félix se met à causer, à causer...

La soirée est déjà fort avancée lorsque Rafa s'amène au micro, avec la complicité du patron Lolo, et parle du Canadien Leclerc qui fait ses débuts à Paris dans trois jours. Dès que Rafa mentionne qu'il est dans la salle, on le réclame, on veut l'entendre. Le musicien Dédé lui prête sa guitare. Un gros plan de lumière. Et c'est parti !

Félix chante : *Le P'tit Bonheur, Moi, mes souliers*. On en redemande. On applaudit à tout casser. Et ça recommence : *Le Train du Nord, Mac Pherson, L'Hymne au printemps*. Un succès bœuf ! Lolo, le chef, offre une tournée : « Ton pote du Canada, c'est un soleil ! Un vrai gitan de l'Amérique. Il a des mots qui vous réchauffent le cœur. Jamais il ne partira d'ici. Les Français vont se l'arracher. »

Le lendemain, Canetti n'est pas très content de la virée de son poulain, que Rafa a ramené au petit matin à l'hôtel. Mais l'accueil chaleureux de l'assistance a fait du bien à Félix qui a retrouvé du coup son assurance et son sourire. Il est sûr que ça marchera à l'ABC.

« Je ne me souviens pas de ma vie, écrit Félix, d'avoir fait promenade plus pénible, plus cruelle, plus terrible que ce soir-là à l'ABC. Enfin, je suis rendu au milieu de la scène, je ferme mes yeux, et hop ! pour moi, pour ma femme et mon enfant, pensant aussi fort que possible à ma maison au bord du lac à Vaudreuil, seul au monde, je rentrai dans les premières chansons et aussi dans le cœur des lièvres français qui me signifièrent bruyamment que j'étais le bienvenu en sol de France... J'occupais la loge trois, au troisième étage, entre le chansonnier Paul Colline et deux enfants allemands contorsionnistes, qui, pour se pratiquer sous l'œil de leur papa, se faisaient des nœuds avec les jambes et se dévissaient le cou avec leurs pieds...» confie Félix dans une lettre à la comédienne Juliette Huot, le 24 décembre 1950, au lendemain de la grande première. «Je pense que tout a bien marché, mais suis *slow* à réaliser tout ce qui m'arrive. Sans les Rafa, les Canetti, les Dulude, les Compagnons de la chanson, ça ne marcherait pas si bien.»

Au lendemain de la première à l'ABC, le critique L. R. Bauven écrit dans la revue *Mon programme* : «La soirée fut pour Leclerc triomphale. On découvre avec une surprise joyeuse un artiste qui ne doit rien à personne, qui ne se préoccupe pas de suivre la mode ou de faire songer à tel ou tel de ses aînés, un gars rude et simple qui, d'une très belle voix grave, chante les choses et les gens qu'il aime, ses montagnes, ses prairies et les jolies filles de la vallée. Un souffle d'air pur passe dans la salle... Félix a conquis Paris...»

La journaliste Odette Oligny, de passage à Paris, n'a jamais oublié cette première de Félix à l'ABC : «Le Canadien, puisque telle était l'étiquette que Jacques Canetti lui avait accrochée au gilet, était un parmi les autres. Mais... mais il a fallu le voir pour le croire. Vêtu d'un pantalon de velours brun usagé, d'une chemise de couleur à col large ouvert, ses «souliers ayant beaucoup voyagé» aux pieds, sa guitare à la main, Félix Leclerc entra. La salle et lui, un court moment, se pesèrent. Et, de cette voix à l'accent et au timbre uniques, il commença par chanter *Le P'tit Bonheur*... Vivrai-je encore cent ans et je m'en souviendrai. Les dernières notes vibraient parmi la sonorité de la salle que déjà s'élevait un tonnerre d'applaudissements. C'était couru, c'était gagné. Félix Leclerc était arrivé bon premier. Le lendemain, les journaux ne parlaient que de lui, de lui et de sa légende qui commençait.»

Quelques jours plus tard, le 29 décembre, le succès ne fait que se confirmer. Félix écrit de nouveau à Juliette Huot : «...Pas que je t'oublie mais j'ai pas la tête à moi. Du matin au soir, comme une queue de veau... fête, radio, disque, ABC, Trois Baudets. Ici, là, ça marche. Viens avant le printemps. Saluts à toi, à Delage et à tous les "Canayens" que je voudrais voir ici.»

▼

Installé momentanément au sixième étage, dans un petit appartement de Pigalle, Félix travaille d'arrache-pied avec le musicien André Grassi, afin de produire rapidement ses chansons sur disques. La première séance d'enregistrement a lieu à la salle Chopin. Vingt-huit musiciens pour interpréter sa musique : en les entendant, Félix se met à pleurer comme un enfant !

Puis c'est son premier gala à l'extérieur de Paris, à Rennes, en Bretagne. Félix est tout ému de se retrouver dans la région d'où partirent il y a trois siècles les premiers colons venus s'installer au Canada.

Lorsqu'en 1951 il gagne le Grand Prix du disque de l'Académie Charles-Cros – même honneur en 1958 et en 1973 –, Félix se confie à *France-Soir* : « Je suis un garçon du Canada, j'aime chanter en faisant résonner ma guitare. J'aime écrire des chansons. J'aime la vie, l'amitié. Je suis attaché et demeure à Vaudreuil, un petit village de la province de Québec. À la maison, nous étions onze enfants, j'étais le sixième. Nous adorions jouer au théâtre. À présent, mes sœurs et mes frères travaillent tous sur leurs fermes. Moi, je suis resté l'artiste de la famille. Un jour, j'ai quitté mon pays, invité à chanter à Paris. Imaginez ma joie, venir chanter chez les Parisiens, dans cette France d'où mes ancêtres sont venus. J'ai aimé Paris. Paris m'a accordé son amitié. Mon pays, je l'ai apporté dans mes chansons. Mes amours m'ont accompagné... Si vous entendiez Martin, mon fils de cinq ans, quand il chante *La Gigue* ou cette autre pour laquelle j'ai eu l'étonnement de recevoir le Grand Prix du disque, *Moi, mes souliers*... Je n'ai pas vu toutes les merveilles du monde, mais j'ai sûrement vu la plus belle et c'est mon pays. Où que je sois sur terre, je l'emporte dans ma guitare. »

Chaque fois qu'il décroche sa guitare et se met à chanter, en France, sa popularité est immédiate. L'Europe le célèbre. Dès son arrivée à Paris, Raoul Breton publie *Les Chansons de Félix Leclerc, le Canadien*.

Les journaux se plaisent à rapporter les propos du Canadien sur sa vie à La Tuque : « Trente bûcherons dormaient au grenier, douze chevaux à l'écurie et... maman, dans un pays en friche, au

Félix, Patachou (Henriette Ragon), Jacques Normand et Maurice Chevalier à Montréal. (*Collection Jacques Canetti*)

Jacques Normand, Félix et Jean Clément à Paris, en 1951. (*Photo Georges Colin — Archives Philippe Laframboise*)

Jacques Normand, Félix et Roger Baulu. (*Photo R. Gariépy — Collection de l'auteur*)

Doudouche, Félix, Aglaé, Fernand Robidoux,
Guylaine Guy et Raymond Lévesque en
ambassadeurs du Québec à Paris.

Félix avec Robert Charlebois et Gilles Vigneault
à la *Superfrancofête* à Québec, en 1974.
(*Collection Pierre Faucher, Sucrerie de la montagne*)

Geneviève Mauffette et Félix à la Cité des jeunes de Vaudreuil.

Félix et l'écrivain Louis Nucéra à Nice.
(*Photo Raph Gatti*)

Dans le cadre de l'émission *Baptiste et Marianne* à Radio-Canada :
Paul de Margerie, au piano, Jean-Pierre Ferland, Félix, Monique Leyrac,
Gilles Vigneault et Guy Mauffette.

Pierre Dudan et Félix sous l'œil inquisiteur de Suzanne Nucéra à Bobino. (*Photo Jacques Aubert — Philips*)

Marcel Brouillard interviewe Michèle Morgan chez Maxim's à Paris. (*Photo Max Micol*)

Félix et Jacques Brel... (*Collection de l'auteur*)

Félix avec Raymond Devos à l'aéroport de Paris, à Orly, en 1964.
(*Photo Jacques Aubert — Philips*)

Félix et Georges Brassens... (*Collection Jacques Canetti*)

Le poète avait accepté de prêter son nom à l'Omnium Félix Leclerc, organisé par Gino Saletti au Club de golf Saint-François. Dominique Chatel lui enseigne les rudiments de ce sport.

Le père Ambroise Lafortune et Félix. (*Archives* Échos Vedettes)

Pauline Julien, Raymond Lévesque et Félix. (*Collection de l'auteur*)

Jacques Canetti, Félix et Gilles Vigneault. (*Archives* Échos Vedettes)

Notre pays sera un jour ouvert au monde. Notre première invitée pourrait bien être la reine d'Angleterre et je chanterais volontiers pour elle. Mais à ce moment-là ce ne sera plus la même chose. Elle va dire : «Ce sont des hommes.» Des gens comme René Lévesque, quarante ans de souffrance qu'on peut lire sur ce visage-là...

Félix Leclerc, 1980

Félix reçoit le prix Denise-Pelletier des mains du premier ministre René Lévesque, en 1977.
(*Photo Normand Pichette* — Le Journal de Montréal)

En écoutant Félix lire les quelques mots qu'il avait préparés pour Maurice Richard, nous avons tous eu l'impression d'assister à un événement historique... J'éprouvais comme les autres ce bien doux sentiment d'être le témoin privilégié de la rencontre de deux grands du Québec qui ne pouvaient que s'entendre et se comprendre.

Jean Beaunoyer, La Presse

Le quotidien *La Presse* a provoqué la rencontre de ces deux géants, Félix et Maurice Richard, à l'île d'Orléans.
(*Photo Pierre McCann* — La Presse)

Yves Duteil composa en 1989 *Chanson pour Félix*, un bel hommage posthume...
Quelques années auparavant, les deux artistes avaient fraternisé à l'île d'Orléans.
(*Collection Paul-Henri Goulet*)

salon, nous jouait du Schubert et du Mozart.» Sur son enfance :
«Nous sommes tous nés, frères et sœurs, dans une longue maison
de bois à trois étages, une maison bossue et cuite comme un
pain de ménage, chaude en dedans et propre comme de la mie...
Coiffée de bardeaux, offrant asile aux grives sous ses pignons,
elle ressemblait elle-même à un vieux nid juché dans le silence.
De biais avec les vents du nord, admirablement composée avec
la nature, on pouvait la prendre aussi, vue du chemin, pour un
immense caillou de pierre...»

▼

À son arrivée à Paris, Félix s'installe quelques jours au Grand
Hôtel de la place de l'Opéra, avant de transporter ses pénates
dans une chambre modeste, tout près de Saint-Germain-des-Prés.

Après chacun de ses spectacles à l'ABC, il trouve le temps
d'écrire à Doudouche pour lui confier ses impressions, lui parler
des gens qu'il rencontre. Il est chaque fois ébahi que des artistes
aussi connus qu'Édith Piaf, entre autres, se déplacent pour
l'entendre chanter. Surtout quand celle-ci, en plus de l'inviter
chez elle, prend ensuite la peine de lui faire porter un billet :
«Vos chansons sont tellement belles et personnelles que je ne
pourrais pas vous rendre justice en les interprétant. Continuez de
les chanter vous-même et vous connaîtrez la gloire. Le public se
rendra vite compte de votre talent indéniable...» Un soir, c'est
Maurice Chevalier qui affirme publiquement que les chansons de
Félix sont comme un grand verre d'eau pure, qui descend droit
au cœur ; le lendemain, c'est Charles Trenet qui clame que le
Canadien est le premier chanteur, depuis des années, à apporter
du neuf et de la poésie dans la chanson française.

Cette fébrilité qui a marqué les débuts de Félix en France,
Andrée Leclerc la ressent encore aujourd'hui quand elle parcourt
les mots de Félix. Toutes les lettres de son mari, Andrée a
l'intention de les remettre aux archives du gouvernement du
Québec ou du Canada ou encore au nouveau Musée des arts et
traditions populaires du Québec à Trois-Rivières, ou au Musée
régional de Vaudreuil-Soulanges, qui a donné à sa grande salle
le nom de Félix Leclerc.

▼

Félix se plaît de plus en plus à Paris. Il a foulé déjà quelques scènes parisiennes et c'est maintenant la ville même qu'il veut connaître. C'est à la suggestion de Canetti que Jacques Languirand, qui débute alors dans le journalisme, et qui séjourne à Paris, devient le cicérone de Félix :

« Lui, ses souliers... et les miens. Je connaissais assez bien Paris, mais j'avoue que de redécouvrir cette ville magique à travers les yeux de Félix a été une des belles expériences de ma vie. Son émerveillement tournait autour de l'impression qu'il avait de se promener dans un film français... dont il était le scénariste !

« Au cours de ces longues marches à travers Paris, nous étions parfaitement complémentaires ; lui, parlait et moi, j'écoutais... Félix était un conteur étonnant et quand il était en verve, il n'y avait vraiment plus qu'à l'écouter dans l'émerveillement. Il jonglait avec les mots, les images, il imitait les gens, il mimait les situations. Il exerçait alors une grande fascination sur les êtres. Ce sont peut-être les images qui lui venaient spontanément qui m'étonnaient le plus chez lui. Un soir, en revenant du théâtre des Trois Baudets où il était à l'affiche, apercevant Notre-Dame, il me dit : "Regarde ! On dirait un grand paquebot qui fend la nuit..."

« J'ai beaucoup appris de Félix Leclerc sur le métier d'écrivain. Pour lui, écrire c'était comme faire une belle armoire, une belle table. "Tu choisis tes planches. Faut qu'elles soient droites..." Il mimait le geste du menuisier qui regarde d'un œil une planche sur le travers. Il m'a expliqué que l'effort de l'écrivain se ressentait surtout au niveau du dos... Décidément, il y a des secrets d'écrivain qu'on n'apprend pas à l'école. » Et Languirand de laisser partir un de ses formidables éclats de rire.

(Collection Paul-Henri Goulet)

CHAPITRE 11

La vie parisienne

En février 1951, le succès de Félix ne se démentant pas, Andrée et Martin viennent le rejoindre. «Le premier geste que nous fîmes tous les trois, ce fut d'aller dire merci à Notre-Dame de Paris», écrit Félix. Ils habitent d'abord un petit hôtel de la rue Saint-Benoît, le Cristal, à deux pas du Café de Flore et des Deux Magots. Par la suite, la famille emménagera temporairement dans l'appartement de la comédienne Suzanne Cloutier, qui doit quitter Paris pour aller tourner à Londres un film avec Peter Ustinov qui deviendra son mari quelques mois plus tard.

Félix est ravi de se retrouver en plein Saint-Germain-des-Prés, là où se donne rendez-vous la fine fleur de l'intelligentsia parisienne. C'est aux Deux Magots, un jour, qu'il fait la connaissance de Jean-Paul Sartre et de Simone de Beauvoir, qui s'amène coiffée de son habituel turban. «Pourquoi cache-t-elle ses beaux cheveux ? Est-ce pour cacher sa féminité et paraître plus féministe ?» ne peut s'empêcher d'ironiser Félix.

Félix, qui a encore beaucoup à découvrir de Paris, s'emploie à faire visiter les moindres recoins de la ville à Andrée et à Martin.

▼

Henri Salvador, qui vient de se marier, offre ses appartements aux Leclerc qui emménagent donc dans le XVIe arrondissement. Martin va au jardin d'enfants de la rue Erlanger. Peu après, ils changeront encore une fois d'arrondissement quand Jacques Canetti mettra à leur disposition un grand studio luxueux sur la rue Dobrotol, près de l'Étoile et du boulevard de Courcelles.

Entre tous ces déménagements, Félix ne chôme pas : «Aujourd'hui, peut-on lire dans le *Paris Match* du 22 décembre 1951, pour entendre Félix le Canadien, le public parisien emplit tous les soirs le théâtre des Trois Baudets et cinq directeurs de salle se disputent sa dernière pièce, qui a le même titre que sa chanson *Le P'tit Bonheur*. »

La France entière chante *Ma p'tite folie* et *L'Étoile des neiges*, de Line Renaud, *Deux Petits Chaussons*, d'André Claveau, *Tire l'aiguille*, de Renée Lebas, *Brave Margot*, de Brassens que chante Patachou, et... *Le P'tit Bonheur*, de Félix Leclerc.

Le « Canadien » est devenu une personnalité parisienne à la mode. Il est sollicité de toutes parts. Sa voix chaude, persuasive, captivante, son sens de l'humour et ses propos spirituels lui valent l'attention des célébrités du monde entier. Sans compter qu'à trente-sept ans il est dans la force de l'âge et son physique agréable plaît beaucoup aux femmes. Pour l'heure, cependant, Félix est tout entier consacré à son art. Il travaille sans arrêt, les jours de spectacle il s'abstient de tout alcool et se couche tôt, sachant que le lendemain il doit reprendre le collier. Une vraie vie de moine, mais c'est le prix de la gloire.

Ses mondanités se limitent à la fréquentation d'un cercle assez restreint de nouveaux amis français et de Québécois de passage ou installés à Paris. Il a ainsi l'occasion d'avoir des nouvelles de ses amis comédiens et artistes du Québec. Ainsi il est heureux d'apprendre que Jean-Louis Roux, Jean Gascon, Éloi de Grandmont et d'autres comédiens formés par le père Émile Legault viennent de fonder le Théâtre du Nouveau Monde, en 1951.

Le dimanche matin, les Leclerc déjeunent au Café Royal avec leurs bons amis, le journaliste Joseph Rudel-Tessier et ses sœurs, Paule et Marcelle. À l'occasion, le fameux compositeur français d'origine gitane, Django Reinhardt, se joint à eux, ainsi que son fils, qui a le même âge que Martin.

Félix s'est lié d'amitié avec Jean-Baptiste, dit Django, dont le son et l'âme ont fait vibrer les caves de Saint-Germain-des-Prés d'avant et d'après-guerre. Surnommé « l'éclair à trois doigts » depuis qu'un incendie lui avait laissé deux doigts de la main gauche paralysés, Django jouait de la guitare acoustique avec une fougue et une rapidité qui n'ont jamais été égalées.

Alors qu'il se produisait à New York, au Carnegie Hall, en première partie d'un spectacle de Duke Ellington, Django avait connu celui qui était surnommé « l'ambassadeur de la chanson française aux États-Unis », Jean Sablon, créateur de *Vous qui passez sans me voir*, de *J'attendrai*, du *Petit Chemin*... Félix disait de Sablon : « Il nous a tous fait passer sur le "pont d'Avignon". Jean Sablon a été celui qui a donné de l'élégance et de la politesse à la chanson française. Il a apporté un rythme moderne tout à fait nouveau en France, un style qui continue de faire école. C'était un gentilhomme d'une générosité remarquable et d'une grande modestie. » Dans son grenier à Vaudreuil, Félix gardait un disque d'avant-guerre enregistré par Jean Sablon avec Stéphane Grappelli et Reinhardt, dont lui avait fait cadeau ce dernier peu de temps avant sa mort, survenue lorsqu'il n'avait que quarante-trois ans.

Félix voyait aussi à l'occasion l'écrivain François Hertel, qu'il avait connu à Montréal alors qu'il occupait un bureau chez les Compagnons de Saint-Laurent. Le jésuite avait dû s'exiler dans la Ville lumière, après avoir abandonné l'état ecclésiastique. Le journaliste Serge Brousseau, alors employé et souvent bouc émissaire de l'éditeur Pierre Péladeau à ses débuts, a longtemps prétendu que sa femme l'avait quitté pour aller vivre avec Hertel à Paris. Allez donc savoir où se cache la vérité.

Le jour, Félix travaille d'arrache-pied à la rédaction de ses livres et de ses chansons. Andrée, quant à elle, entichée de cinéma, en profite pour se gaver de films avec la Québécoise Suzanne Avon, installée en France depuis son mariage avec Fred Mella. Elle se lie aussi d'amitié avec Lucienne Vernay, l'épouse de Canetti, qui lui fait connaître les bonnes adresses de la ville. Félix Leclerc est à ce point intégré au monde du spectacle parisien, qu'Andrée et Lucienne se retrouvent, un jour, à présider le grand défilé de mode chez Christian Dior, qui a baptisé sa collection « Hymne au printemps », en l'honneur de la chanson de Félix.

Les soirs de relâche, Félix et Andrée en profitent pour aller applaudir leurs amis Catherine Sauvage, Fernand Raynaud, Raymond Lévesque, Jeanne-d'Arc Charlebois (connue en Europe sous le nom de Jeanne Darbois) et Raymond Devos, un ami de la première heure dont l'enthousiasme ne tarit pas : « Avec les années, les chansons de Félix sont devenues plus denses ; elles portent la marque d'un homme d'une grande maturité, d'un poète qui maîtrise le verbe et qui fait fi des pasteurs sans troupeaux.» Félix a lui-même une très grande admiration pour les chansons de Devos dont il enregistre, en 1957, *La Chanson de Pierrot*.

C'est la belle vie et le temps file à toute allure.

▼

Somme toute, Jacques Canetti ne peut que se féliciter de son flair. L'aventure du «Canadien» à Paris, prévue pour durer le temps de quelques spectacles à l'ABC, se prolonge d'abord deux mois, puis Félix reste deux ans au théâtre de Canetti, les Trois Baudets, l'établissement de la rue Coustou où défilent les plus grands noms de la scène.

Jacques Canetti est vraiment le premier artisan de la montée fulgurante de Félix, comme il l'a été pour Georges Brassens, Juliette Gréco, Boris Vian, Guy Béart, Mouloudji, Jacques Brel, les Frères Jacques, Darry Cowl, Francis Lemarque, Robert Lamoureux. En compagnie de sa femme et collaboratrice, la chanteuse Lucienne Vernay, dont les disques pour enfants se vendent dans le monde entier, Canetti organise aussi les tournées internationales d'Yves Montand; il est partout.

En tant qu'imprésario, Canetti est une institution en lui-même. Certains disent qu'il a du génie, et c'est probablement vrai, car il en faut pour trouver le moyen de présenter, puis d'imposer à tout un public, en France surtout, les artistes qu'il déniche grâce à son intuition particulière. C'est vrai, Félix ne ressemble à personne avec sa longue silhouette dégingandée, sa belle tête à la chevelure grisonnante, emmêlée de boucles rebelles, sa simplicité, sa bonhomie, sa franchise et son accent québécois, qu'il ne force pas, mais qu'il n'essaie pas non plus de dissimuler. Il fallait peut-être un Canetti pour pressentir que toutes ces qualités allaient plaire aux Français au point qu'ils veuillent retenir l'étranger à Paris.

Et pourtant... dire que, au Québec, au moment de souligner son départ pour Paris, des camarades ayant manifesté le désir d'organiser une grande fête, Félix avait refusé: «Oh! non merci, qui sait si je réussirai seulement là-bas?»

Et encore... à la veille de son premier spectacle à l'ABC, incertain de l'accueil que lui réservera le public parisien, Félix refuse de prévenir sa sœur Cécile qui habite Paris. C'est son mari, Henri Landry, qui, voyant le nom «Félix Leclerc» sur l'affiche, entre au théâtre pour demander s'il s'agit bien du compositeur canadien du même nom. Il réussit heureusement, après s'être identifié, à obtenir deux places pour le soir de la première.

«Souvent, écrit Félix, pour oublier le tour de chant que je recommençais aussitôt rentré à Paris, je me rendais avec ma femme et mon fiston sur le bateau de mon beau-frère, issu d'une famille de navigateurs, amarré sur la Seine, près du pont Alexandre-III. Nous cassions la croûte et discutions ardemment sous le petit hublot par lequel on voyait la tour Eiffel. C'était le rendez-vous de plusieurs amis français qui venaient s'instruire sur le Canada.»

▼

Félix, même s'il met un certain temps à se rendre compte de sa popularité et de son rôle de pionnier, trace la voie à plusieurs artistes québécois qui réussissent à gagner modestement leur vie à Paris. Pauline Julien, Raymond Lévesque, Dominique Michel et Serge Deyglun font les beaux soirs des boîtes de la rive gauche.

À Paris, Pauline commence par faire du théâtre. Un jour, l'interprète qui devait tenir le rôle d'une chanteuse de cabaret tombe malade. On demande à Pauline de la remplacer au pied levé dans *La Fable de l'enfant échappé*, de Pirandello. Tous ceux qui ont l'occasion de l'entendre chanter lui conseillent fortement de faire carrière. C'est ainsi qu'elle monte son répertoire avec des chansons de Bertolt Brecht, Boris Vian, Léo Ferré, Joël Holmes. Elle y ajoutera rapidement des compositions de Gilles Vigneault, Gilbert Langevin, Réjean Ducharme, Raymond Lévesque, Georges Dor et Michel Tremblay.

L'année où elle fut arrêtée, sans motif valable, avec le poète Gérald Godin, lors de l'imposition des mesures de guerre au Québec, en octobre 1970, Félix Leclerc l'avait fortement encouragée à chanter ses propres compositions. Elle a suivi son conseil et a tôt fait d'obtenir la faveur du public québécois et européen avec des textes accrochés à sa vie de femme engagée. Elle venait alors d'effectuer une deuxième tournée en URSS, de triompher au Festival de la francophonie à Rome et d'enregistrer pour la télévision canadienne (CBC) *Three Women,* en compagnie de Sylvia Tyson et de Maureen Forrester. Son engagement pour la cause de l'indépendance du Québec s'est maintes fois traduit par des actions d'éclat. Un jour elle défraie la chronique en refusant d'aller chanter devant la reine d'Angleterre !

Fernand Robidoux est aussi de ceux qui ont foulé la scène parisienne. Alors vedette de l'heure à Montréal avec son succès *Je croyais,* Robidoux, en chemise à carreaux ou en smoking, obtenait un franc succès au Schéhérazade en même temps que Jean Clément et Suzy Solidor. Il fut aussi le premier Québécois à chanter à l'Olympia. Puis suivirent quelques tournées en France et plusieurs galas à Paris, en compagnie de Philippe Clay, d'André Claveau, de Mathé Altéry et du populaire parolier Charles Humel (celui-là même qui a traduit en français les paroles du *Happy Birthday*), qui avait accepté de devenir son agent et son accompagnateur officiel, et de lui écrire de bonnes chansons. «N'eût été le fâcheux accident de voiture survenu à ce chanteur de charme (fractures du crâne et du nez, blessure au genou et retour forcé au Québec), je crois qu'il aurait fait une brillante carrière en Europe», me confiait Félix dans les coulisses de Bobino à Paris, en mars 1967, lors d'une interview.

J'étais en France hier, à Bourges, à une fête en l'honneur de la chanson que là-bas on appelle printemps. Deux heures de mes textes dans la maison de la culture, où, plein de larmes sur la scène, j'ai rencontré cette noble dame : la France !

Félix Leclerc, avril 1983

CHAPITRE 12

Le héros national
est de retour

En avril 1951, Félix revient seul régler quelques affaires à Vaudreuil et à Montréal, le temps aussi de signer le Livre d'or de la métropole, à l'invitation du maire Camillien Houde, ce tribun populaire qui fut l'une des figures les plus pittoresques de notre histoire politique.

Félix Leclerc est l'invité d'honneur de la Chambre de commerce de Montréal, présidée par Antoine Desmarais, qui veut rendre hommage au mérite et au talent de celui qui vient de remporter le Grand Prix du disque en France. Le 27 avril 1951, à l'hôtel Windsor, Guy Mauffette, Pierre Dulude, Ferdinand Biondi, Juliette Huot, Jean Rafa et Fernand Robidoux ont organisé une réception monstre. Tous les amis de Félix sont présents, de même que deux artistes d'outre-mer : Maurice Chevalier et Patachou. La fête suit de peu la fin de la saison de hockey, ce que souligne l'animateur gastronome Gérard Delage dans son discours de circonstance : « Même si on a eu beaucoup de peine à voir le Canadien perdre à Toronto, nous avons eu le grand bonheur de voir le Canadien Félix gagner à Paris, sur une patinoire encore plus vive et dangereuse qu'au Forum. Il mérite au moins cinq étoiles ! »

Canetti, qui accompagne Félix pendant quelques jours au Québec, raconte l'accueil qui a été réservé au chanteur : « Discours officiels. Tapes dans le dos. Grosses manchettes dans les journaux de Montréal. J'étais assis à côté de Félix, devenu un héros national. Quand il dut se lever pour dire un mot, je sentis que ce ne serait pas facile pour lui. Il se leva pour essayer de répondre... Impossible ! Il se rassit et me souffla : "Que se passe-t-il ? Pourquoi m'aime-t-on autant ? Je suis ben le même qu'avant..." Oui, d'ajouter Canetti, comment un homme, un seul, peut-il ouvrir ainsi les portes d'un pays. Félix Leclerc a fait résonner à nos oreilles et dans nos cœurs le nom du Canada.

Il a fait circuler un sang vivace qui ne coulait plus dans nos artères et qui nous a revivifiés. Grâce à lui, devenu désormais "le patriarche", la chanson québécoise a pris chez nous droit de cité... »

La même semaine, une autre soirée, animée par Guy Mauffette, Jacques Normand et Monique Leyrac, a lieu au Centre des loisirs de Vaudreuil, où trois ans plus tôt on jouait *Le P'tit Bonheur*. La journaliste Hughette Proulx, qui est de toutes les fêtes, prévient : « Malgré notre fierté et notre joie d'apprendre le triomphe de notre compatriote en France, il faudrait trouver un moyen de faire savoir aux Français que nous voulons bien leur prêter notre Félix Leclerc, mais que nous l'apprécions trop, ici, pour le leur céder en permanence. »

Pendant ce court séjour au Québec, Félix est bombardé d'invitations par des proches et des imprésarios qui sollicitent sa présence à des fêtes et des galas de toutes sortes. Son ami le père Arcade Guindon, qui a toujours suivi de près la carrière de Félix, ne tarde pas à lui écrire, à Vaudreuil, pour le féliciter et lui demander de se produire en spectacle devant ses ex-confrères de l'Université d'Ottawa.

Le 23 avril 1951

Félix Leclerc,
Anse Vaudreuil, P.Q.

Cher « Canadien »,

J'aurais voulu que ma lettre fût la première à t'attendre chez toi mais je présume qu'elle arrive sur un tas d'autres messages de félicitations.

Les félicitations du p'tit père Guindon, je n'ai pas besoin de les formuler longuement : tu sais qu'elles te sont déjà acquises, sincères, droites et entières.

Les gars me chargent d'une mission : Tâchez d'obtenir Félix Leclerc en apparitions sous les auspices de l'Association des Anciens ! Vous le connaissez bien, c'est votre ami, vous êtes le seul qui pourrez l'avoir, avant que la foule d'imprésarios se le disputent. Nous devrions, nous les Anciens, nous placer les pieds pour présenter Félix partout où nous avons des comités sur place : Ottawa-Montréal-Québec-Windsor-Sudbury-Timmins-Rouyn-Cornwall-Trois-Rivières-Hawkesbury ! – J'ai bien peur, échappe un autre, qu'après son triomphe incomparable notre ami Félix ne soit pas facile à approcher, tant les demandes seront nombreuses. – Je pense que nous sommes foutus ! approuve un troisième.

Bon. V'là où j'en étais quand j'ai lu dans *Le Droit* l'entrefilet de Raymond Laplante qui termine en disant : Félix Leclerc rentrera à Montréal demain, i.e. hier.

Tu comprends tout ce que cela signifie, je n'insiste pas. Dis-moi simplement ce que cette idée te chante. Après un repos bien mérité, quels sont tes plans de campagne, si ce n'est pas indiscret ? À ce que j'entends dire, des salles combles te guettent et t'attendent. Les foules parisiennes t'auront découvert aux canadiennes.

Enfin, Félix, arrange tes flûtes pour que le père Guindon ne soit pas le dernier sur ta liste ! Et si tu me disais : tel jour je serai chez moi dans l'Anse, venez donc jaser un peu, je partirais drès là, *pedibus cum jambis*! Interviou pour «Ottawa», notre bulletin.

En attendant, compte sur mes vœux ardents. Mes hommages à ta femme et bonjour à Martin.

Le père Arcade Guindon

Malgré un emploi du temps démentiel pour les six prochaines années, Félix se fait un plaisir de lui répondre, au verso – comme il en a l'habitude – d'une feuille de calendrier !

Vaudreuil, avril 1951

Mon cher père Guindon,

C'est le seul papier que j'ai sous la main pour vous dire combien votre lettre m'a touché.

Je repars pour Paris après-demain où m'attend la tournée France-Suisse-Belgique-Afrique du Nord et je reviens au pays en octobre pour repartir encore en février prochain. Je suis sous contrat avec Polydor jusqu'en 1957 et tous mes engagements sont faits par mon patron, monsieur J. Canetti. Ce qui veut dire que le projet que vous aviez pour moi est irréalisable. Mais si jamais je passe par Ottawa en automne prochain, je vous certifie que j'irai chanter à ma vieille Université.

Ne serait-ce que pour vous qui avez cru en moi, en même temps que ma mère, quand j'avais 14 ans. Voilà que tous mes rêves se réalisent – films, théâtre, livres, disques, etc. Mon ambition au large c'est d'aider le pays et de préparer la voie aux petits gars de 17 ans qui pleurent parce qu'ils ont chanson au cœur et ne savent pas où la chanter...

Toute ma reconnaissance et mon admiration.

Félix

147

▼

En avril 1951, Félix accepte de se produire au Café Continental qu'anime Jacques Normand. C'est la première fois, depuis son succès comme chanteur à l'ABC, que Félix donne un spectacle sur une grande scène montréalaise. C'est un triomphe, mais il ne peut assurer que cinq représentations puisqu'on l'attend en Europe.

Jacques Dupire écrit dans le mensuel *Notre temps*, le 5 mai : « La foule était si dense au Continental que je me suis vu refuser l'entrée aux deux premières représentations de la première soirée... Aux petites heures du matin, Jacques Normand s'avance sur le plateau et annonce de façon sarcastique : "Avant de vous faire entendre le célèbre chansonnier canadien, permettez-moi de remercier ici la France et les critiques français qui nous ont révélé Félix Leclerc."»

▼

En juillet 1953, les Leclerc viennent passer quelque temps au Québec. C'est encore une fois une suite de réceptions et de fêtes pour souligner le retour du chanteur. Ses amis le reçoivent au Centre des loisirs de Vaudreuil où Guy Mauffette anime la soirée et présente, comme lui seul sait le faire, les artistes au programme : Guy Godin, qui vient de triompher dans *Zone*, de Marcel Dubé, Raymond Lévesque, Noël Guyves, Charlotte Duchesne et, de Dorion, le duo Lucie Laurin et Liliane Rousseau.

Lorsqu'on le félicite de son succès instantané, Félix répond : « Ce que j'ai fait n'est pas sensationnel. C'est l'aboutissement du travail, de circonstances heureuses, de beaucoup d'espoir. Je rêve de ma mère qui était par-devant, avec une torche au poing. Il y a eu des artisans de ce succès : d'abord ma femme, Doudouche, les Guy Mauffette, les Yves Vien et les père Legault, non seulement croyants de la première heure, mais ouvriers de la même tapisserie... Les yeux du monde sont fixés sur le Canada. Ils attendent beaucoup de nous, qui avons jeunesse et santé. L'exécution reste à faire. Mes amis de Vaudreuil, je vous convie à une chose délicieuse et comblante : au travail.»

Après un séjour de près de trois ans en France, Félix est heureux de se retrouver chez lui à Vaudreuil et de reprendre sa vie de paysan, mais ça ne peut pas durer. On le sollicite pour paraître à la télévision de Radio-Canada, qui en est à ses débuts. Ainsi, à la demande répétée de son ami Jean-Yves Bigras, il accepte de chanter au *Café des artistes*, le 27 juillet 1953. Denis Drouin anime l'émission et joue un sketch de Félix, *Le Passant charitable*, avec Juliette Huot et Julien Lippé.

Et le 30 novembre de la même année, on retrouve Félix à *Carrousel TV*, en compagnie de l'animateur Guy Mauffette, de Claudette Jarry et des Collégiens Troubadours, qui interprètent *Mac Pherson*.

▼

Lui, qui connaît le succès en Europe et dont le calendrier déborde d'engagements pour des années à venir, a toujours lors de ses séjours au Québec le même contact simple et chaleureux avec ses amis.

Je suis à même de constater sa gentillesse lorsqu'il m'arrive, assez souvent je l'avoue, de surgir chez lui à l'improviste. Sa porte est grande ouverte et Félix accueillant en tout temps. Il est toujours bon prince, lui, le roi.

Félix prend soin d'entretenir l'amitié avec les gens de la région. À ses amis Steve et Violette Blondin, du Manoir de l'Île à Valleyfield, il promet une surprise lors d'une imposante réception amicale. Il tient promesse et avec son copain Guy Mauffette, les voilà déguisés en garçon de table et sommelier, serviette sur le bras et tout le bataclan, durant la soirée entière.

Malgré les nombreuses sollicitations dont il fait l'objet, c'est rarement en vain que l'on fait appel à Félix pour des activités de nature communautaire. Ainsi, le 1er mai 1954, il accepte de participer bénévolement au *Gala de La Presqu'île* organisé pour venir en aide à la fondation de la Manécanterie de Dorion, avec Estelle et Guy Mauffette, Thérèse Cadorette, Janine Sutto, Guy Godin, Aimé Major, Estelle Caron, André Lejeune, Jean Coutu, Réjeanne Cardinal et Roger Baulu. Quelques mois auparavant, Félix avait aussi accepté de donner un tour de chant gratuitement, à Vaudreuil, lors d'une soirée tenue sous les auspices de la Société Saint-Jean-Baptiste.

Toujours généreux de son temps, Félix est prêt à écouter ou à aider un ami, souvent un inconnu, et parfois dans des circonstances tragiques. On sait déjà que Vaudreuil est le port d'attache de bien des créateurs réputés ou en instance de le devenir, attirés par la présence des Compagnons de Saint-Laurent et de Félix. C'est le cas du jeune poète Sylvain Garneau, qui a pris l'habitude, lorsqu'il vient à Vaudreuil chez son frère Pierre, de passer voir Félix, quand celui-ci n'est pas en France. Il a beaucoup d'admiration pour Félix, pour ses écrits et ses chansons et lui dédie un poème dans son premier recueil, *Objets retrouvés*.

Un an plus tard, Garneau a mal à l'âme et vient chercher refuge auprès de son aîné. Hélas – et Félix sera très peiné de son impuissance à aider le jeune poète –, celui-ci mourra le 7 octobre 1953, des suites d'une blessure à la tête causée par une balle de son fusil de chasse. Raymond Lévesque écrira : « Il avait l'air si heureux et si tranquille. Il avait pourtant le mal de la jeunesse qui se cherche. »

▼

Comme il le fait depuis toujours, Félix chante où ça lui plaît, sans attacher d'importance au cachet ou au luxe de la salle ; son succès n'y a rien changé. Il lui est arrivé, par exemple, en 1950, pour l'Exposition de Valleyfield, de refuser de chanter à l'aréna, renonçant ainsi à trois mille dollars pour trois spectacles. Le lendemain, il acceptait de se produire devant des élèves, pour une bouchée de pain dans une petite école de campagne.

Il en est de même lorsqu'on lui propose d'alléchants contrats de publicité. Parfois, on lui offre la lune pour l'entendre dire ou chanter deux phrases en faveur d'une marque de savon, d'automobile, de caméra ou de bon vin. Peu importe le montant, cinquante ou cent mille dollars, ce n'est pas du goût du poète, qui refuse.

Une seule fois, et la chose demeure encore à ce jour incompréhensible, il a fait exception à la règle pour les parfums Caron. Félix avait consenti à ce que sa photo passe dans les grands magazines, tels *Paris Match*, *Jours de France*, avec la mention «Bravo aux parfums Caron!» Doudouche elle-même n'en est pas encore revenue. Mais elle se rappelle fort bien avoir eu le privilège de jouir gratuitement, une année durant, de tous les produits de beauté de cette société. Et elle en avait bien profité...

Maurice Chevalier avait fortement conseillé à Félix de se tenir loin de ceux qui lui proposaient de faire de la réclame. Désireux de soigner son image, malgré son sens de l'épargne et plusieurs offres alléchantes, Chevalier ne fera qu'une exception dans toute sa carrière pour Dubonnet, son apéritif favori. Félix, lui, a toujours préféré la bière que son arrière-arrière-grand-père buvait...

(Collection Paul-Henri Goulet)

CHAPITRE 13

Jacques Normand a eu raison

Si, à Paris, c'est sur la scène de l'ABC que Félix le chanteur est devenu vedette, il est fort probable que c'est au Continental, en 1951, qu'il a été reconnu à Montréal.

On se rappelle que c'est Jacques Normand qui suggère à Jacques Canetti de mettre la main au collet de Félix Leclerc en 1950 et de l'amener en France. «Le seul qui puisse véritablement représenter les Canadiens français en France, c'est Félix Leclerc», avait-il dit à Canetti. Qui donc prend l'heureuse initiative de présenter Félix dans cet établissement de la rue Sainte-Catherine ? C'est encore Jacques Normand qui, à cette époque, dirige les destinées du Saint-Germain-des-Prés en plus de voir à l'engagement des artistes au somptueux cabaret Continental, de son ami Jack Horn.

«Jack m'avait demandé ce que je pensais de Félix Leclerc, écrit Normand. Sachant qu'il venait de remporter un succès énorme à Paris, j'étais certain que les Montréalais voudraient voir "en personne" celui que les Français venaient de couronner, alors que les Québécois l'avaient presque ignoré jusque-là.

«Félix au Continental, ajoute Normand, remporta un très grand succès. Malheureusement, il ne pouvait pas accepter un trop long engagement à Montréal. Il devait retourner à Paris où l'attendait son imprésario Jacques Canetti qui l'avait découvert et qui, selon les habitudes avec les artistes, entendait que cela rapporte gros.»

L'ami Jacques, qui n'est pas né de la dernière cuite, n'est pas tendre pour l'imprésario français : «Canetti était un homme d'une grande importance dans ce milieu parisien où l'on fait et défait les vedettes. Il était propriétaire des Trois Baudets et avait un pied à l'ABC et à l'Olympia. De plus, il dirigeait une compagnie de disques très importante. Je crois qu'avec Félix, il fut moins retors qu'avec les autres... peut-être à cause d'une certaine pudeur qui lui restait au fond du cœur.»

Normand, qui a bien connu Félix à l'époque de Vaudreuil (il a habité un certain temps la maison des Leclerc dans l'Anse de Vaudreuil), disait de lui : «S'il était né à Paris avant 1900, il aurait chanté dans les rues la chanson du jour, la rengaine que le public aurait reprise derrière lui. Une espèce d'Aristide Bruant immortalisé par la palette de Toulouse-Lautrec, avec son écharpe rouge et son chapeau à larges bords. Félix a toujours eu le don de la communication. Son personnage est incroyable, dit Jacques, et pourtant tout le monde le croit. Après les bons curés qui furent ses premiers éditeurs, les journalistes aguerris trouvèrent de la poésie dans sa prose.»

En vieillissant, plus ou moins bien, Normand, à qui l'on pardonne toutes ses fredaines, a souvent parlé de Leclerc à ses proches ou en public, en des termes pas toujours louangeurs : «À CHRC, à Québec, il y avait dans l'équipe le grand flandrin de Félix qui connaissait deux millions d'excuses pour arriver en retard, pour vous remplacer ou pour s'absenter, tout simplement. Or comme il n'y avait qu'un annonceur en service à la fois, celui-ci ne devait pas quitter son poste avant l'arrivée du remplaçant.

«Monsieur Félix, de renchérir Normand, avait une moto fatiguée et un très grand besoin de lire Verlaine, Rimbaud et compagnie, surtout les jours ensoleillés. Donc, si vous l'attendiez pour vous relever un jour de mai ou de juin, il y avait de fortes chances pour que vous fassiez quelques heures supplémentaires au micro. Ce que Félix nous faisait oublier tout de go par la fantaisie de ses excuses et par son sourire, qui n'est pas aussi rare dans sa vie privée que lorsqu'il est sur scène.»

Normand n'aime pas que le poète se fasse attendre et il a bien raison. Avec les années, c'est presque devenu une obsession pour Félix d'être en avant de son temps, dans tous les sens. Il est même dans les coulisses ou dans la salle des heures et des heures avant la représentation.

Ces piques à l'égard de Félix seraient-elles attribuables uniquement à l'humour ? On y sent pourtant quelques grincements. Il est quand même ironique qu'elles viennent du fantaisiste Jacques, qui fut souvent le cauchemar de bien des réalisateurs et de nombreux imprésarios. Dieu sait que parce qu'il avait atteint le haut sommet de la popularité et que nous l'aimions pour ce qu'il était, entier, résolu, spirituel, talentueux, nous lui avons toujours pardonné ses incartades, ses retards, ses absences et ses railleries, et souvent son p'tit coup de trop.

Et puis, il y avait aussi son état de santé, qui pouvait le rendre malicieux, amer et agressif, du moins pas toujours gentil. Jeune homme, en plongeant du haut d'un quai à Kamouraska, il s'était sérieusement blessé et c'est par miracle qu'on lui sauva la vie, qui ne fut plus jamais la même. Il fut paralysé de tout son corps, à l'exception de la tête. Conscient de ce qui se passait autour de lui, il voyait, il entendait mais ne pouvait même pas remuer le petit doigt. Malgré cela, Jacques n'a jamais voulu qu'on s'apitoie sur son sort et a toujours cherché à cacher sa souffrance. Après l'accident, il fut dix-huit mois en réadaptation à la maison familiale de la rue Lasalle, dans le quartier Saint-Roch à Québec. Puis vinrent la radio, sa première rencontre avec Félix Leclerc, le théâtre avec Henri Deyglun, la carrière de chanteur, la télévision, seul ou avec Roger Baulu, et finalement la gloire !

Pour Normand, il vaut mieux ne pas toucher à un artiste comme Leclerc : «C'est que Félix n'est pas seulement un artiste populaire chez nous. Il est aussi une légende et, au Québec, les légendes sont sacrées. Parler en mal ou en bien de Leclerc ou de Vigneault, c'est risquer de se mettre les doigts dans un engrenage où l'on peut se faire très mal.»

Pourtant, il ne s'en est jamais privé : «Notre grand poète ne s'est jamais pris pour un autre, écrit Normand. Il s'est pris tout simplement pour Félix Leclerc, et il n'a fait qu'attendre le bon moment où une bonne partie du genre humain serait de son avis. Tout dans Félix est génial... à part un fort pourcentage de ses chansons qu'il a piquées dans le folklore russe.»

Que veut donc insinuer Jacques ? Félix a toujours avoué qu'il s'était inspiré du folklore tzigane dans certaines chansons. Quoi de plus normal puisque son timbre de voix se prête admirablement bien à la chanson folklorique d'Europe centrale. À vingt ans, quand il a écrit son premier chef-d'œuvre, *Notre sentier*, était-il si familier que cela avec la chanson tzigane ?

Qui inspire l'autre ? Tout a été dit ou écrit... Il s'agit de refaire le même parcours chacun à sa manière. Combien de compositeurs se sont imprégnés du folklore étranger pour écrire leur musique ou leurs chansons ? Il est tout naturel de subir les influences des classiques qui méritent d'être imités.

En 1978, au moment où il lance son microsillon *Mon fils*, à Montréal, Félix confie à la presse : «Il y a une chanson suisse aussi et une chanson tzigane, j'ai toujours beaucoup aimé cette musique. Il y a quelque chose de mystérieux, d'envoûtant dans leurs airs. J'en connais plusieurs depuis fort longtemps, et j'ai décidé d'en mettre un en paroles.»

Au moment où l'on s'apprêtait à publier mon deuxième roman, *Dana l'Aquitaine*, en 1974, Jacques Normand avait gentiment accepté d'écrire une préface qui se terminait par ces mots : «Les routes du monde sont comme les lignes de la main. Elles disent certaines choses qu'à des initiés ; Marcel en est un et je l'envie. Je souhaite le rencontrer un jour sur ma route, quelque part, n'importe où. Il pourrait peut-être me montrer comment on fait pour voyager en s'amusant, moi je n'y trouve pas beaucoup de plaisir... Les pays ne m'intéressent pas tellement. Mais j'aime les gens, les gens de partout, les gens du monde entier... mes frères et souvent mes sœurs. Que voulez-vous ?... L'humour est mon seul moyen de défense.» Voilà peut-être ce qui démythifie le personnage Normand.

Mais s'il est un sujet sur lequel Leclerc et Normand s'entendaient, c'est bien celui de la langue. Tout jeune, Jacques Normand mena à sa façon, avec Félix et les autres, la bataille de la survivance linguistique et culturelle de notre identité québécoise. La présence constante d'une langue française bien parlée, que la population pouvait entendre quotidiennement, a probablement évité le pire. C'est donc peut-être la radio, par le biais des radioromans et de la chansonnette, qui a contribué le plus à nous protéger contre l'envahissement anglophone de l'Amérique. Henri Deyglun qui régnait alors sur le monde des radioromans a beaucoup fait pour l'expression artistique française par la rigueur qu'il pratiquait tant dans son écriture que dans le choix de ses interprètes. C'est lui qui a lancé Normand sur la scène montréalaise en lui confiant un premier rôle dans *Vie de famille* ;

le débutant, mort de trac, y donnait la réplique à Jeanne Maubourg-Roberval, Fred Barry et Paul Guèvremont.

▼

Jacques Normand a été le premier animateur de cabaret à connaître le succès en français au Québec. Avant lui, c'était toujours « Show Time ! » et les spectacles de variétés se déroulaient dans les deux langues.

De 1947 à 1950, Normand fait naître « les nuits de Montréal » au restaurant-cabaret Le Faisan doré du boulevard Saint-Laurent. Normand adopte la formule des chansonniers de Montmartre. Il bâtit son répertoire avec *La Mer*, *Il faut de tout pour faire un monde*, *Le Chapeau à plumes*, *En revenant de Québec*, *Pervenche* et, bien entendu, *Les Nuits de Montréal*, de Jean Rafa que l'on retrouve chaque soir au Faisan doré avec le duo Roche (Pierre) et Aznavour (Charles), Aïda Aznavour, la sœur de l'autre, Denise Filiatrault, Aglaé (Josette France), qui épousera Roche, et Clairette, sortie tout droit des films de Marcel Pagnol.

Pour terminer la soirée, bien des vedettes françaises en tournée à Montréal se donnent rendez-vous au Faisan doré. Normand est heureux d'y accueillir les Bourvil, André Dassary, Georges Guétary, Tohama, Charles Trenet, Luis Mariano, Vicky Authier, Édith Piaf et plusieurs des Compagnons de la chanson, notamment Paul Buissonneau, sur le point de devenir Québécois à part entière, Fred Mella et parfois Félix Leclerc.

Il arrive que des artistes américains aussi populaires que Liberace, Frankie Laine, Connie Francis et Nat King Cole passent un bon moment au Faisan doré, après avoir donné leur spectacle au Bellevue Casino ou au Blue Sky. On a même eu droit à la visite de Lili Saint-Cyr, célèbre strip-teaseuse, qui se dévoilait langoureusement sur la scène du Princess ou du Gaiety's, devenu plus tard le Radio-Cité Music-Hall, puis le Théâtre du Nouveau Monde.

En 1951, Le Faisan doré est transformé en salle de spectacles et devient le Café-cabaret Montmartre. On y présente de grands noms : Patachou, Lucienne Delyle, Léo Marjane, Jean

Clément, Annie Flore et la revue de Mistinguett (elle a près de quatre-vingts ans) à laquelle participent le travesti Guilda et l'acrobate Lucien Frenchie Jarraud, qui s'installent au Québec, l'un au music-hall, l'autre à la radio et à la télévision.

Par la suite, Jacques Normand ouvre sa propre boîte, Le Saint-Germain-des-Prés, angle Saint-Urbain et Sainte-Catherine. Bien des artistes de variétés y font leur marque : Gilles Pellerin, Paul Berval, Dominique Michel, Jean Mathieu, Clémence Des Rochers, Pierre Thériault, Colette Bonheur et le pianiste Michel Brouillette. La chanteuse Odette Laure et deux humoristes français s'y produisent : Champi et Jean Rigaux.

Plus tard, Normand s'installe au cabaret Les Trois Castors, du café Saint-Jacques, à l'angle des rues Sainte-Catherine et Saint-Denis. Christiane Breton, Monique Gaube, Joël Denis, le Père Gédéon (Doris Lussier), les Scribes avec André Lecompte, André Rufiange, Momo Desjardins et Bob Cousineau, et quelques artistes français – Rina Ketty, les Frères Jacques et Marie Dubas – sont au nombre des artistes invités.

D'autres boîtes illuminent les nuits de Montréal. On pense au Bal Tabarin, au Casino Français, au Café de l'Est, au Mocambo, du lutteur Johnny Rougeau, au Café du Nord, à la Porte Saint-Denis, à La Cave et au Cochon borgne, de Roger Mollet, au Patriote, avec Félix Leclerc. Et bien d'autres. Il ne faut surtout pas passer sous silence le rôle que joue Andy Cobetto et son «chic» Casa Loma. On accourt de tout le Québec pour applaudir Olivier Guimond, Denis Drouin, Michèle Richard, André Lejeune, Fernand Gignac, Rosita Salvador, Ginette Sage, Ti-Gus et Ti-Mousse, Donald Lautrec, Jen Roger, Yvan Daniel, Michel Louvain, Michel Noël, Judith Joyal, Monique Saintonge, Jeannine Lévesque, Paolo Noël, Johnny Farago, Suzanne Lapointe, sans oublier les trois Juliette (Pétrie, Béliveau, Huot), etc.

C'est toujours Jacques Normand, accompagné d'Élaine Bédard, qui est chargé d'animer la revue *Vive le Québec...!* à l'Olympia de Paris, en 1967. L'imprésario Bruno Coquatrix avait eu la bonne idée d'inviter le Québec à s'y produire, dans le cadre des *Olympiades du Music-hall 1967*, sous le patronage officiel d'André Malraux, alors ministre chargé des Affaires culturelles, de François Massicotte, ministre de la Jeunesse et des Sports, et de Paul Faber, président du Conseil municipal de Paris. Gilles Vigneault, Pauline Julien, Claude Gauthier, Les Cailloux, Clémence Des Rochers et Ginette Reno accompagnés de l'orchestre de l'Olympia, sous la direction de Gaston Rochon et de Marc Bélanger, font partie de la revue. La première débute par la lecture d'un message de Félix Leclerc, qui malheureusement ne peut assister à l'événement. Il est alors en tournée aux confins de la France.

▼

Que ce soit à la Place des Arts ou à l'Olympia de Paris, il n'est pas facile d'accéder à la loge d'une vedette après un spectacle : les amis, les imprésarios, la parenté barrent souvent le passage aux journalistes. Mais un soir, en mars 1971, le patron du célèbre music-hall, Bruno Coquatrix, me facilite la tâche en me donnant la chance d'interviewer Charles Aznavour, qui m'accorde plus d'une heure en tête à tête.

Sa loge est mieux garnie qu'au temps des nuits de Montréal : trousse de toilette, quinze cravates, quatre paires de chaussures, même une paire de sabots pour se délasser durant les entractes, deux costumes blancs pour la première partie du spectacle, deux noirs pour la seconde.

« Comment puis-je oublier mon ami Jacques Normand ? De temps en temps, on se passe un coup de fil et on peut se parler pendant des heures. Le "père" Normand, un merveilleux personnage. Faites-lui mes amitiés ; on n'a pas besoin de s'en dire plus, on le sait. Et le "vieux" Rafa, quel gars épatant aussi. Et Pierre Roche qui a choisi de vivre à Québec... Vous savez, l'époque du Faisan doré, c'était pas toujours rose, mais ce fut ma véritable école. Pas plus tard qu'hier soir, le "grand" Félix assistait à mon spectacle. De le savoir là, ça m'a flanqué la trouille au tout début... Je suis allé lui rendre visite à Vaudreuil et il est venu chez moi à Montfort-l'Amaury, à quarante kilomètres de Paris. Il y avait aussi dans la salle deux autres bonnes amies, Monique Leyrac et Suzanne Avon », nous raconte Aznavour.

▼

Un jour, au Copacabana, rue Sainte-Catherine, d'où provenaient des émissions de CKAC, Fernand Robidoux a l'occasion de présenter Félix Leclerc qui l'entretient de la métropole de jour et de nuit et des Montréalais. En partant, Félix lui laisse ce très beau texte sur Montréal :

« C'est vrai que c'est une ville sans cœur, tapageuse comme un cirque, bourrée de tavernes et de clochers. C'est vrai qu'elle est plus sale que de la boue. On a dit souvent qu'elle était la plus laide du monde, c'est vrai. Oh, attention, il faut voir. Avant de répondre, on est allé la regarder du haut de la montagne et on a trouvé que c'était la plus belle. Et la plus calomniée. On l'a baptisée la Monstrueuse, la plus Cruelle (voilà que ça recommence), pleine de courants d'air, de voyous, de soutanes et de réfugiés de peine, qui demandent des adresses et à qui personne ne répond. Mensonges ! Il fallait répondre à toutes ces questions...

« Cent quartiers derrière les vieux, cinq cents quartiers affreusement neufs (trop neufs), mais si vous collez votre oreille sur ces murs neufs, c'est faux que vous n'entendez que des sacres, on entend chanter le plus souvent. Bord de l'eau, Vieux Montréal ; bord des champs, le nouveau ; bord de l'est, les Français ; bord de l'ouest, les Anglais ; et le ciel au-dessus. À pied dans Montréal, un matin de mai, vous sur le trottoir, avec de la tiédeur et du soleil, je vous défie d'avancer... vous restez comme à la porte du ciel.

« Ceux qui ont la parole juive sont debout sur le pas de leurs magasins, et les Italiens font de la musique et les Roumains du violon et les Anglais du golf et les touristes se demandent si c'est vrai qu'on a les plus grands chirurgiens du monde, peut-être des saints, sûrement des fous, des héros en quantité et jamais de chicane entre toutes ces races ; plus que ça : on obéit galamment aux policiers-enfants qui dirigent la circulation au sortir des écoles. Et puis, on n'est pas pressé. Pas pour se coucher en tout cas ; malgré l'absence de théâtre, de parking et de salles, le Montréalais va la nuit au cabaret ou au restaurant. Mais dans le panier de la religieuse pour ses œuvres de charité, il laisse tomber quinze millions par année, comme ça, sans lâcher la conversation. Montréal généreuse, gueularde et attachante ? Bien sûr... »

(Photo Jacques Aubert — Philips)

CHAPITRE 14

Jours tranquilles à Vaudreuil

Félix achète, le 7 mars 1956, la maison et les bâtiments de la ferme d'Émilien Denis, de l'Anse de Vaudreuil, située non loin de celle des Pilon qu'il occupait depuis plusieurs années. Félix verse, pour cet emplacement de six arpents de terre, 26 500 $ à l'imprimeur C. Robert Brown, qui vient tout juste de se porter acquéreur de la ferme Denis et d'autres terrains avoisinants. Il paie 15 000 $ comptant et règle le reste en versements de 6 000 $ et de 5 500 $, payés en grande partie avec son cachet de la série télévisée *Nérée Tousignant* à Radio-Canada.

La vieille grange, baptisée «L'Auberge des morts subites», abrite une chèvre, Niquette, cadeau d'André Lejeune, un cheval, des canards et des poules chinoises de luxe que Félix a obtenues du marchand de mazout Joseph Élie. Le poète voue un culte particulier à ses animaux et surtout à ses oiseaux de basse-cour. Félix s'est amusé à dresser Ti-Pouce, un de ses chiens, à aller chercher les œufs et à les lui rapporter sans les briser. À l'occasion, André Lejeune est mandaté pour mettre fin à la vie d'une de ces poules aux œufs d'or, tâche dont Félix préfère ne pas se charger.

▼

Dans le salon de la maison blanche aux volets bleus sont accrochées des toiles de René Derouin et de Léo Ayotte, dont un portrait de Félix, des sculptures, une madone inachevée de Médard Bourgault, l'artiste de Saint-Jean-Port-Joli que Félix et Doudouche ont rencontré lors d'une tournée en Gaspésie en compagnie de Mgr Albert Tessier, l'un de nos grands artisans du cinéma québécois.

Il n'est pas étonnant de retrouver des tableaux de Léo Ayotte dans la maison de Félix. Le peintre né à Sainte-Flore, en

Mauricie, et le poète ont sympathisé dès leurs premières rencontres. « À Sainte-Flore, écrit Félix, il entretenait les chalets, *peinturait* les chaloupes et s'employait à de menus travaux pour les estivants de la région. »

On a dit de Léo Ayotte qu'il était le Félix Leclerc de la peinture. « C'est le plus beau compliment que l'on puisse me faire », de confier ce grand artiste décédé à l'hôpital de Saint-Hyacinthe, en 1976, à l'âge de soixante-sept ans. Le peintre paysagiste a exercé son métier pendant quarante ans à Montréal ; dans la ruelle Saint-Christophe puis quelques années au 3836, avenue du Parc-La Fontaine.

Véritable artiste dans l'âme, Léo était aussi doué pour d'autres formes d'art. Adolescent, il chantait à l'église paroissiale et aurait pu faire carrière à l'opéra, comme le lui conseillaient la comédienne Jeanne Maubourg-Roberval et son mari, professeur de chant, qui avaient souvent eu l'occasion de l'entendre. Vers la vingtaine, Léo écrit des poèmes et songe même à devenir écrivain. Finalement, il choisit de s'exprimer par ses pinceaux et de communiquer les couleurs mêmes de la nature.

En 1938, une fois installé dans la métropole, Léo Ayotte cherche en vain un travail dont le revenu lui permettrait de s'inscrire à des cours de peinture et de dessin. Un jour qu'il hante les couloirs de l'École des beaux-arts, le directeur, Charles Maillard, remarquant son physique impressionnant de sportif (la pratique du ski, de la pêche, de la chasse, de la natation et de la marche en forêt y sont sans doute pour quelque chose), l'engage comme modèle d'artistes. Léo restera aux Beaux-Arts jusqu'en 1945, d'abord en tant que modèle puis comme préposé à l'entretien, sans jamais y recevoir aucun enseignement et se contentant d'observer les artistes.

Personnage coloré, pittoresque, Léo faisait souvent l'objet de plaisanteries de la part de ses amis qui avaient l'habitude de le taquiner, entre autres choses, sur son célibat. Léo disait : « J'ai fait beaucoup de peinture. Voilà pourquoi je n'ai pas eu le temps de me marier. Je suis resté célibataire, même si j'aimais les femmes à la folie. »

Un bon matin, à la une du *Petit Journal*, une manchette annonçant l'entrée en religion de Léo Ayotte coiffe une photo de l'artiste dans son atelier! L'article, qui rapporte que Léo Ayotte a pris la décision d'entrer chez les oblats sous l'influence du père Émile Legault, est signé par Dollard Morin.

Léo abandonnant peinture, femmes et boisson? C'est la consternation, surtout chez le principal intéressé, Léo lui-même, qui se précipite au téléphone pour demander des comptes au journaliste. Celui-ci proteste de sa bonne foi, et raconte que c'est Léo lui-même qui lui a donné ces renseignements. On finit par découvrir qu'une personne s'est fait passer pour le peintre et que c'est le caricaturiste Normand Hudon qui a monté le coup.

«Il faut dire que quand Léo venait à la maison de l'Anse, raconte Doudouche, c'était tout un *party*, un vrai *pow-wow*. Un matin, il s'amène pour déjeuner avec le pianiste André Mathieu et le journaliste Rudel-Tessier. Ça s'est terminé... le lendemain soir!»

Le pianiste compositeur André Mathieu, né à Montréal en 1929, avait soulevé l'enthousiasme général lors d'un premier récital donné alors qu'il n'avait que cinq ans. L'année suivante, il se rend à Paris avec son père, le professeur de musique Rodolphe Mathieu, né dans cette ville en 1890, et sa mère Mimi Gagnon, réputée pour son talent de violoniste.

Après un concert donné à la salle Chopin, la critique parisienne crie au génie et va jusqu'à vanter son œuvre que l'on juge plus remarquable que celle de Mozart au même âge. En 1939, on retrouve Mathieu au Town Hall de New York et plus tard au Carnegie Hall. Il n'a que douze ans quand il remporte le premier prix de composition, lors du centième anniversaire de l'Orchestre philharmonique de New York.

En 1942, il est choisi pour représenter le Canada au Concert des Nations alliées, tenu dans la métropole américaine. L'épouse du président Roosevelt, le savant Albert Einstein, l'écrivain Thomas Mann, le maire de New York, Fiorello H. La Guardia, assistent au prestigieux événement. Quelque temps plus tard, André joue son *Concertino n° 1* à la radio new-yorkaise avec l'orchestre d'André Kostelanetz.

Hélas, la Deuxième Guerre mondiale vient interrompre sa carrière européenne. Bientôt rien ne va plus pour Mathieu: il est en butte à l'incompréhension des siens; son mariage avec Marie-

165

Ange Massicotte, en 1960, est un échec ; sa carrière de compositeur bat de l'aile et il doit se contenter de donner des leçons de piano ; accablé de dettes, il confie sa carrière à des imprésarios sans scrupules qui l'exhibent comme une bête de cirque dans des «pianothons», où il joue sans relâche jusqu'à l'épuisement.

Félix lui offre son soutien à maintes reprises et cherche à le sortir du désarroi, mais André continue de broyer du noir. Il fréquente presque exclusivement un groupe de poètes existentialistes : Lomer Gouin, Sylvain Garneau, Jean Saint-Denis, Charlotte Duchesne, Muriel Guilbeault, Serge Deyglun et Pierre Morin, tous destinés à une fin dramatique ou à une mort prématurée. C'est en pensant à la mort tragique de l'un d'eux, le jeune Morin, beau-frère du comédien Jean Coutu, survenue en 1947 dans les Chenaux à Vaudreuil, que Félix compose *Petit Pierre*.

> Petit Pierre, quel âge as-tu ?
> J'ai vingt ans et j'en ai honte !
> N'aie pas honte, Petit Pierre,
> Car tu es le cœur du monde.
> [...]
> Petit Pierre a répondu :
> Je déteste votre vue...
> Et puis il est disparu,
> On ne l'a jamais revu.

André Mathieu, décédé le 2 juin 1968 à l'âge de trente-neuf ans, a enrichi notre patrimoine musical d'œuvres variées. La musique des XXIᵉˢ Jeux olympiques tenus à Montréal en 1976 est constituée d'extraits de ses compositions.

▼

Félix appréciait aussi beaucoup l'œuvre de Dallaire qu'il avait rencontré pour la première fois vers 1930, dans sa ville natale, à Hull. Quelques années plus tard, l'artiste peintre obtient une bourse pour aller étudier à Paris. Au début de la guerre, il est arrêté par l'armée allemande et incarcéré au stalag 220 à Saint-Denis jusqu'en août 1944. Il rentre finalement au Canada, en passant par Londres, et obtient une charge de cours à l'École des beaux-arts de Québec.

En 1955, l'Office national du film du Canada tourne un film muet intitulé *Cadet Rousselle*. Jean-Philippe Dallaire, qui travaille alors à l'ONF, illustre la chanson de quelque quatre-vingts gouaches. L'ensemble se traduit par un bijou culturel destiné aux élèves et aux enseignants, qui doivent chanter la ballade en déroulant le film manuellement.

En 1958, on décide de joindre un 78-tours à la production. Leclerc enregistre le disque en s'accompagnant lui-même à la guitare. Quinze ans plus tard, l'ONF lance sur le marché une version de *Cadet Rousselle* comprenant une cassette et un rouleau actionné grâce à un signal d'avancement automatique de l'image. Le fantastique et l'humour contribuent au charme des dessins et des toiles de Dallaire, que Félix apprécie tant chez ce peintre.

Et pour souligner le cinquantième anniversaire de l'ONF, en 1989, on lance la vidéocassette grâce à l'initiative de Pierre Lapointe. Comme le dit la chanson : «Cadet Rousselle ne mourra pas.» Cet air folklorique, d'auteur inconnu, créé en 1793 sur les planches du théâtre parisien, appartient maintenant au patrimoine national, pour notre plus grand bonheur.

Après quelques années passées à l'ONF comme illustrateur, Dallaire décide de se consacrer entièrement à la peinture et de s'installer en France, à Saint-Paul-de-Vence, où il vit pendant quelques années jusqu'à sa mort à l'âge de quarante-neuf ans, le 27 novembre 1965. Félix était allé lui rendre visite quelques mois avant son décès, avait-il confié au peintre Antoine Dumas, qui a, lui aussi, enrichi l'œuvre de Leclerc en traduisant en trois estampes originales les chansons de Leclerc : *Contumace*, *Litanies du petit homme* et *L'Hymne au printemps*.

▼

L'ONF s'est beaucoup intéressé à la carrière de Félix Leclerc. Les longs et courts métrages consacrés au poète sont innombrables. Dès 1952, l'ONF insère un reportage de Félix à Paris dans une production intitulée *Coup d'œil*. On y voit Félix dans le Montmartre d'après-guerre, ce quartier qu'il habita quelques années avec sa première femme, Andrée, et son fils Martin. Entre deux représentations aux Trois Baudets, il gratte la guitare dans son petit studio et compose des chansons.

À deux reprises, Claude Jutra a braqué ses caméras sur Félix. En 1955, il a produit pour l'ONF *Chantons maintenant*, un film consacré à la chanson d'expression française, réunissant Leclerc, Lionel Daunais, Anna Malenfant et Dominique Michel. En 1959, Jutra réalise, toujours pour l'ONF, *Félix Leclerc troubadour* dans sa maison de Vaudreuil. On assiste à une séance de travail du chanteur en compagnie de Monique Leyrac.

En 1957, c'est *La Drave*, un documentaire en noir et blanc réalisé par l'ONF, sous la direction de Raymond Garceau. Dans ce film, Félix chante et raconte l'aventure fantastique des draveurs de l'Outaouais, prêts à risquer leur vie pour faire sauter un embâcle. Un métier dur, impitoyable, mais rempli de poésie.

En 1958, l'ONF tourne aussi *Les Brûlés*, inspiré du roman *Nuages* d'Hervé Biron. Ce film, où Leclerc joue le rôle d'un cuisinier, évoque la crise économique des années trente qui a affligé l'Amérique du Nord.

▼

Quelque temps après l'arrivée des Leclerc à Vaudreuil, Henri Deyglun et Janine Sutto s'installent dans les Chenaux et ensuite dans l'Anse, tout près de la maison de Félix.

Chaque fin de semaine que le bon Dieu amène, c'est la grande bouffe pour les deux familles. Janine, cuisinière hors pair, adore recevoir. Henri, lui, cultive l'amitié ; il entretient des relations chaleureuses avec des sommités du monde littéraire et artistique. Un dimanche, on reçoit Henri Guillemin et Michel Legrand, un autre c'est au tour de Charles Trenet et de Maurice Escande, Louis Seigner et Pierre Bertin, de la Comédie-Française. Les soirées sont très animées.

Janine, reconnue pour son accueil chaleureux, est née d'une mère alsacienne et d'un père d'origine italienne. En 1930, la famille Sutto s'installe à Montréal, au *carré* Saint-Louis. Probablement influencée par son père, passionné de cinéma, Janine rêve de devenir actrice. Rêve qui commence à se réaliser lorsque Mario Duliani, qui dirige le Montreal Repertory Theater (MRT) français, l'accepte dans sa troupe. Après les enseignements de Sita Riddez qui l'initie aux règles de l'art dramatique, elle a l'occasion de jouer à l'Arcade avec Jean-Pierre Aumont, Claude Dauphin et Charles Boyer qui sont de passage à Montréal. La voilà lancée !

Après un mariage de courte durée avec le comédien Pierre Dagenais, Janine Sutto fait un séjour d'une année à Paris. C'est là qu'elle rencontre, en 1946, Henri Deyglun, auteur de radioromans à succès. Un nouveau couple se forme.

À la naissance des jumelles Deyglun, en 1958, les Leclerc deviennent parrain et marraine de Mireille et les Mauffette le sont pour Catherine. À la mort de leur père, en 1970, elles ont douze ans. C'est une difficile épreuve pour elles et pour Janine, d'autant que Catherine est trisomique et demande beaucoup d'attention.

Quant à Mireille, elle suit les traces de sa mère et se révèle comme comédienne dans un rôle important, celui de Florentine Lacasse, l'héroïne de *Bonheur d'occasion*, de Gabrielle Roy, porté à l'écran par le cinéaste Claude Fournier. On la remarque aussi dans plusieurs continuités à la télévision.

Mireille garde un chaleureux souvenir de son parrain Félix, qui lui chantait ses poèmes : « Sa voix chaude et rassurante est une accalmie dans ma drôle d'enfance. Puis le temps a passé, nous a séparés. J'ai grandi tout en gardant dans mon esprit ce personnage unique, immense. Lui, de son côté, poursuivait sa quête, avec ses mots et sa musique, et nous faisait rêver d'un pays à bâtir, d'une fierté à retrouver. »

Quelques années plus tard, Mireille a revu Félix ; ils se sont retrouvés comme s'il n'y avait jamais eu de coupure. Il était à ses yeux aussi beau, aussi fort et, mieux encore, serein : il vivait en paix, heureux, aimé et aimant. Est-il nécessaire de préciser que le fils né en 1990 de Mireille et du journaliste Jean-François Lépine s'appelle Félix ? Par la suite, une fille prénommée Sophie est venue agrandir la famille. La comédienne a récemment terminé en France et au Québec le tournage d'une série télévisée, *Jalna*, d'après le roman de Mazo de La Roche, dans laquelle elle joue aux côtés de Serge Dupire, Danielle Darrieux et Albert Millaire.

Outre Janine Sutto, beaucoup d'amis gravitent autour de Félix à cette époque : Muriel Guilbault, Yvette Brind'Amour, puis Monique Leyrac, qui a eu le privilège de jouer au cinéma et de chanter en duo avec son ami poète, et l'auteur-interprète Monique Miville-Deschênes. Jean Lajeunesse et Janette Bertrand sont aussi du nombre, sans oublier Denise Saint-Pierre, Roger Garand, Madeleine Morin, épouse de Jean Coutu et mère de la comédienne Angèle Coutu, qui est l'une des confidentes de Doudouche. Madeleine est la fille du notaire Victor Morin, ex-président de la Société Saint-Jean-Baptiste auquel l'organisme a rendu hommage en créant le prix Victor-Morin destiné à honorer une personne s'étant distinguée au théâtre.

Véritable pionnier dans le domaine du théâtre et de la radio, Henri Deyglun avait monté une grande revue, *Amour et printemps,* à l'Impérial. Une trentaine d'acteurs québécois sur une même scène, ça ne s'était encore jamais vu. De Vaudreuil, comme de bien d'autres endroits des environs de Montréal, des spectateurs s'entassaient à bord d'autocars pour se rendre à Montréal. À la même époque, de riches notables de la ville assistaient aux spectacles d'opérette de Jeanne Maubourg au His Majesty's.

C'était le même engouement pour les revues de *Fridolin*, qui se tenaient à la salle Ludger-Duvernay du Monument national, boulevard Saint-Laurent, à partir de 1938. Gratien Gélinas, en plus de jouer le rôle de Fridolin, personnage vêtu d'un chandail bleu-blanc-rouge, coiffé d'une drôle de casquette et armé d'un «sling shot» (lance-pierre), faisait la mise en scène et s'occupait de la direction artistique et administrative. *Fridolin* céda la place à *Tit-Coq* en 1946.

Félix Leclerc aimait bien assister à ces représentations et en profiter pour saluer, dans les coulisses, Fred Barry, Olivette Thibault, Juliette Béliveau, Amanda Alarie, Juliette Huot, Henri Poitras, Gratien Gélinas... Ce dernier et son épouse Huguette Oligny, dont la sœur Monique est la femme du comédien Jean-Louis Roux, comptaient parmi les proches de Félix.

Durant toutes ces années que Félix a passées à Vaudreuil, je me suis souvent retrouvé dans son grenier à chansons ou dans sa grange, avec Guy Godin ou Raymond Lévesque, André Lejeune, Aimé Major, Joël Denis, Marc Gélinas ou Paolo Noël; chaque fois, notre hôte nous accueillait avec une cordiale poignée de main et un large sourire.

Les cheveux en bataille, l'œil pétillant d'intelligence, Félix parlait d'abondance, avec les gestes généreux du conteur. Nous l'écoutions religieusement parler ou chanter, assis par terre dans son bureau ou devant la grande cheminée de pierre du salon. Doudouche, la discrétion même, veillait au bien-être de chacun.

Soirées inoubliables dont le souvenir nous habite encore aujourd'hui et nous tient chaud, car toutes ces amitiés, malgré l'éloignement inhérent aux circonstances de la vie quotidienne, Félix lui-même ne les a jamais reniées.

▼

C'est aussi à Vaudreuil, en 1956, que Félix écrit des sketches pour l'émission de télévision *Eaux vives*, animée par le père Émile Legault sur les ondes de Radio-Canada. À la même époque, il crée une première série télévisée, *Nérée Tousignant*. C'est une toute nouvelle expérience pour Félix qui, même s'il préfère écrire pour le théâtre, ne regrette surtout pas cette nouvelle aventure, qui lui fait découvrir le monde des techniciens, des réalisateurs, des costumiers ou des caméramans.

« L'histoire de cette première série télévisée, écrit Félix, est un peu autobiographique. Un poète campagnard fait ses adieux aux gens de son village pour venir s'établir à Montréal. Rien à voir avec *Pieds nus dans l'aube*! Nérée, c'est le prénom de mon grand-père Leclerc et puis Tousignant... il y en avait un du côté de ma mère. Le temps et les circonstances ne m'ont pas permis de faire voyager Nérée dans un chantier du fameux Jean Crête, le roi de la Mauricie. Mon grand-père, Nérée Leclerc, qui venait de France, travaillait pour le seigneur Joly. Son métier : raconter des histoires. Malicieux, il prenait ce prétexte pour dire tout ce qui ne marchait pas, tout ce qui faisait souffrir les ouvriers... Le seigneur l'aimait bien... Souvent, il corrigeait les injustices... Vous voyez : je viens d'un conteur, d'une femme sensible à la musique, d'un colosse qui avait la bougeotte et j'ai appris à respecter les rudes travailleurs... Alors ? Je suis ce que je suis... logiquement. C'est d'eux que je tiens mon respect et mon amour des instruments de travail. Je pourrais passer des heures à la devanture d'une quincaillerie... Un simple clou me fascine... »

La série *Nérée Tousignant,* réalisée par Georges Groulx et Denys Gagnon, a aussi servi de tremplin à un jeune homme de L'Île-Perrot, Guy Godin – petit-cousin de Guy Mauffette –, qui a eu l'occasion d'y faire ses débuts.

Il a par la suite mené parallèlement à la carrière de comédien et d'animateur dans *Grand-papa, Joie de vivre, Rue des Pignons, Les Quatre Fers en l'air,* à Radio-Canada, *L'Or du temps, Terre des jeunes* et *C'était le bon temps,* celle d'auteur de monologues et de chansons, qui ont été interprétés par Ginette Reno (*Berce-moi*), Julie Arel (*Je nous aime*), François Dompierre (*L'Adieu au petit prince*), Ginette Ravel (*Quand tu auras raté le train*), André Lejeune (*Une promesse*).

Cette dernière chanson s'est retrouvée sur le premier microsillon lancé par André Lejeune en 1957. Elle accompagnait *Prétends que tu es heureux, Je vous aime, Approche,* et une autre chanson écrite en collaboration avec Guy Godin, *Il suffit de peu de choses.* Sur la pochette du disque, Guy écrivait : «Douze poèmes et mélodies qui s'unissent aux battements d'un cœur et d'une respiration de notre époque... Et voilà que se dresse devant nous un compositeur de chansons qui n'a pas fini de nous étonner! Les trois coups frappés, Lejeune s'avance tel un ménestrel de joie... un troubadour en mal de tout raconter ce qu'il a inventé d'amour et de soleil en chansons.»

Godin est aussi l'auteur d'un petit livre blanc de l'amitié, paru en 1970, *Si jamais cet amour...,* et s'apprête à publier une autre tranche de sa vie bien remplie de joies et de grandes souffrances.

▼

Chaque fois que Félix participe à des activités de son village et des alentours, on le sollicite pour qu'il chante ou pour qu'il s'adresse au public. C'est que Félix a pris l'habitude de prononcer des petits discours, à sa manière bien personnelle, qui restent gravés dans la mémoire longtemps. Il en est ainsi, en ce samedi 12 novembre 1955, lors du deuxième *Gala de La Presqu'île,* à Dorion.

Dans son texte de remerciements, Félix ne peut passer sous silence toutes les manifestations de sympathie, d'amour, d'admiration qu'on lui porte et auxquelles il ne s'habitue jamais :

«Je remercie tous ceux qui ont eu l'idée de cette fête. Je suis aussi touché que l'enfant prodigue a dû l'être, devant l'accueil que son père lui a fait. Je ne sais pas quel fut le discours qu'il a tenu à ses parents, cet enfant prodigue revenu du bout du monde ; sûrement un discours de joie d'être rentré sain et sauf, d'orgueil d'appartenir à un peuple fier et considéré ; mais surtout résolu à apprécier la vie de ses ancêtres, à la chanter et à la bénir. Je voudrais qu'il vous fût donné d'aller au loin, pour le plaisir de rentrer au port de Québec, après sept jours de navigation en mer et sur notre fleuve Saint-Laurent. L'impression en est une de prospérité, d'étendue, de paix et d'avenir...

«Sur le plan international, nous avons des médecins, des avocats, des savants, des agriculteurs, des financiers. Tout cela est excellent, mais il est grand temps qu'on se penche sur les artistes. Par eux, nous connaissons l'Europe avant que de l'avoir vue. La France, cette vieille reine immensément cultivée, sait que les guerres, les monnaies, les gouvernements, même les vainqueurs, tombent, mais que les artistes restent, par leurs œuvres. Elle se meurt de connaître les Canadiens tels qu'ils sont.»

Le réalisateur de Radio-Canada, Lucien Thériault, avait donné tout un coup de pouce à l'organisation de ce spectacle, dont les profits allaient au Musée de L'Île-Perrot. Grâce à lui, toute une pléiade de vedettes figuraient au programme : Guy Mauffette, Pierre Thériault, Colette Bonheur, Émile Genest, Pierre Valcour, Guy Hoffmann, Yolande Dulude, Charles Danford, Guy Godin, Estelle Mauffette, Yvette Brind'Amour et Thérèse Cadorette, ces trois dernières respectivement Miss Radio en 1942, en 1943 et en 1956. Peut-on imaginer pareille affiche aujourd'hui pour une même représentation ?

En 1956, une année d'élections provinciales, Félix Leclerc était, une fois de plus, la grande vedette du troisième *Gala de La Presqu'île*, tenu au même endroit à Dorion. On aurait bien voulu que Félix se mouille politiquement, qu'il prenne position en faveur d'un parti mais, disait-il : «Il n'y a pas de partis politiques, de races ou de couleurs, de professions, de peuples dans notre pays. Pour moi, il n'y a qu'une nation, c'est la famille. Pour le moment, je dois me consacrer davantage aux miens. Il faut consolider nos acquis. Plus tard, on verra bien. Il est encore trop tôt. Ayons l'œil bien ouvert en attendant...»

▼

En l964, il accepte de se produire dans un petit centre d'art, La Barbotine, à Vaudreuil, à la demande de ses amis Denise Proulx et Jean Saint-Jacques. Les yeux pleins de rêves, le pied sur le tabouret, seul sur scène avec sa guitare, il chante dans ce petit café-théâtre de la même façon qu'à la Place des Arts ou à Bobino. Félix a un profond respect pour le public. Il ne fait rien à la légère. Pas d'improvisation, il répète avant chaque spectacle quelle que soit l'importance de la salle.

Félix et Andrée encouragent fortement l'activité de Denise Proulx et Jean Saint-Jacques qui donnent des cours de diction et d'art dramatique aux jeunes de la région de Vaudreuil. Les deux couples partagent la même table à plusieurs reprises. Lorsque Denise Proulx meurt en 1993, René Caron, Jean Daigle, Jean Dalmain, Andrée Vien, Louise Mauffette sont parmi les proches réunis pour la cérémonie tenue en l'église de Pointe-des-Cascades, près de Vaudreuil. À cette occasion, Monique Leyrac récite avec émotion *Notre sentier*, la chanson préférée de son amie Denise, qui s'est illustrée au cinéma, à la télévision et au théâtre.

Cette mélodie immortelle de Félix fut aussi enregistrée, en 1982, par Monique Vermont et Jean Faber. *Notre sentier* est vraiment une chanson qui n'a pas d'âge.

▼

Régulièrement, Félix reçoit de jeunes comédiens, chanteurs ou écrivains qui s'amènent chez lui, le plus souvent à l'improviste. Robert Séguin, de Rigaud, le poète et non l'ethnologue, est l'un de ces jeunes qui ose, un jour du mois d'août 1954 où il se rend en auto-stop de Montréal à Rigaud, solliciter une rencontre avec le poète.

Le bon Samaritain qui l'a pris dans sa voiture à Montréal le dépose à Dorion, parce qu'il doit poursuivre sa route dans une autre direction. Il fait beau temps, Robert réalise qu'il est tout près du lieu où habite Félix, son idole ; il n'en faut pas plus, sauf peut-être l'innocence de ses vingt ans, pour qu'il décide de tenter de le joindre au téléphone.

Encore faut-il avoir le numéro, mais la chose est facile puisque l'annuaire répertorie un certain Félix Leclerc, Anse de Vaudreuil... Puis, une chaude voix masculine qui répond, c'est bien Félix Leclerc !

Robert n'en revient pas : tant de son audace que de sa chance. Mais il n'est pas au bout de ses surprises : dès qu'il mentionne à Félix qu'il fait partie des Comédiens gavroches, un groupe de jeunes de Rigaud désireux de faire du théâtre et ayant bien besoin de conseils, celui-ci l'invite tout simplement à se rendre chez lui. Vite, un taxi ! Cinq minutes plus tard, la voiture stoppe devant la maison de l'Anse et Félix sort sur la galerie pour accueillir son visiteur et le conduire à son grenier.

Robert, très intimidé, sollicite l'aide de Félix.

— Je vais vous aider comme je peux. Voilà une pièce que je vous prête. Une pièce que j'ai écrite : *Maluron*. Lisez-la et si elle vous convient, distribuez les rôles et répétez-la ! Surtout, n'allez pas trop vite. Prenez tout votre temps. Répétez et répétez. Prenez par exemple les Compagnons de la chanson, ils répètent une chanson six mois avant de la chanter devant le public.

Robert reste plus de deux heures dans le grenier de Félix, qui lui parle de ses débuts, de la scène. À la fin de l'entretien, Séguin se lève à regret, conscient d'avoir vécu là un moment qu'il n'est pas près d'oublier.

Au moment du départ, Robert s'apprête à marcher jusqu'à la route pour rentrer à Rigaud en stop. Félix est très ennuyé de laisser partir son invité ainsi, qui doit parcourir à pied une certaine distance avant de rejoindre la route :

— Écoutez ! Il faut que j'aille à Dorion faire des courses. Montez avec moi. Je vais prendre le chemin secondaire qui croise la route 17. Je vous laisserai là et je reviendrai ensuite vers Dorion. Ça ne m'allongera pas. Ça va aller.

Séguin monte donc dans la petite Austin de Félix. Une fois arrivés à la croisée des chemins, Félix trouve inacceptable de laisser son passager sur la route. Robert a beau protester, Félix tient absolument à le mener jusqu'à Rigaud, qui se trouve à au moins vingt-cinq kilomètres de là, sans compter le retour.

Félix le généreux va donc reconduire Séguin jusque chez lui, dans le rang de la Baie, à Rigaud, poussant même la délicatesse jusqu'à répondre à l'invitation de Séguin, qui le fait descendre de voiture pour saluer les membres de sa famille.

Maluron a donc été présentée à l'automne et à l'hiver 1954-1955 par la troupe des Comédiens gavroches à la salle de l'hôtel de ville de Rigaud, au collège Bourget, du même endroit, à la salle municipale des Cèdres, à l'hôpital du Sacré-Cœur, de Cartierville, et au théâtre de l'oratoire Saint-Joseph, dirigé par le père Émile Legault. Les deux rôles principaux sont joués par Robert Séguin et Andrée Saint-Laurent. Oui, Félix avait allumé la lampe et le spectacle fut !

Félix a toujours pris au sérieux ce rôle de conseiller que bien des jeunes lui ont fait jouer. Quelques semaines après la représentation à l'Oratoire, l'un des interprètes, Jacques Vanier, doutant de la pertinence de son choix de carrière, s'en ouvre à Félix. La réponse est spontanée : «Je ne crois pas que le théâtre soit une voie dans laquelle vous devriez vous engager. Étant donné votre facilité d'expression et votre intérêt pour des domaines plus concrets, vous seriez probablement doué pour l'écriture ou l'enseignement.» Félix avait vu juste : Jacques Vanier, qui détient un doctorat en physique, n'a jamais cessé de publier des articles et des ouvrages scientifiques depuis.

▼

Au cours de toutes ces années passées à Vaudreuil, Félix repart périodiquement donner quelques spectacles à Paris ou ailleurs, mais il a toujours besoin de revenir aux sources. Il garde et gardera toujours un amour indéfectible pour le public français qui l'a si bien accueilli, et même s'il se souvient avec joie des promenades avec Andrée et Martin sur les bords de la Seine, de la gloire, des tapis rouges, Félix préfère la vie plus simple qu'il mène entouré des siens, chez lui. «Combien de soirs, dit Félix, en me glissant au cou la jolie guitare, j'avais l'impression de m'accrocher un sac de pierres. Ça m'a pris bien du temps à me faire à l'attelage qui, les premières années, me faisait quelque plaie à l'épaule.»

▼

En 1957, Jacques Canetti veut lui aussi connaître ce havre de paix que Félix sait si bien lui vanter. Crevé, fourbu, vidé par son travail exténuant et au bord de la dépression nerveuse, l'imprésario a besoin de se reposer, d'oublier le téléphone, le courrier, les voyages, les journalistes, les contrats. Il s'invite chez Félix.

Mais au bout de quelques jours de farniente dans la maison des Leclerc, après des heures à feuilleter livres et revues, à regarder distraitement la télévision, il se sent plus fatigué qu'en arrivant. Félix, persuadé que seul un changement draconien peut améliorer l'état de Canetti, entreprend de l'initier aux travaux de la terre. Il lui laisse une liste de tâches à accomplir pendant que lui doit s'absenter.

Lorsque Félix revient, Canetti, coiffé d'un chapeau de paille, vêtu d'une salopette trop grande pour lui et le visage brûlé par le soleil, est éreinté, mais content. Lui qui n'a jamais manié une bêche de sa vie, a redressé avec satisfaction et bonheur les plants de tomates du poète, arraché les mauvaises herbes, fait la chasse aux insectes, arrosé les fleurs et réparé la clôture. Comme il le fait dans son travail d'imprésario, Canetti s'est donné à la tâche à fond, sans s'arrêter.

Le résultat ne se fait pas attendre. Dès le lendemain, Canetti a retrouvé tout son dynamisme. Redevenu homme d'action, il se penche à nouveau sur le travail de son poulain et découvre des chansons entièrement inconnues, *La Drave*, *Chanson des colons*, etc. Enthousiasmé, il amène aussitôt Félix à Montréal, dans les studios de Jean-Marc Audet, pour graver ce nouveau matériel. On enregistre toute la journée, sans aucune préparation, surtout pour le plaisir, pour s'amuser. Finalement, Canetti trouve la bande sonore si belle qu'il l'expédie sur-le-champ à ses bureaux de Paris.

Sage décision puisque ce nouveau 33-tours remporte le Grand Prix du disque de 1958. Lorsqu'il reçoit le télégramme lui annonçant son succès, Félix bêche au jardin, à Vaudreuil, en compagnie de Michel Legrand.

(Collection Paul-Henri Goulet)

Il est avec les musiciens tziganes l'homme qui, par ses disques, m'a procuré le plus de joie et d'émotions dans la vie.

Joseph Kessel

CHAPITRE 15

Aventures européennes

En France, Félix Leclerc se lie d'amitié avec Georges Brassens, Francis Blanche, Guy Béart, Jacques Brel, Raymond Devos, Fernand Raynaud, Juliette Gréco, Fred Mella, Michel Legrand, Catherine Sauvage... Cette dernière est aussi une fan inconditionnelle : elle confia à *Paris Match* avoir assisté à seize tours de chant consécutifs de son idole Félix à Paris. Plusieurs de ces vedettes viendront à un moment ou à l'autre séjourner à Vaudreuil chez Félix et Doudouche. Je fus très étonné, un jour, de voir arriver de la pêche Félix, Jean Rafa et Henri Deyglun en compagnie de Charles Trenet qui en était à son premier séjour au Québec.

▼

Au printemps 1955, *Le P'tit Bonheur* est joué soixante-dix fois en Suisse par la Compagnie des Faux-Nez, d'abord à Lausanne, puis dans les régions avoisinantes. Charles Apotheloze, le directeur du théâtre de cette ville où est jouée la pièce de Leclerc, deviendra pour un certain temps l'imprésario de Félix.

Pendant cette tournée, le fils Martin est pensionnaire. C'est la vraie vie de bohème, se rappelle Doudouche : toute la troupe vit dans une grande maison communautaire. Cette année-là, on présente à la Radio Télévision Française six émissions d'une demi-heure, préparées par la section française du service international de Radio-Canada, consacrées à Félix Leclerc.

Ce séjour hors de la France permet aux Leclerc de découvrir les Alpes suisses et les différents cantons où l'on parle le français, l'allemand, l'italien et encore le romanche. «La particularité de la Suisse, dit Félix, c'est de réunir en une confédération les peuples distincts de vingt-deux cantons souverains, loin d'un État centralisé.» Certes, ce pays fort attaché à son terroir et à son haut niveau de vie se greffe à trois grandes communautés linguistiques et culturelles d'Europe, mais ce qui le singularise, c'est qu'il les coordonne toutes à l'intérieur des mêmes frontières.

Partout où il passe, Félix s'intéresse vivement à l'histoire du pays et des gens qui l'habitent. «Montres, horloges *et cætera*: les Suisses, pas d'erreur là-dessus, sont les maîtres de la ponctualité et de la précision. Ils ont du ressort. Il faut être à l'heure pour tous ses rendez-vous d'affaires et même sentimentaux. Bien avant que les Français chantent *La Marseillaise*, qui s'appela d'abord *Le Chant de l'armée du Rhin*, le peuple suisse avait son hymne national au tout début du dix-septième siècle, précisément en 1609.»

Et voilà le prestidigitateur qui sort de cahiers intimes une feuille mal coupée où il a écrit les mots de ce chant de ralliement helvétique, et qui se plante devant quelques amis pour fredonner cet hymne glorieux :

> Sur nos monts, quand le soleil
> Annonce un brillant réveil
> Et prédit d'un plus beau jour le retour,
> Les beautés de la patrie
> Parlent à l'âme attendrie ;
> Au ciel montent plus joyeux
> Les accents d'un cœur pieux.
> Lorsqu'un doux rayon du soir
> Joue encor dans le bois noir
> Le cœur se sent plus heureux, près de Dieu.
> Loin des vains bruits de la plaine,
> L'âme en paix est plus sereine ;
> Au ciel montent plus joyeux
> Les accents d'un cœur pieux.

La Suisse reste pour Félix un pays riche et stimulant, dominé par les hautes montagnes où se succèdent la roche, la glace, les neiges éternelles et les chalets de bois que le soleil a brunis. Félix et Doudouche prennent le temps de visiter et de s'informer des revendications des gens de la chaîne du Jura qui, entre le Rhin et le Rhône, déploie ses montagnes couvertes de forêts et de pâturages et coupées de vallées et de cluses. Bien entendu, le couple visite les principales villes de ce riche pays industriel et touristique : Zurich, Bâle, Genève, Berne et Lausanne.

Les Leclerc séjournent un certain temps à Vevey, la petite ville suisse où habite Charlie Chaplin depuis qu'il a dû fuir les États-Unis, en pleine crise de maccarthysme, avec sa femme et ses sept enfants. Ses mariages et divorces successifs n'étaient pas non plus sans choquer les puritains. Il s'établit donc définitivement à Vevey en 1953 et n'effectue qu'un bref séjour aux États-Unis en 1972. Durant sa vie, tout comme Félix, il dénonce l'injustice sociale, l'hypocrisie et la violence du monde moderne. Il meurt en 1977.

Félix, qui adorait l'homme au chapeau melon et à la petite moustache, avait vu tous ses films dont *Le Dictateur, L'Émigrant, Le Cirque, Les Feux de la rampe, Un roi à New York, La Comtesse de Hong Kong.* À Vevey, Félix et Doudouche ont l'occasion de lui parler à quelques reprises ainsi qu'à sa femme, Oona O'Neill, la fille de l'écrivain américain Eugene O'Neill.

Toujours en Suisse, Félix est très déconcerté par le public de Gstaad, station d'été et de sports d'hiver de renommée internationale dans le canton de Berne. Tout au long du spectacle, l'assistance «applaudit avec les paupières»; c'est seulement à la fin que les gens démontrent leur enthousiasme et s'exténuent à crier *bis.* Peu au fait des us et coutumes de la région, Félix hésite à poursuivre son récital devant le silence qui règne dans la salle! Mais toute inquiétude s'efface devant les réactions enthousiastes qui suivent la représentation, dont celle d'une spectatrice qui lui confie discrètement : «Vous avez dû entendre mon cœur vous applaudir secrètement.»

▼

«Vers la fin de l'été, nous revenons émerveillés de la Suisse, rapporte Doudouche, le temps de revoir les amis avant de nous envoler pour un séjour à Vaudreuil. Le cinéaste Michel Brault (*Les Ordres, René Lévesque, un vrai chef*) nous attendait à Paris avec son collègue Claude Jutra (*Anna la bonne,* avec Truffaut, *Mon oncle Antoine, Kamouraska,* d'après le roman d'Anne Hébert, et *Bonheur d'occasion,* de Gabrielle Roy). Le réalisateur Jutra, ami de Félix, venait d'obtenir une bourse pour aller travailler en Afrique avec le réputé Jean Rouch, ethnologue, explorateur et réalisateur français de cinéma. Celui-ci a convaincu la République du Niger et l'ONF de produire un film de Jutra sur ce pays en 1961.

« Nous mangions souvent en compagnie du réalisateur François Truffaut, précise Doudouche. Un soir, en 1959, après un spectacle de Félix aux Trois Baudets, il nous invite chez lui, en banlieue de Paris, pour visionner en primeur son film *Les Quatre Cents Coups*. Quand il est venu à Montréal à l'occasion de la sortie de *La Peau douce* à l'Élysée, la mère de Claude Jutra a offert une réception grandiose à tout ce beau monde. » Félix a été bouleversé par la mort de ce dernier, qui avait aussi réalisé *Félix Leclerc troubadour*. Victime de la maladie d'Alzheimer, il disparaît à l'automne de 1985 ; son corps fut retrouvé dans les eaux du Saint-Laurent un an plus tard.

En 1953 à Paris, Félix est ravi de participer en tant qu'invité d'honneur avec Juliette Gréco à un film de Maurice Labro et Giorgio Simonelli, *La Route du bonheur*. C'est un petit film sans prétention, mais Leclerc a le plaisir de s'y retrouver aux côtés du comédien Lucien Barroux, et des chanteurs Georges Ulmer, Lucienne Delyle, les Compagnons de la chanson, Georges Guétary, André Dassary, Luis Mariano, André Claveau, Line Renaud.

Que de soirées de gala à travers l'Europe ! Partout où il passe, Leclerc jouit d'un traitement de faveur. Son succès déborde même l'Europe : à Carthage, ville ancienne d'Afrique du Nord, située sur le golfe de Tunis, les plus hauts dignitaires sont à l'aéroport dans leurs costumes d'apparat. On met à la disposition du troubadour un chauffeur aux gants blancs portant la livrée et conduisant une limousine royale.

▼

Les Italiens aussi lui font la fête ! À Rome, Félix chante dix soirs d'affilée à l'un des plus célèbres établissements du monde, l'Open Gate Club, établissement sélect, riche, que fréquente la noblesse italienne. Le tour de chant bien personnel de Leclerc, le charme nouveau et étrange de ses chansons, sa personnalité remarquable agissent sur les Romains de la même façon que sur les Parisiens. On invite aussi les Leclerc au spectacle : « Ni ma femme, ni moi, écrit Félix, ne comprenions un traître mot d'italien ; cependant, on doit vous avouer que le soir même, à l'Eliseo Teatro, on assista au spectacle du Molière italien qui s'appelle Goldoni, et on a tout compris tellement le geste, le jeu, la mimique, la danse, les pas sont naturels et étonnants de vérité. »

Farouk, l'ex-roi d'Égypte, qui assiste à un spectacle de Félix, est conquis par le talent, la chaleur humaine et l'originalité de l'artiste. Il invite Félix et Doudouche à une réception royale, où l'on retrouve Martine Carol, Juliette Gréco, Anna Magnani et la princesse Borghèse, de la noble famille dont est issu le pape Paul V.

Couronné en 1936, le roi Farouk doit abdiquer en 1952, et vivre en exil jusqu'à sa mort. Félix a suivi l'histoire de ce roi pris à partie par l'Angleterre et auquel il a l'occasion de parler en badinant de sa chanson *Le Roi heureux*.

> Un carrosse embourbé,
> Les att'lages cassés,
> Essayait de monter le fossé ;
> Les chevaux ne voulaient plus tirer,
> Se lamentaient les pauvres cochers...
> Le roi qu'était dedans
> Se dit intérieurement :
> « C'est tant mieux, j'suis content, car maintenant
> Qui pourra m'empêcher de marcher ?
> Y a si longtemps que j'veux voir les champs ! »
> En sautant la clôture,
> Il tomba dans les mûres
> Et salit son pourpoint de satin ;
> Un vilain chien sans nom
> Lui mordit le talon
> La nature, gênée, refusa de chanter...

Cette rencontre avec Farouk marque Félix à un point tel qu'il en reparle volontiers ; il peut causer de ce souverain déchu en long et en large. Comme l'a écrit Félix, le roi Farouk est simple, affable, gentil et... rond. « Dans les plus petites choses de la vie comme dans les grandes, dit le monarque, il faut toujours être rond, jamais carré. Ce qui ne signifie pas que l'énergie tourne en rond. Non ! non ! Mais elle offre moins de prise à la résistance puisqu'elle n'a pas d'angles. »

Le 28 octobre 1954, Jean Drapeau est élu maire de Montréal. Un balayage total. Sarto Fournier, le candidat de Duplessis, et un ex-maire, Adhémar Raynault, sont battus à plate couture.

Peu de temps après l'élection municipale, Roger Maillet, colonel honoraire des Fusiliers Mont-Royal, héros de la Grande Guerre, copropriétaire des hebdomadaires *Le Petit Journal* et *Photo-Journal* et père de l'écrivaine Andrée Maillet, décide de célébrer le triomphe du premier magistrat de la métropole et organise une réception monstre chez lui, à L'Île-Perrot.

À titre de propriétaire du journal régional, *La Presqu'île*, je compte parmi les invités. Je suis plutôt impressionné vu mon jeune âge, je l'avoue, de me retrouver à festoyer avec des personnalités du monde politique et littéraire, notamment Pierre Des Marais, Roger Sigouin, Jean-Marc Léger, Jean-Jacques Mercier, Lucien Saulnier, Fernand Denis, Paul-Émile Robert, Lucien Thériault, Roland Provost, Fernande Létourneau, Fernand Robidoux, Roger Duhamel, alors rédacteur en chef de *La Patrie,* et Félix Leclerc dont la présence, il faut le dire, porte un peu ombrage au tout nouveau maire. Tout le monde est enchanté de retrouver le chanteur qui vient de connaître la gloire en France.

Dans un coin de la vaste salle de réception, l'érudit Roger Duhamel profite de la présence de Leclerc pour lui demander si la rumeur voulant qu'il ait chanté devant le roi Farouk est fondée...

— C'est bien vrai. Je chantais à Rome, en décembre 1952, au club de nuit Open Gate. Le souverain est venu nous entendre deux soirs d'affilée. Un bon souvenir !

La discussion s'engage sur le souverain répudié par son peuple et sur sa déchéance, non sans laisser entendre quelques grincements entre les interlocuteurs :

— Je crois bien, mon cher Félix, qu'il se mit alors à faire bombance toutes les nuits que le bon Dieu amenait.

— Y en a qui prennent la nuit pour le jour et vice versa. Ce n'est pas à moi de faire la morale. Vous m'avez déjà adressé ce reproche dans votre journal, soit dit sans malice...

— Mais, monsieur Leclerc, ce n'était pas très malin. Vous savez bien que les critiques ne sont pas pris au sérieux. C'est toujours les lecteurs, le vrai public, qui ont le dernier mot.

— Ah ! vous pensez cela ! Moi, je vous dis que ça fait mal en maudit.

— Croyez-moi, mon cher Félix, le public ne vous répudiera pas, vous. Vous avez gagné vos épaulettes.

— Je suis content de vous l'entendre dire, monsieur Duhamel.

Et, pour détendre l'atmosphère, Roger Duhamel rappelle une prédiction que Farouk aurait faite peu de temps après son abdication : « Un jour il n'y aura plus que cinq souverains dans le monde : les rois de pique, de cœur, de trèfle, de carreau et d'Angleterre. »

À plusieurs reprises, Roger Duhamel et Félix Leclerc se sont revus, autant à Paris qu'à Montréal. Et même s'ils ne sont pas nécessairement sur la même longueur d'onde, entre autres choses sur la véritable définition du patriotisme et du nationalisme, ils continueront d'entretenir le plus grand respect mutuel.

Comme ce fut le cas pour Félix Leclerc, Duhamel, journaliste, critique, écrivain, remporta le prix Ludger-Duvernay. Président de la Société Saint-Jean-Baptiste de Montréal, président de la Société des écrivains canadiens, membre de l'Académie canadienne-française et de la Société royale du Canada, il fut directeur des plus importants journaux du Québec. Par la suite, on le nomma Imprimeur de la Reine, et ambassadeur du Canada au Portugal. Il a écrit, notamment, *Le Roman de Bonaparte, Histoires galantes des reines de France, Le Canada vu par un Américain.*

▼

Durant le séjour des Leclerc en Italie, l'ambassadeur du Canada, Pierre Dupuy, leur offre de faire les démarches nécessaires pour obtenir une rencontre avec le pape Pie XII.

Doudouche se rappelle l'audience « semi-privée » avec le souverain pontife.

— Vous êtes Canadien ?

— Eh oui ! Saint-Père. Je vous présente ma femme, Andrée Leclerc.

— Madame Leclerc. Et vous, monsieur...

— Félix ! On m'a baptisé ainsi.

— Que faites-vous dans la vie ?

— Je fais des histoires, parfois je les écris, parfois je les chante. Je suis à Paris depuis plus d'un an. Présentement, je suis en tournée dans votre ville.

— Vous êtes artiste ? J'aime beaucoup les artistes. Mais que ceci ne vous fasse pas oublier la famille et les êtres qui vous sont chers...

Ce fut court, mais non sans effet : «Puis il est parti comme il est venu, écrit Félix. C'était fini. Nous pleurions tous comme des enfants. Plus d'envie de rire, mais un grand désir de s'agenouiller et de ne pas bouger pour au moins une heure. Ce que nous fîmes dans une chapelle en bas... Nous étions tous muets d'admiration et de joie profonde.»

En quittant le Vatican, Félix détacha la chaînette qu'il portait au cou et y glissa la médaille du pape près de celle de saint Christophe, que son frère Grégoire lui avait donnée avant son départ à Dorval.

Parmi ses frères, selon Jean-Claude Le Pennec, le jeune Félix avait une préférence pour le second, Greg. Effrayés par l'aîné qui désirait devenir un homme le plus rapidement possible, les deux enfants se réfugiaient auprès de leur sœur Marthe et lui demandaient de faire de la musique «pour attacher sur place celui qui avait tant hâte d'être vieux».

Grégoire était rêveur. Il racontait à Félix des fables mettant en scène Piccolo et la flûte. «Pendus au mur, ils se font la cour, disait-il. Lui, c'est un berger ; elle, une chanson insaisissable comme une abeille. La clarinette... c'est la coquette du village. Le xylophone nerveux et maigre, avec ses côtes à jour... c'est le pauvre.»

(Archives Radio-Canada)

CHAPITRE 16

Naissance de la chanson québécoise

Dans les années 40 à 50, les jeunes de Vaudreuil allaient danser et boire une p'tite bière ou un Coke à l'Auberge Belle-Plage. Bien des artistes s'y donnaient rendez-vous, à commencer par les Compagnons de Saint-Laurent, Félix en tête. Je me souviens d'un soir où le beau Jean Coutu demanda à ma jolie partenaire de lui accorder la faveur d'une danse : je ne l'ai jamais revue...

Pour quelques sous dans le juke-box, nous avions droit à la musique de Guy Lombardo, Glenn Miller, Tommy Dorsey ou Harry James. On ne se lassait pas d'entendre les chanteurs américains à la mode : Bing Crosby, Perry Como, les Andrews Sisters, Dick Haymes, Vaughn Monroe et plus tard Frank Sinatra.

Les gens du bel âge se rappellent sûrement leurs premiers slows sur l'air de *Stardust* ou de *To Each His Own*. Après la guerre, nous pouvions capter quelques chansons françaises dans les boîtes à musique des restaurants du coin, des tavernes ou des salles de danse. Les chanteurs français traversent l'Atlantique : on accueille avec empressement Maurice Chevalier (*Ma pomme*), Tino Rossi (*Marinella*), Édith Piaf (*La Vie en rose*), Charles Trenet (*Mes jeunes années*).

Durant les années 1945-1950, les Canadiens français prennent le devant de la scène et leur place dans ces fameux juke-box à cinq sous : Robert L'Herbier (*Heureux comme un roi*), Fernand Robidoux (*Je croyais*), Willie Lamothe (*Je chante à cheval*), Lucille Dumont (*Babalou*), Alys Robi (*Tampico*), Jacques Normand (*Il chantait tout le temps*), Jacques Labrecque (*Les Raftmen*), Monique Leyrac (*La Fille à Domingo*), Muriel Millard (*La Samba du tramway*). Après cela, Félix Leclerc ouvre le bal avec son premier disque simple, qui comprend *Notre sentier* et *Le P'tit Bonheur*. D'autres s'ajoutent à la liste des élus : Jen Roger (*Toi ma richesse*), Roger Miron (*À qui l'p'tit cœur après neuf heures ?*), André Lejeune (*Prétends que tu es heureux*), Michèle Richard (*Pour aller danser*), Michel Louvain (*Lison*), Norman Knight (*Un peu d'amour*).

On dit que la chanson est un art qui va chercher racine au plus profond d'un pays. L'imprésario Guy Latraverse affirme qu'elle est le passeport du Québec pour ouvrir les portes et se faire connaître de par le monde. Et il a bien raison de signaler le rôle joué par Pascal Normand, qui a souligné le travail de nos pionniers de la chanson dans un livre sur la chanson et son chef de file, Félix Leclerc. Pour assurer la survivance et le renforcement de l'esprit et de la culture de chez nous, l'œuvre de l'abbé Charles-Émile Gadbois est encore présente dans nos familles qui s'arrachent les albums de *La Bonne Chanson*. Durant les années de guerre, rares sont ceux qui n'ont pas fredonné les refrains du soldat Lebrun, *Ton petit kaki* (*Je suis loin de toi mignonne*) ou encore *La Prière d'une maman*.

Dans le livre de Louis Barjon, *La Chanson d'aujourd'hui*, publié en France en 1959, on proclame les dix plus belles chansons d'amour. Voici dans l'ordre le choix du public :

TITRES	PAROLES	INTERPRÈTES
Les Amants de Venise	J. Plante	É. Piaf
Clopin-clopant	P. Dudan	P. Dudan
Comme un p'tit coquelicot	R. Asso	Mouloudji
Les enfants qui s'aiment	J. Prévert	G. Montero
L'Étang chimérique	L. Ferré	L. Ferré
Les Feuilles mortes	J. Prévert	Y. Montand
Le P'tit Bonheur	F. Leclerc	F. Leclerc
Le P'tit Cordonnier	F. Lemarque	Y. Giraud
Sur ma vie	C. Aznavour	Compagnons de la chanson
Un jour tu verras	Mouloudji	Mouloudji

Félix occupe le premier rang dans le classement des chansons dites «idéal spirituel» avec *Comme Abraham*, devant *Monsieur saint Pierre*, de Piaf, *La Prière*, de Brassens, *Sur la place*, de Brel, et *Les Trois Cloches*, des Compagnons de la chanson. Quel honneur !

▼

La fin des années 50 marque le début du groupe Les Bozos, nom choisi en l'honneur de la chanson *Bozo* de Félix Leclerc. Ces artistes prometteurs (Clémence Des Rochers, Raymond Lévesque, Jean-Pierre Ferland, Jacques Blanchet, Hervé Brousseau, André Gagnon et Claude Léveillée), qui feront par la suite des carrières individuelles, se produisent principalement au Théâtre Anjou, de la rue Crescent, où Félix ira les encourager à quelques reprises.

Il est fasciné par la faconde de Jean-Pierre Ferland. Quand celui-ci remporte le premier prix du Gala international de la chanson à Bruxelles, en 1962, Félix s'empresse de lui envoyer une lettre de félicitations. Jean-Pierre avait écrit les paroles de la chanson gagnante *Feuille de gui*, et la musique avait été composée par Pierre Brabant, qui fut l'un des premiers pianistes à travailler avec Leclerc.

Claude Léveillée, un autre des Bozos, fut remarqué par Édith Piaf à l'Anjou. Elle lui dira dans les coulisses : «Venez me rejoindre à Paris le plus vite possible. Je vous attends.» Léveillée croit rêver, mais c'est ce qu'il fait en 1960. Il s'installe donc dans la maison de la Piaf à Condé-sur-Vesgre et dans son appartement parisien. Il a vingt-huit ans. Léveillée écrit, entre autres chansons, pour Piaf : *Boulevard du crime*, *Ouragan*, la comédie-ballet *La Voix* et *Les Vieux Pianos*. Il effectuera avec la Môme une tournée en France.

Mais Claude s'ennuie des petites boîtes à chansons du Québec. En 1961, il enregistre chez Columbia son premier microsillon. En 1973, Léveillée effectue une longue tournée en Union soviétique, et chante également en Belgique, en Suisse, en Asie centrale et en Suède. Il suit les traces du grand Félix, avec qui il partagera l'affiche au Théâtre de l'Île, en 1976, pour une série de spectacles conçus à deux, *Le Temps d'une saison*. Plus tard, Léveillée et Leclerc produiront un microsillon de cet événement, avec l'aide de Pierre Jobin et de Polygram.

Il devient le premier artiste populaire québécois à se produire en vedette à la Place des Arts de Montréal en 1964. Une carrière qui monte en flèche. Nouveau triomphe à l'Olympia de Paris l'année suivante. Et ça continue. En 1993, il triomphe

aux Francofolies de Montréal. En 1994, un hommage d'enver-
gure est rendu à Félix, lors de l'ouverture de cette fête annuelle,
le 8 août.

Tout comme celui de Félix, le nom de Léveillée est encore
présent en France. Dans le *Dictionnaire de la chanson française*,
de Pascal Sevran, publié en 1988, ce dernier écrit au sujet de
Léveillée : «Découvert par Édith Piaf pour qui il compose *Les
Vieux Pianos*, il conquiert le public français en 1962 avec
Frédéric, chanson nostalgique autour de la table de famille où
chacun peut retrouver son couvert.»

Pascal Sevran consacre une place importante à d'autres
Québécois, qu'il relie tour à tour à Félix Leclerc. En parlant de
Charlebois, il écrit : «Vainqueur du Festival de Spa en 1968, le
succès de *Lindbergh* (en duo avec Louise Forestier) puis de
Ordinaire le classe en tête des chanteurs de langue française.
Rompant avec la tradition de Leclerc et de Vigneault, il n'hésite
pas à emprunter à l'Amérique toute proche sa musique et son
vocabulaire.»

De Raymond Lévesque, Sevran dira : «Auteur-compositeur
engagé, il chante à Paris de 1954 à 1960. Il écrit pour Eddie
Constantine, Jean Sablon et Pauline Julien, s'inscrivant déjà
contre la culture anglo-saxonne. Il n'atteindra pas la notoriété de
son ami Félix Leclerc.» Quant à Gilles Vigneault, voici ce que
l'on écrit : «Il débarque en France en 1963. Il chante à Bobino et
s'impose partout en Europe comme le petit cousin du grand Félix
Leclerc. Son inspiration souvent proche du folklore ne reste pas
pour autant dans ses limites. *Tam ti delam*, *Jack Monnoloy*, *Mon
pays* sont des œuvres fortes du poète.»

Dans le *Dictionnaire* de Pascal Sevran, on retrouve aussi les
noms de Diane Dufresne, Céline Dion, Guylaine Guy, Ginette
Reno, Diane Tell, Fabienne Thibeault, Pauline Julien et Jean-
Pierre Ferland, qui a partagé la vedette au *Temps des retrouvailles*,
à Montréal en 1976, avec Léveillée, Vigneault, Deschamps et
Leclerc, qui fut la locomotive de tout ce cortège de chansonniers.

Félix n'est pas chiche de compliments et sait reconnaître le
talent des autres. En 1962, Pierre Dulude arrive à Vaudreuil
avec une bande sonore de chansons de Claude Gauthier. Après
les avoir écoutées, Félix signera cette dédicace : «100 garçons

s'en vont sur la route en chantant; 50 s'en retournent parce qu'ils chantent faux; 49 rentrent chez eux parce que le chant ne rapporte pas. Un seul continue. Un poète. Claude Gauthier. »

L'année suivante, à l'invitation de Félix, le jeune chansonnier se rend chez le maître avec Gilbert Létourneau pour lui faire entendre de vive voix ses dernières compositions. Félix en fait autant. Puis, il essaie la guitare de Claude qui provient du luthier Anton Wilfer. Une touche extraordinaire. À la blague, Gauthier suggère un échange. Félix accepte. Il lui lègue sa Mario Macaférie, une guitare artisanale fabriquée à Paris en 1949, identique à celle de son ami Django Reinhardt.

Claude Gauthier, qui composa *Il était une fois Félix*, après la mort du grand poète, ne se sert de cet instrument précieux qu'en de très rares occasions. Elle est bien accrochée, à la place d'honneur, dans son salon.

Peut-on écrire des pages et des pages sur Félix sans mettre en relief ceux qui façonnent la chanson à notre image? Qu'on le veuille ou pas, cette forme d'art est constamment présente à toute heure de notre quotidien. Par le biais de la radio ou de la télévision, les chanteurs et les musiciens tiennent le haut du pavé.

Lors de sa quatrième remise de prix, la Société canadienne des auteurs, compositeurs et éditeurs de musique (SOCAN), qui compte 45 000 membres au Canada et 14 000 au Québec, a rendu publics, pour la première fois, les plus grands succès de la chanson des années 50 et 60. Félix Leclerc, on ne s'en surprendra pas, domine ce palmarès des Classiques avec *Bozo*, *L'Hymne au printemps*, *Le P'tit Bonheur* et *Le Train du Nord*. Claude Léveillée y retrouve quant à lui deux de ses compositions : *Frédéric* et *Pour les amants*.

C'est le compositeur, interprète et chanteur Michel Rivard, autrefois du groupe Beau Dommage, qui affirme que les jeunes ressentent le besoin, la nécessité de se ressourcer et de reprendre le dialogue avec les chansons et le théâtre de Félix Leclerc. L'auteur de *La Complainte du phoque en Alaska*, que Félix Leclerc enregistre en 1975, soutient que le fond reprend le dessus sur la forme. Pour Rivard, une chanson aussi belle que *Bozo* ne peut pas être oubliée et mise au rancart par les stations radiophoniques.

Bozo refait surface petit à petit, sans faire de vagues, pour occuper la place qui lui revient et peut-être pour longtemps. Les jeunes la capteront et ne la laisseront pas s'engloutir dans la marée montante des chansons éphémères des Top 50 ou Top 100. Chante-le-nous, Félix, ton éternel Bozo ! Et toi, Michel, pourquoi n'en ferais-tu pas autant ?...

> Dans un marais
> De joncs mauvais
> Y avait
> Un vieux château
> Aux longs rideaux
> Dans l'eau
> Dans le château
> Y avait Bozo
> Le fils du matelot
> Maître céans
> De ce palais branlant...

Dans *Cent Ans de chanson française*, édité par le Seuil en France, en 1981, on peut lire : «Avec *Le P'tit Bonheur*, en 1950, Félix s'assure auprès du public français une double renommée : celle de poète et celle d'homme simple, rude, proche de la nature. Les années qui vont suivre seront celles du voyage... Leclerc fait le va-et-vient entre Vaudreuil et la France et ceux qui suivent, du coin de l'œil, ses pérégrinations ont comme l'impression qu'il va recharger, dans ce pays sauvage et mythique, ses batteries...»

▼

Quand la France chante un succès, il est rare que le monde entier ne reprenne pas le refrain, dans quelque langue que ce soit. André Halimi souligne dans *On connaît la chanson* (1959) que le peu d'appui financier dont ont bénéficié *Le P'tit Bonheur*, de Félix, *L'Auvergnat*, de Brassens, ou *L'Eau vive*, de Béart, n'a pas empêché ces chansons de rejoindre un large public et de connaître d'importantes ventes de disques. Y a des chansons qui marchent toutes seules ! Seulement trois noms de Québécois figurent dans ce livre, Aglaé, Guylaine Guy et Félix Leclerc – «Poète, romancier, auteur dramatique, interprète, né à La Tuque, en 1914. Multiforme, sain, ses chansons, toujours de bon goût, ont enthousiasmé le public ». Il est aussi brièvement question de Paul Anka : « Homme d'affaires canadien doué pour la chanson. Il a écrit quelques succès mondiaux comme *Diana, Crazy Love* et *You are my Destiny.* »

En parlant d'André Halimi, Georges Brassens écrit qu'il lui semble un des rares critiques, avec le regretté Boris Vian, qui sache de quoi il parle quand il traite de la chansonnette ; il la prend au sérieux. Selon Brassens, l'État ne connaît rien à la chanson ni au reste...

Voilà un jugement sévère qu'appuient bien des chanteurs toutefois. Boris Vian n'était connu de son vivant que par un petit cercle. La mort en fait une sorte de mythe, une réelle légende. Lors de ses débuts à l'ABC, Félix partage la même loge que Boris, puis le rencontre à plusieurs reprises à Saint-Germain-des-Prés, où il vit, chante, joue du jazz et écrit des textes où s'entre-mêlent humour noir et tendresse. Cardiaque, il meurt subitement à trente-neuf ans, en 1959, durant la projection d'un film tiré d'un de ses romans.

▼

Félix, heureusement, n'a pas eu à attendre la mort pour être reconnu ; de pionnier, il est passé à la légende... de son vivant.

Dans *Le Guide de la chanson française* (1989), Gilbert Salachus et Béatrice Bottet dressent un portrait qui explique peut-être l'impact que Félix a eu sur le monde de la chanson.

« C'est le premier par ordre d'apparition dans l'univers de la chanson et le meilleur d'entre tous. Il a débarqué un jour à Paris avec sa guitare. Sans le savoir, il en a relancé la mode, ouvrant la voie à Béart, Brassens, Brel, pour ne parler que des ACI (auteur compositeur interprète) de sa génération dont le nom commence par un B. Au début, on s'est un peu moqué de ce jeune rural rugueux, à la voix de rocaille, venu du froid avec ses sabots, ses bons sentiments, ses manières de bûcheron...

« Passéiste ? Réactionnaire ? Conservateur ? Oui, si l'on ôte à ces termes la connotation politique et négative qu'ils ont acquises. Le vrai mot est fidèle, Félix Leclerc est fidèle aux traditions folkloriques, sentimentales, familiales qui ont fait de lui l'homme qu'il est devenu. Il chante cette fidélité avec une ferveur brûlante et sur de très jolies mélodies qui évoquent les rigueurs et les richesses du pays célébré. Et puis il chante bien ; timbre chaud, grave, lourd... »

Quant à l'œuvre musicale même de Félix, Pierre Delanoé, auteur de *L'Amour en héritage* et de *Je chante avec toi liberté*, mentionne dans une autobiographie publiée en 1987 chez Michel Lafon, qu'il inscrit au nombre des chansons françaises qu'il a le plus aimées : *Moi, mes souliers* de Félix. Il la classe au même rang que *La Bohème*, d'Aznavour, *Les Copains d'abord*, de Brassens, *Avec le temps*, de Ferré, *D'aventure en aventure*, de Lama.

(Photo John Taylor)

CHAPITRE 17

Félix et sa passion pour le théâtre

Chaque fois que Félix laisse reposer sa guitare dans le grenier et ses valises dans la remise de l'Anse de Vaudreuil, et qu'il perd le goût de reprendre la mer ou l'avion pour Paris, il pense à monter des revues théâtrales dans sa grange. Un grand rêve perpétuel en ébauche. «On l'appellera les Champs-Enlisés, théâtre des Deux-Montagnes, dit Félix. Pas une grosse machine pour l'épate... non, une scène dans cette grange avec de belles grosses poutres. Peu de changement à faire. Les comédiens auraient leurs loges à la place des vaches. La scène serait à la tasserie et puis, dans la petite pièce, une sorte de laiterie en avant, les vieux du village pourraient jaser en fumant leur pipe et je pourrais monter des expositions d'artisanat ou de peinture pour toute la famille.»

Oui, Félix en a rêvé de ce théâtre de village ! En 1958, au moment où paraît *Le Fou de l'île* à Paris, il souhaite que sa grange devienne le rendez-vous des comédiens, des chanteurs, des associations culturelles, des amis de passage. «On pourrait y donner des tours de chant, toutes sortes de spectacles. Charles Trenet m'a même promis d'y venir chanter gratuitement ! Et puis avec les entractes en plein air et le cadre campagnard, le climat serait propice à la création. Les pièces qui marcheraient bien l'été pourraient être présentées à la ville l'hiver suivant.»

Mais le rêve ne se concrétise pas. Félix refait ses valises et, guitare en bandoulière, s'en va avec Doudouche et Martin à New York d'où ils naviguent vers la France, le 12 janvier 1959, l'année où l'on remet à l'affiche *Sonnez les matines* au Gesù. Le mois suivant, la pièce est jouée en première au Théâtre Capitole, de Québec, dans une mise en scène d'Yvette Brind'Amour. La critique est encore une fois éreintante. On accuse Leclerc d'être trop moralisateur et de faire fi des règles fondamentales de l'écriture.

▼

Beaucoup plus tôt, en 1950, Guy Godin présente son premier spectacle professionnel. Il interprète ses chansons et poèmes, ainsi que les chansons et poèmes de Félix Leclerc, au pensionnat des sœurs de Sainte-Anne de Vaudreuil. Ensuite, le jeune premier joue au Centre des loisirs de Vaudreuil *Le Bal triste*, la première pièce de Marcel Dubé. Puis Dubé obtient le Prix de la meilleure pièce canadienne au Festival d'art dramatique, tenu à Vancouver, avec *De l'autre côté du mur*, une esquisse de *Zone*, créée par La Jeune Scène l'année suivante et qui, cette fois, remporte tous les honneurs. Guy Godin est en lice pour le trophée du meilleur interprète.

Cette naissance de Marcel Dubé au théâtre, juste après celle de Félix Leclerc, coïncide avec l'arrivée de la télévision, pour laquelle Dubé ne cessera plus d'écrire. *De l'autre côté du mur* sera donc la première œuvre dramatique québécoise présentée par Radio-Canada en 1952.

Dubé suit les traces de Leclerc et marque son époque jusqu'à l'arrivée de Tremblay et son utilisation du joual au théâtre, tout comme Marcel Pagnol, en son temps et en ses lieux, a choisi d'exprimer une mentalité régionale. L'importance de *Tit-Coq*, de Gratien Gélinas, créé en 1948, en est un bel exemple. *Les Belles-Sœurs*, de Michel Tremblay, en 1968, traduisent bien la réalité d'un certain milieu urbain. Ces deux comédies de Gélinas et de Tremblay et celles de Leclerc constituent une première démarche dans l'avènement du théâtre populaire québécois. De telles œuvres sont extrêmement importantes pour un peuple qui, de plus en plus, éprouve le besoin de retrouver ses racines et de se prendre en main.

▼

Au début de l'année 1963, Félix est bien au chaud dans son antre vaudreuillois, il a terminé une autre pièce qui vient d'être présentée au Gesù.

Dans cette comédie, *L'Auberge des morts subites*, il est question de sens unique, d'au-delà et d'éternité. Quatre humains morts subitement arrivent à «l'auberge», entre ciel et terre, tenue par deux archanges et un ancien portier terrestre qui veulent les déshumaniser. Mais les humains avec l'aide de Satan tentent plutôt d'humaniser les anges et de les convaincre de descendre sur la terre. Finalement les esprits d'en haut, après bien des détours, jeux, bouffonneries et raisonnements, gagnent la partie.

Beaucoup s'étonnent d'une inspiration aussi franchement catholique, et Félix s'en explique : «Je ne me suis jamais posé la question. J'ai fait cette pièce comme quelqu'un qui veut sortir d'un trou, ou d'un puits, ou d'un étang boueux. Et ici, sur le dur, maintenant que bien au sec, je la vois en témoin, je me dis : c'est une pièce d'homme bloqué, emprisonné par son complexe religieux, son enfance et ses rêves, qui s'en rend compte et essaie d'en sortir, une mue nécessaire qui a le mérite de nous montrer tels que nous sommes sans perruque italienne, monocle anglais ou béret français. Ce n'est pas un chef-d'œuvre, mais une marche à l'escalier qui nous y conduit. Pour atteindre le haut, commençons par le bas.»

Encore une fois, il doit affronter la sévérité de la critique, encore plus dure à supporter cette fois pour Félix qui s'est beaucoup investi dans la préparation avec les comédiens jusqu'à se plier au jeu de la publicité pour cette pièce montée par Yves Massicotte, assisté de Claude St-Denis. «Ils sont venus chez moi tous les dimanches pendant des mois, dira Félix. Il faut que je les aide un peu parce qu'ils méritent tellement de réussir. Après sept ans d'absence, je reviens à l'écriture théâtrale avec un peu d'appréhension face à la critique.»

Yves Massicotte est un ancien des Compagnons de Saint-Laurent qui a réussi des mises en scène remarquées, dont celle de *L'Auberge des morts subites*, jouée devant 80 000 personnes. Il fera des merveilles avec une version plus actuelle du *P'tit Bonheur*.

Félix ne tarit pas d'éloges pour ce comédien avec qui il a travaillé au Québec et en Europe. «Ce gars-là a un souci du détail, affirme Félix. Il apporte un soin infini à l'éclairage, au costume, au décor, au moindre geste, il utilise tout. Il ne laisse rien au hasard, pas une pensée, pas une virgule. Il est cultivé, il dirige et se fait écouter. Un vrai cheval de course, ce Massicotte, prêt à se lancer devant le public, il piaffe, il s'impatiente... Un gars indispensable au théâtre. »

▼

Il en est une autre qui a fait un bon bout de chemin sur la route du théâtre et de la chanson avec Félix, qui se montre plus discret à son égard, plus mystérieux. Il s'agit de la chanteuse et auteure de théâtre Monique Miville-Deschênes, groupie de la première heure, qui n'a jamais caché ses sentiments vis-à-vis de Félix. Et cela ne date pas d'hier.

« J'étais couventine encore, confesse-t-elle, quand je tombai franchement amoureuse de Félix Leclerc. À cette époque, quand je savais qu'il devait donner une entrevue ou qu'une émission radiophonique lui était consacrée, je demandais aux religieuses d'arrêter les cours pour que les élèves puissent écouter. Si on ne cédait pas à ma demande, je quittais la classe et j'allais écouter seule. Félix était mon idole, ma raison de vivre. Un maître. Ses chansons me nourrissaient. À dix-huit ans, j'étais sûre que je ferais du showbiz avec lui... »

Cette admiration sans bornes pour Félix n'a jamais fléchi depuis que le chansonnier l'a prise sous son aile en 1960. Elle assure la première partie de son spectacle au Théâtre National, à Montréal, et part en tournée avec lui. Elle joue dans *Le P'tit Bonheur* à maintes reprises au Québec et en France. Elle enregistre aussi avec Félix *Demain si la mer*, *Présence*, *Le Roi chasseur*, *Je cherche un abri* et *La Corde à linge*, avec les voix de Geneviève Mauffette, Lucienne Vernay et le chœur V'là l'bon vent, dirigé par François Provencher.

Monique Miville-Deschênes forme cette année-là avec Yves Massicotte et Louis de Santis la compagnie théâtrale Les Gesteux pour laquelle elle écrit plusieurs pièces qui sont présentées en tournée sous les auspices des Jeunesses musicales du Canada. En 1979, Monique se produit dans *Les crapauds chantent la liberté*, spectacle composé de deux pièces de Félix Leclerc et d'un tour de chant qu'elle donne elle-même en s'accompagnant à la guitare, comme son maître Félix.

Après une absence prolongée de la scène montréalaise, elle est à l'affiche de L'Imprévu en 1980 et se consacre ensuite surtout au théâtre. Plusieurs de ses pièces sont montées au théâtre d'été La Roche à Veillon à Saint-Jean-Port-Joli, là où elle est née et où elle vit avec son fils Damien, âgé de seize ans. Son conjoint Massicotte, lui, préfère habiter la région de Montréal. Après deux années de travail, le grand projet d'Yves Massicotte voit le jour. *Sors-moi donc Albert*, un hommage à Félix Leclerc en comédies et en chansons, est présenté en 1994 à la salle Gérard-Ouellette, à Saint-Jean-Port-Joli; Monique Miville-Deschênes en assume avec brio la partie musicale. Cette artiste authentiquement québécoise est probablement celle qui a le plus connu et aimé Félix, puisqu'elle a été dans son sillage une bonne partie de sa vie.

«Non, souligne Monique, mon admiration ne date pas d'hier. Ainsi, un soir à Paris, après une représentation du *P'tit Bonheur* aux Trois Baudets, nous étions quelques comédiens de la troupe du Théâtre-Québec avec Félix, à prendre un verre ensemble tard dans la nuit. Louis Nucéra, journaliste-écrivain, originaire de Nice, s'était joint à nous ce soir-là. Il préparait un papier sur Félix. Quand Nucéra lui demanda : "Qu'est-ce que la jeunesse canadienne pense de vous?", Félix me jeta un coup d'œil complice et lui dit : "La jeunesse, elle est là, demandez-le à elle..." Nous sommes en 1965. Je griffonnai ces mots : "Félix Leclerc, c'est les battements du cœur d'un pays qui s'appelle le Canada. C'est une source qui coule à flanc de montagne et fait lever sur son passage des milliers de pousses..."»

Quand Félix Leclerc nous quittera pour le grand voyage, en 1988, elle confiera publiquement son état d'âme par ces mots qui en disent long sur les liens profonds qui l'unissaient à son idole Félix. «La vie nous a mis, durant un temps, côte à côte dans le travail; elle a ensuite écarté nos chemins, laissant quelques déchirures le long du mien. Mais les chemins guérissent et la vie, comme un bon chien, sait parfois lécher les entailles qu'elle inflige.

«Après cela, ajoute-t-elle, ce fut le silence. Puis le départ. Je n'ai pu regarder tous ces portraits brossés, où chacun y est allé de son cœur, de sa couleur, de son amitié, de sa flèche... Maintenant que sont retombés les grands éloges : les officiels, les intimes, les choisis, après la peine extraordinaire des Québécois pleurant, collectivement, la mort d'un poète, après, maintenant, il me reste une chose vraiment importante de Félix, une belle et grande loi qu'il m'a invitée à suivre surtout quand les vents sont contraires. Il disait : "Chante pour toi d'abord. Ce soir, monsieur n'aime pas, madame adore ? Demain, ce sera le contraire. Chante pour toi d'abord." Félix, j'ai le goût ce matin de me lever tôt, de mettre mon capot et d'aller dehors... »

Non, ce n'est pas d'hier que la jeune fille de l'Anse aux Sauvages avoue son penchant pour le bel homme de l'Anse de Vaudreuil, penchant qu'elle a traduit dans sa *Chanson de fille à un géant* :

> Mon cœur un cœur d'enfant
> Le tien qui a vu le monde
> J'ai pleuré d'avoir vingt ans
> De n'être pas ta blonde...

▼

Régulièrement, au Québec, on remonte certaines pièces de Leclerc. À l'occasion des fêtes du 250e anniversaire de la paroisse de Saint-Joachim de Pointe-Claire, située entre Vaudreuil et Montréal, une troupe d'amateurs a tenu à présenter, en 1963, une pièce de Félix, *Sonnez les matines*, jouée par des comédiens de la région, entre autres Mariette Desrochers, Jean-Roch Leblanc, Marc et Françoise Legault, Claude Cousineau, Gérard Lalonde, Pierre-Paul Brunet, Bernard Allard, Marthe Saint-Denis. Ce fut une réussite que Félix s'est empressé de souligner au directeur de la troupe, Robert Lecavalier.

▼

Peu de temps après avoir repris *Le P'tit Bonheur* au Québec, en 1964, avec le Théâtre-Québec, troupe dirigée par le comédien Yves Massicotte et composée de Louis de Santis, Gilbert Chénier, Gaby Sylvain, Gilles Normand, Mirielle Lachance, Claude St-Denis et Monique Miville-Deschênes, dans la partie musicale, des négociations se poursuivent avec Jacques Canetti afin de présenter le spectacle à Paris. La première a donc lieu aux Trois Baudets, en décembre de la même année, avec toute la troupe québécoise, Félix compris, et aussi un jeune régisseur-photographecomédien né au Lac-Saint-Jean, Jean-Louis Frund, qui a réalisé pour Radio-Canada, en 1994, un excellent documentaire sur Félix, qui lui servit de témoin lors de son mariage en 1966.

Lors de la première, les trois critiques des journaux *France-Soir*, *Le Monde* et *Paris-Presse* sont loin d'être tendres à l'égard des comédiens à qui on reproche leur inexpérience et même leur accent. N'empêche qu'après quelques jours et des ajustements à la pièce, la critique change totalement son tir : «L'esprit français nous vient du Québec» ou encore «Les Canadiens français sont des pionniers jusque sur nos scènes», peut-on lire dans les grands médias. Voilà que l'on joue devant des salles pleines à craquer durant cinquante représentations.

Un article de *L'Aurore* donne une idée assez juste de la situation : «Mais dans la salle les réactions sont bien différentes. Le public ne boude pas son plaisir et même en redemande. Un public formé surtout de gens ordinaires. Comme ces mécaniciens d'un garage de Saint-Maur, qui, l'autre soir, sont revenus voir le spectacle une deuxième fois et ont remis une montre au poète... en guise de cadeau pour la Saint-Félix ! Ou ces putains d'un bordel voisin, accompagnées de leur patronne, qui, les yeux encore rougis d'émotion, ont timidement invité Félix et son groupe à trinquer avec elles après la représentation.»

Même si la carrière de chanteur et la qualité des chansons de Félix font toujours l'unanimité du public français qui le réclame partout avec insistance, même si ceux qui ont connu le chansonnier à ses débuts lui vouent encore le même culte, même si les jeunes qui le découvrent sur scène, avec ses cheveux grisonnants, se pâment d'admiration comme leurs aînés quatorze ans plus tôt, Félix est toujours blessé comme au premier jour par les égratignures que subit son œuvre théâtrale, ce théâtre auquel il tient tant.

Au Québec non plus, on n'est pas tendre pour la présentation du *P'tit Bonheur*. Ainsi, on s'offusque avec véhémence du fait que le ministère des Affaires culturelles du Québec ait versé quinze mille dollars à la troupe québécoise pour couvrir certains frais de nos artistes qui sont allés à Paris jouer *Le P'tit Bonheur*. On aurait voulu que l'imprésario Canetti assume totalement les risques de cette production.

Mais s'il est une critique qui fut difficile à avaler pour Félix et les comédiens, c'est celle de Jean Despréz. Cette femme volontaire, talentueuse, de son vrai nom Laurette Larocque-Auger, avait pourtant protesté énergiquement quand, à son tour, elle avait dû essuyer une attaque outrageusement sévère pour sa pièce *La Cathédrale*. Elle avait alors accusé les journalistes d'avoir démoli son œuvre, et estimait que jamais spectacle n'avait été critiqué d'aussi dramatique façon, et qu'aucun auteur théâtral n'avait été matraqué aussi durement. C'est pourtant cette même personne qui livra l'appréciation la plus acerbe et la plus haineuse sur le théâtre de Félix.

L'auteure à succès de *Jeunesse dorée* et d'*Yvan l'intrépide* écrivait dans *Métro Express*, le 11 janvier 1965, soit seize jours avant sa mort : «Félix Leclerc et son grand malheur... Le fait d'avoir repris ce *P'tit Bonheur* de dix-sept ans, déjà de facture primaire et désuète dans le temps, et d'avoir, en 1964, pu donner cent cinquante représentations à Montréal n'est pas un critère de qualité. Pas de qualité internationale en tout cas. À qui la faute si on se contente de peu, chez nous ? Sûrement pas aux critiques français, mais bien aux critiques canadiens qui n'ont osé se prononcer. Il y a comme ça, chez nous, des intouchables. Ils publieraient ou feraient jouer les pires âneries et s'en tireraient indemnes. Parce qu'on n'ose pas... ou bien parce qu'on ne sait pas juger. »

Bien sûr, en prenant de l'âge, Félix pardonne volontiers à ses détracteurs. Philosophe, il sait tirer des leçons : «La déchirure dans le sol, c'est la condition pour que vienne la semence. Comme pour chaque enfant qui naît, il y a les douleurs de la mère. Pour chaque matin qui paraît, il y a la lutte avec la nuit. Je pense que pour chaque homme au monde, avant qu'il parvienne à son aurore, il lui faut passer par les ténèbres. »

*Que de petits bonheurs, que de grandes joies
sur la scène, dans la vie, partout. Ta grande
silhouette d'archange, ta force tranquille, ta voix
si ronde, si grave, tes chansons, tes livres pleins de
tendresse, de révoltes, de mélancolie, tes
indignations «avant la mode». Homme de grands
espaces. Tu nous as apporté un grand souffle de
liberté, d'espoir et d'amour. Je t'aime Félix mon
ami.*

Cora Vaucaire

CHAPITRE 18

«Mon père :
un géant bohémien»

L'image de la royauté et de l'homme fort a toujours eu beaucoup d'importance pour Félix. On n'a qu'à penser à ses chansons : *Le Roi heureux*, *Le Roi chasseur*, *Le Roi et le laboureur* et *Le roi viendra demain*. Dans ce dernier cas, le roi est la manifestation de l'amitié divine. Pour Félix, le roi est le symbole de la puissance, de la richesse, de la force et de l'autorité, celle de son père qu'il porte en très haute estime et avec qui les relations sont cordiales. Leurs conversations sont remplies d'humour et de traits d'esprit.

Félix a toujours eu une admiration sans bornes pour l'auteur de ses jours, tout comme son frère Grégoire qui aime bien rappeler le petit côté hors-la-loi de son père : «Il se plaisait à commercer en douce avec le whisky de contrebande. Il avait des contacts avec des gens experts en la fabrication... Mon père vérifiait le produit et s'assurait de la pureté et de l'authenticité du whisky blanc. Ensuite, il passait un contrat d'achat d'une couple de douzaines de gallons, sous scellés, avec la garantie d'une livraison de qualité identique qu'il se réservait le droit de contrôler.

«La commande, raconte Grégoire, s'amenait un bon quinze jours plus tard dans de beaux gallons de métal blanc bien empaquetés en caisses de six, que mon père dissimulait sous le foin dans la grange, du temps de La Tuque et de Rouyn-Noranda. Ensuite, selon les événements, on organisait une corvée pour l'embouteillage, une mise en flacons dans mes "petits flasques", comme je les appelais, de dix ou douze onces. Avec un gallon de whisky en esprit, autrement dit cent soixante onces, on préparait environ deux douzaines de petits flasques réduits 50-50 qu'on vendait 75¢ chacun, ce qui nous donnait bien du trouble pour si peu de profit. Félix, le rêveur, ne s'apercevait même pas de nos transactions et de notre petit manège.»

▼

Le 10 août 1962, Félix et son père frôlent la mort de près. Les journaux publient en manchette : « Félix Leclerc, victime de la route. L'accident est survenu sur la route 9, dans une triple collision, à l'intersection de la route 17. Félix et son père sont transportés à l'hôpital Sainte-Croix-de-Lotbinière. »

Martin, alors âgé de dix-sept ans, occupait avec son chien la banquette arrière. Il s'en tire avec un œil au beurre noir. C'est lui qui aide son père à reprendre conscience après qu'il eut été projeté tête première sur l'asphalte. Il réussit également à libérer son grand-père Léo immobilisé et ensanglanté au fin fond de la Volkswagen, qui est littéralement démolie. Fort heureusement, l'homme fort s'en sort indemne, de même que les autres passagers.

Félix souligne souvent la force physique de son père, que ce soit dans son œuvre ou dans la conversation. Du temps de Vaudreuil, il fréquente certains hommes forts du monde de la lutte, dont Larry Moquin, propriétaire de l'hôtel Canada à Sainte-Anne-de-Bellevue, et Frank Valois. Georges Decome, le reporter français, se souvient sans doute d'avoir passé un après-midi plutôt enjoué à la salle à manger de l'hôtel Canada où les Leclerc l'avaient amené rencontrer les deux lutteurs.

Lors du premier engagement de Félix à Paris, ils sont là, Moquin et Valois, ces solides lutteurs (ou catcheurs !) qui font aussi carrière en France, confortablement assis dans les premières rangées, juste à côté du père Émile Legault, qui est venu spéciale-ment de Rome.

Depuis sa jeunesse, Félix est passionné par la vie des hommes forts du Québec. Il peut en parler pendant des heures. En compagnie de son père, il avait assisté très jeune aux exploits du superman Victor Delamarre, né en 1888 au Lac-Saint-Jean et décédé à Québec à l'âge de soixante-six ans, après une vie remplie de revers et de trophées. Ce phénomène pouvait plier avec les doigts des pièces de monnaie ou des clous comme si de rien n'était. Il a déjà déplacé deux pierres, l'une de 6 000 kilos et l'autre de 7 500, qui nuisaient à la construction du sanctuaire de Lac-Bouchette, et les a roulées sur une distance de cinq mètres.

Félix racontait volontiers un exploit moins connu de Victor. Cela se passait au cirque : un lutteur turc, Ali Baba, invitait les spectateurs à tenter de coucher par terre un gros ours brun. Celui qui réussirait à le faire recevrait une somme de cent dollars. Delamarre saisit l'animal par la tête et le serra si fort que le lutteur effrayé s'écria : «Nom de Dieu! Lâchez-le, vous allez le tuer! Je vous donne un autre cent piastres.» Victor lâcha l'ours qui tomba, ventre par terre, raide mort. Ce fut la fin du spectacle. Navré, Félix plus tard écrira *La Mort de l'ours*.

Comme draveur, bûcheron ou leveur de poids, Victor était le roi, malgré sa petite taille. On avait dû falsifier son poids et sa grandeur pour qu'il soit admis dans le corps policier de Montréal. Pendant ces quelques années, il se familiarisa avec le sport des poids et haltères et ses techniques. Sur la scène du théâtre Arcade de la métropole, le 2 avril 1914, il souleva un haltère de 155 kilos devant plus de mille personnes. Peu après, il quitta la police pour apporter son aide à ses parents, sur la ferme de Lac-Bouchette.

Delamarre suscitait la controverse et l'envie des sportifs. Les hommes forts du temps, Horace Barré, Louis Apolon, Douglas Hepburn, Hector Décarie, Wilfrid Cabana, lui lançaient des défis. Victor n'avait d'admiration que pour son idole Louis Cyr, né à Saint-Cyprien-de-Napierville en 1863 et décédé à Saint-Jean-de-Matha en 1912. Noé Cyprien était le vrai nom de Louis Cyr, qui en avait changé alors qu'il faisait carrière aux États-Unis, parce que les Américains n'arrivaient pas à prononcer ni à écrire son nom.

Tout comme Louis Cyr, qu'on disait l'homme le plus fort du monde à l'époque, Delamarre entreprit des tournées de démonstration de force à travers le Canada et les États-Unis pour faire honneur, disait-il, à sa race, en se jurant de ne jamais laisser acheter sa défaite et de ne jamais changer son nom, pour quelque prix que ce soit. Devant l'hôtel de ville de Québec, il souleva sur son dos un groupe de trente policiers, d'un poids moyen de 100 kilos. Ce qui fait un total de 3 500 kilos, compte tenu du poids de l'estrade qui supportait les policiers. Le capitaine Émile Trudel parlera longtemps de cette prouesse remarquable.

Delamarre retourne à Alma, en 1948, pour refaire ses forces et vivre paisiblement. Mais il repart vite en tournée, à peine rétabli, pour fracasser d'autres records. Félix était aussi très connaissant sur l'activité de Jos Montferrand et d'Alexis le Trotteur. Il n'ignorait pas non plus qu'à Paris, rue Lepic, il y avait au gymnase Pons un certain Rigoulot, qu'on disait l'homme le plus fort du monde.

S'il admirait tant les hommes forts, Félix disait que c'était parce que «tout a commencé avec eux. Ce sont les vrais bâtisseurs de pays, les défricheurs, les premiers colons. Il fallait compter sur leurs bras.»

Quant à savoir si son admiration allait aussi aux femmes fortes : «Ah là! c'est différent. Je pense plutôt avoir un faible pour les femmes faibles. Tu te dois de poser la question à ma Doudouche... Ce ne sont surtout pas les femmes fortes qui rendent les hommes faibles, ce sont les hommes faibles qui rendent parfois les femmes trop fortes.»

Quelques mois plus tard, Félix écrivait une éloquente dédicace à sa femme, dans un tirage hors commerce de *Moi, mes souliers* sur chiffon d'Annonay numéroté de I à X. Sur la deuxième page on pouvait lire :

> Ma chère Doudouche, je signe mais au fond c'est toi qui devrais signer avec moi. Je te remercie à cause de ton effacement, de ta modestie et de ta compréhension. Une présence tapageuse aurait tué la lampe. Toi, tu la gardes propre et allumée.
>
> Félix (et Martin 10 ans), février 1955

▼

Le premier exemplaire de *Moi, mes souliers* fut pour le père de Félix et le troisième alla au préfacier Jean Giono, de l'académie Goncourt, né en 1895 à Manosque, dans les Alpes-de-Haute-Provence, et décédé en 1970. Tout comme Leclerc, Giono a souvent écrit sur ses parents : «J'ai hérité de ma mère ses yeux bleus, ses cheveux presque blonds, qui viennent de Picardie avec elle, et cette sensibilité angoissée, un peu faible, un peu gémissante, cette peau si fraîchement posée sur le cœur...»

L'influence que le père exerça sur l'écrivain Giono est considérable : «Nous avons passé, mon père et moi, de longues heures à nous réjouir silencieusement du spectacle des hirondelles. Nous montions à la colline, puis, assis sur les oliviers, nous avions le souffle de la vallée ouvert devant nous, et parfois les oiseaux venaient nous frôler...»

Leclerc et Giono avaient des affinités avec tout ce qui est beau et noble. Deux véritables forces de la nature, laquelle n'avait plus de secret pour eux. L'amitié, l'amour, la passion, le terroir restent toujours d'une extraordinaire puissance dans leur œuvre. Ils sont éblouis comme des peintres devant les couleurs vives de leurs semblables. Giono, ami de Gide, de Malraux, et de Miller, écrira :

> Dès la première ligne, je me suis dit : «Voilà un homme sympathique!» Il ne cherche pas à me faire croire qu'il est un monstre sacré.
>
> Il se montre tel qu'il est. Il ne se complique pas l'existence et il ne va pas compliquer la mienne. Il a le sens aigu de certaines choses. Il s'en sert pour s'exprimer.
>
> Ce qu'il ne sent pas, il le laisse exprimer par d'autres. Il ne cherche pas à copier chez ces autres l'expression de ce qu'il n'a pas senti. Il ne veut pas se faire prendre pour plus fort qu'il n'est. De là, des qualités personnelles qu'on chercherait vainement chez tels et tels qui se contorsionnent pour imiter les attitudes des rois du cirque.
>
> Ce qui fait que je ne me pose jamais la question : «Qui imite-t-il?» Je l'écoute comme une voix nouvelle. Ce qu'il dit est bien de lui. Il n'est pas un résidu de lectures. Quand il a des bonheurs d'expressions, ce sont les siens. Je ne me pose jamais la question : «Où a-t-il trouvé ça?» Sous-entendu : chez qui? Non, c'est chez lui qu'il l'a trouvé. Si c'est peu, eh bien! c'est peu. Si c'est ce qu'on appelle «pas mal», eh bien! c'est ce qu'on appelle «pas mal». Mais c'est à lui.
>
> Et il raconte son histoire sans forcer son talent, sans vanité, sans vouloir se faire prendre pour ce qu'il n'est pas : ce qui est le vrai moyen d'écrire un bon livre.

À propos de cette préface de Giono, Leclerc n'a pu s'empêcher de noter, avec une légère amertume, dans *Rêves à vendre* : «Si le voisin te trouve joli, tes frères et sœurs te regarderont... Quand Jean Giono a préfacé un de mes livres en 55, toutes les plumes sèches d'ici se sont saoulées d'encre.»

▼

Avant que Daniel Johnson père ne devienne premier ministre du Québec, j'ai eu un jour l'occasion d'assister, à Dorion, à une conversation entre le poète et l'homme politique et d'en rapporter des extraits dans *La Presqu'île*. Après quelques remarques du politicien aguerri : «Peu importe la critique dont vous êtes la cible, vous avez un mandat clair de construire le pays avec vos chansons et vos écrits...», Johnson lance la conversation sur la jeunesse et sur l'importance des parents. Les réponses de Félix résument très bien le rôle que ses parents ont joué dans sa vie.

«Ma mère était une véritable artiste, une femme forte avec un grand cœur. Elle ne se laissait jamais abattre. Un moral, monsieur. Tout était prétexte à la fête. Nos grands malheurs devenaient des p'tits bonheurs. Coïncidence. Un jour, on nous a coupé l'électricité. On n'avait pas payé le compte. Maman a dit : "Ce soir, on va danser, on va chanter. Allumons les chandelles." Et la lumière fut ! C'est-y pas beau ça ! Quant à mon père, c'est lui qui a fait que mes plus longues dépressions ne durent jamais plus de cinq minutes. Il m'a appris qu'il faut beaucoup apprendre et savoir attendre. Et prévoir que dans la vie, il y a des périodes différentes, qui sont à l'image de nos quatre saisons. Mon père, ce sera toujours un géant, un personnage extraordinaire, un dieu. Un vrai Harry Baur aux mains énormes, jovial, aventurier, charmeur, bon. Un authentique défricheur. Mais qu'il aimait donc déménager !»

▼

Après la mort de la mère, Fabiola, en 1945, la famille Leclerc ne sera plus la même. Pendant une bonne douzaine d'années, chacun veille à ses propres affaires et les visites entre frères et sœurs sont bien espacées. Le père Léo vit sur la terre de Sainte-Marthe jusqu'à sa mort, en 1965. Le fils aîné Jean-Marie et son fils Michel restent rivés à leurs champs et à leurs labours.

Sur les onze enfants, il en reste sept en 1994 : Clémence, Jean-Marie, Grégoire, Cécile, Thérèse, Gérard, qui vit à Pasadena, près de Los Angeles, en Californie, et Sylvette, qui aurait pu faire carrière dans la chanson. La pianiste Gertrude nous a quittés en 1991 et Brigitte en 1987. L'aînée Marthe, la talentueuse musicienne, partit la première en 1928, à l'âge de vingt-deux ans, quelques mois à peine après son mariage avec Normand Tremblay.

▼

L'esprit de famille, c'était très important pour cet homme de passion et ce bohémien, qui est toujours resté solidaire de ses proches et de son pays. En 1964, les Éditions Seghers publient, dans la collection «Poètes d'aujourd'hui», un ouvrage sur Félix Leclerc. Luc Bérimont, l'auteur, note : «Non, Félix n'a jamais trahi ni les siens, ni ses origines. Un homme franc, de pleine sève, de pleine souche, de pleine terre et de pleine aube, voilà ce qu'il est pour toujours...»

À la parution du livre, Félix écrit : «J'en ai envoyé un exemplaire à la maison paternelle avec cette dédicace : "À mon père, l'idole de mon enfance, de mon âge mûr, dieu des forêts". Pour la première fois de ma vie, il m'a répondu par une lettre. Il avait quatre-vingt-neuf ans.»

(Photo Jean-Dominique — Archives Fides)

CHAPITRE 19

Félix s'interroge

«Plus que jamais, j'ai hâte de retourner dans ma cachette au Canada. Ma cousine, sœur blanche d'Afrique, semblait libre dans sa petite prison, les Arabes semblaient libres dans leur misère. Moi, j'avais le monde pour galoper et je me sentais prisonnier. J'avais un violent goût de retomber vraiment chez moi dans mes guenilles, à Vaudreuil.»

Luc Bérimont, *Félix Leclerc*

Félix vit entre Vaudreuil et Paris. Parti au début de l'année, le revoilà en ce 26 juin 1959 pour effectuer une tournée au Québec. Tout heureux de retrouver ses voisins et amis, les Mauffette, Deyglun, Sutto, Vinet, Cadorette, et de faire quelques apparitions dans la métropole.

Félix a un peu profité de son séjour en France pour jouer au touriste avec Doudouche et Martin. Il revient reposé : «J'étais parti fatigué, harassé, mais j'étais guéri après mon arrivée par bateau à Paris au tout début de l'année.» À Paris, il a surtout pris le temps de créer dix-sept nouvelles chansons qu'il a enregistrées sous la direction de deux chefs d'orchestre : l'accordéoniste Roger Damin et un jeune musicien de Tel-Aviv. Il a lui-même assuré une partie de l'accompagnement à la guitare. Comme chaque fois que Félix enregistre, les séances de travail sont réduites au minimum : quatre jours ont suffi.

La vie trépidante de Paris et l'équipement technique des grands studios n'impressionnent plus Félix Leclerc. En revanche, il garde un souvenir impérissable des quelques semaines qu'il a passées dans un des endroits les plus pittoresques de la Bretagne : le Finistère. Notre barde national a séjourné à la baie des Trépassés, située entre la pointe du Raz et celle du Van. «Ce nom de Trépassés, explique Félix, vient du fait que les Bretons prétendaient que la mer vomit souvent des naufragés à cet endroit. Cette dénomination, plutôt lugubre, n'empêche pas les lieux d'être parmi les plus beaux du monde.»

Grand ami des bêtes, Félix se charge de mener quotidiennement au pâturage les cinq brebis du propriétaire de la petite hôtellerie où il loge avec sa famille. Le nouveau berger n'a pu s'empêcher de remarquer que les clôtures sont rares dans les campagnes françaises et pratiquement inexistantes sur le sol breton. «Toutes les bêtes sont attachées à une corde dont l'extrémité est retenue par une fiche de fer plantée en terre, précise Félix. Chaque jour, on change la fiche de place. Pour les troupeaux, on a recours à l'antique berger.»

Félix rapporte encore bien d'autres impressions de cette Bretagne immortalisée par les peintres, Van Gogh, Derain, et les hommes de lettres, Chateaubriand, Flaubert. Cette Bretagne où l'on chausse encore régulièrement les sabots...

— Oui, de vrais sabots! Le dimanche, par coquetterie, les personnes plus âgées en portent qui sont retenus aux pieds par une courroie ou un galon de couleur. Les coiffes de dentelle sont admirables et variées. Enfin, les longues robes de velours noir sont toujours de mode. Un jour que je voyageais à bord de l'autocar, je vis monter plusieurs de ces vieilles Bretonnes, sabots aux pieds, portant la haute coiffe et la robe de velours. Elles avaient la figure basanée par le vent salin. On pouvait difficilement savoir leur âge exact.

Malgré le succès en Europe et les agréables pérégrinations aux quatre coins de la France, Félix est resté des plus attachés à son pays du Québec et à son coin de terre de Vaudreuil. Aussi, est-il fort heureux de se retrouver chez lui, au milieu d'un décor qu'il affectionne par-dessus tout. À l'occasion d'un de ces retours, l'hebdomadaire régional *La Presqu'île* publie un court texte de Félix dans lequel il commente avec humour l'accueil des Européens : «"Tel que vous me voyez, leur disais-je en riant, sans plumes sur la tête et sans tomahawk à la ceinture, nous sommes là-bas plus de cinq millions de descendance française..." Ils faisaient "hum" d'admiration, fumaient leurs gauloises en rêvant à cela et en m'examinant comme un produit nouveau, jamais vu sur le marché. Je fus à l'aise tout de suite. Je me sentais chez nous avec eux. Réflexes, humour, cœur, culture, folklore, langue, religion, on s'entendait bien... L'humanité est partout. J'ai chanté chez les Arabes, les Basques, les Français, les Belges, les Allemands, les Suisses, les Italiens. Il y a de beaux pays de par la terre ; mais le plus beau, c'est le sien, et il s'adonne que le mien, c'est Vaudreuil. Et dans l'éloignement, je l'ai aimé davantage. »

Mais la vie de vedette internationale a ses exigences et Félix a déjà d'autres projets de départ, ce que Jacques Canetti ne manque pas de lui rappeler. Pense-t-il encore à son théâtre de village des Champs-Enlisés ? Ce n'est pas le moment : il doit retourner à Paris à l'automne 1959. Encore une fois, l'accueil est délirant : «Félix Leclerc est revenu. C'est là un événement dont l'importance dépasse de loin l'exhibition de Marlene Dietrich à l'Étoile... », lit-on dans *France-Soir* du 12 décembre 1959.

S'il est content qu'on le reconnaisse internationalement et que la demande du public reste incessante, les à-côtés de la gloire commencent à lui peser. En fait, autant Félix aime porter le titre d'artiste, autant il déteste l'étiquette de vedette. C'est un vocable qui l'effraie. «Pourquoi faire d'un homme un être à part. Je préfère rentrer dans le bois. Les vedettes sont des gens qui ne sont plus eux-mêmes. Je veux vivre anonyme. Marcher dans la foule. Je veux chanter comme un ouvrier travaille et rentre à cinq heures chez lui. Quelquefois je me dis que je voudrais être un chanteur mort. Si les gens veulent entendre mes chansons qu'ils les entendent... Parce que je ne suis pas un chanteur, mais un homme qui chante... Quand une poule est sur le nid, elle pond des œufs. Moi, mon affaire, c'est de faire des œufs : une chanson, un petit bout de film, une pièce... »

... ou un livre, comme *Le Fou de l'île*, qui vient d'être publié en France aux Éditions Denoël, auquel Gilbert Laverdure, de *La Patrie*, a réservé un accueil louangeur. «Leclerc est un brave. Il défie le courant et bâtit des maisons neuves avec du bois qui sent bon. Il trace ses propres chemins. Il exploite ce qu'il y a de plus beau dans l'homme et dans la nature. Il a assez de courage pour s'attaquer au plus difficile : soutenir un intérêt fébrile avec du beau et du net. Et quand on a fini la lecture de ce roman, on le relit... Non pas qu'il soit compliqué, difficile à comprendre comme certaine littérature supposée "profonde", où on ne saisit encore rien après la dixième lecture ; mais ici, on veut réentendre sa musique... on veut revoir, parce que c'est beau, on sent qu'on n'a pas tout vu au premier regard... on veut même méditer... Méditer un roman ? Pourquoi pas ? Un roman comme celui-ci donne l'envie de s'arrêter, de réfléchir, de chercher pour ne pas mourir... »

▼

Au début de l'année 1959, Radio-Canada est en grève. Les réalisateurs ont débrayé le 29 décembre 1958 et l'Union des artistes, avec en tête son président Jean Duceppe, soutient les grévistes.

Lorsque la direction de Radio-Canada ordonne à tous ses syndiqués de retourner au travail, soixante-six artistes appuient officiellement les réalisateurs. Félix est au nombre des signataires, avec René Lévesque, Jean-Louis Roux, Denise Pelletier. Le rédacteur en chef du *Devoir*, André Laurendeau, prend aussi position pour les grévistes.

Même le gouvernement conservateur de John Diefenbaker est dans l'eau bouillante. Enfin, la grève se termine. Le samedi précédant la rentrée au travail, le 9 mars, les 1 500 salariés de Radio-Canada se réunissent à la Comédie Canadienne pour fêter ce dénouement et mettre fin au spectacle *Difficultés temporaires*, auquel prennent part Guy Godin et Félix Leclerc.

C'est Guy Godin qui nous a récemment rappelé cet épisode de la grève. Il avait eu l'occasion de ramener Félix à Vaudreuil après un spectacle donné au profit des grévistes au début de 1959. Lui qui a connu Félix il y a près de cinquante ans, a plein de souvenirs qui affleurent dès qu'il est question du poète : «Félix, entre autres, c'est l'image du père. D'un père poétique, protecteur, rassurant, sachant reconnaître, accepter et endosser ses faiblesses... Une personne qui ne craint pas de dénoncer ses peurs, ses maladresses, ses erreurs. Tout cela avec un sourire indulgent, un sourire adressé en quelque sorte à notre pauvre condition humaine...

«Félix savait nous enflammer, nous, les jeunes débutants, comme je l'étais au moment de jouer dans la série télévisée *Nérée Tousignant* en 1956. Il nous servait de modèle. Par son talent et son travail d'abord. Puis, c'était un homme qui, facilement, mine de rien, et tout aussi difficilement, s'assumait. Et ce charme que nous aurions tous voulu posséder ! Son mystère. Sa voix. Ses images. Son allure. Sa ruse paysanne intelligente, voire même séduisante et bien joliment acceptable... Ses craintes que nous prenions pour de l'assurance... Sa façon élégante de dire non. Ça, c'est un conseil de Félix que j'ai toujours suivi. Ah oui ! Je revois encore, en gros caractères, à la une de *Radiomonde* du début des années soixante : Une autre fois, Bruno Coquatrix ! Félix refusait ainsi de faire l'Olympia de Paris. "Faut savoir dire non", disait Félix. Des dizaines de fois, il m'a répété qu'il fallait souvent refuser les propositions alléchantes de prime abord, les feux de paille... »

Guy Godin a écrit au sujet de Félix Leclerc dans le livre *Ceux de chez nous* : « C'est un personnage étonnant pour moi, Félix. Par ses dons de conteur, sa façon d'être, sa couleur. Par le son nouveau qu'il apporte et ce rayonnement qu'il dégage... Il est même venu chez moi pour me proposer de jouer dans une pièce de théâtre... Félix possède la magie du verbe et du temps, et du silence. C'est un raconteur prodigieux. Je me disais qu'il fallait être cent fois mieux que ce que j'étais pour arriver à écrire et à chanter aussi bien. »

C'est Pierre Dulude, réalisateur à CKVL, qui signe la préface de ce livre de Monique Bernard. Il y rapporte que Georges Brassens, interviewé à la radio montréalaise, prononça ces paroles que l'on a trop vite oubliées : « Puis vint Félix Leclerc avec sa guitare et nous suivions derrière lui. » Dulude rappelle aussi que le journaliste parisien Pierre Marcabru a qualifié Félix de poète le plus authentique que nous ait donné la chanson. C'est lui encore qui dit que Leclerc a ouvert toutes les portes et que Charlebois les défonce.

▼

En 1963, après les cent cinquante-trois représentations de *L'Auberge des morts subites*, *La Presse* publie le résultat d'une enquête menée dans trente-quatre institutions de cours classique. Quel est l'écrivain canadien-français le plus important ? La réponse donne Félix bon premier, récoltant près de la moitié des voix : vingt des trente-quatre collèges le placent au premier rang avec des majorités imposantes.

Les médias veulent tout savoir de lui, le consultent sur tout : pourquoi nos meilleurs artistes désertent-ils le pays pour aller en France ?

— C'est bien simple, ils vont chercher deux choses : une discipline assez sévère et une méthode de travail.

D'où s'inspire-t-il pour écrire ses chansons ?

— D'un peu partout. Par exemple, je prends un paysage de Suisse, un bonhomme dans le train, une image qui m'a singulièrement frappé. Tout ça se passe dans mon alambic de cerveau et il en ressort un petit bout de chanson ou une pièce. Parfois, j'y pense des mois, des années. Puis quand le fruit est mûr, je l'écris d'un seul trait, très rapidement.

A-t-il un personnage historique préféré ?

— Gandhi, je l'aime bien ce gars-là.

On le traite comme un maître, lui pourtant toujours à la portée de ses admirateurs. Par une journée grise du mois d'avril 1961, peu après la sortie de son *Calepin d'un flâneur*, un autobus se range devant chez lui. Une trentaine de jeunes avec leurs professeurs débarquent inopinément pour causer avec Leclerc, qui répond avec empressement à chacune des questions de ces élèves d'écoles primaires.

Voilà qu'en plus une bagnole s'arrête sur le terrain ; un couple d'un âge certain en descend. Le grand-père tient dans ses bras un enfant. Sans mot dire, il le dépose dans les bras de la femme, la pousse tout près de Félix, saisit son appareil photo, croque la scène et remonte dans sa voiture, tout heureux de son petit exploit. « Merci ! monsieur Leclerc, c'est mon fils qui va être tellement content de ce beau portrait avec vous et ma vieille. À la revoyure ! » Cette fois-là, Félix n'a pas eu le temps de placer un seul mot et reste un peu saisi, ému de cette belle visite inattendue. Décidément, Félix ne s'habituera jamais à la célébrité !

▼

Lors de la tournée 1964-1965 du *P'tit Bonheur* à Paris, il se produit quelques tiraillements au sein de la troupe. Sans conséquence. Félix doit intervenir auprès de Canetti, qui manque parfois de souplesse et mène le bal avec une main de fer, pas toujours recouverte d'un gant de velours. Yves Massicotte, qu'on a vu récemment dans la série télévisée *Les Olden*, n'a jamais oublié la remarque que Félix avait lancée à l'imprésario : « Quand vous passez, j'entends un bruit de chaînes. C'est fini le temps des forçats. »

Une autre fois – rien à voir avec la troupe des Québécois – Félix accuse Canetti de changer les règles du jeu : « C'est assez, je ne veux plus être la locomotive.» Une allusion, semble-t-il, au fait que Leclerc est la vedette qui attire et qu'il doit partager les recettes avec la dizaine de débutants qui font la première partie du spectacle.

Ces grincements sont le lot de bien des rapports entre producteurs et artistes de par le monde. Canetti n'échappe pas à la règle, mais ces incidents sont annonciateurs quand même d'une rupture.

Jacques Canetti, aujourd'hui âgé de quatre-vingt-cinq ans, n'a gardé que les bons moments des débuts de Félix. De sa résidence parisienne, il évoque cet heureux temps : «Mon Dieu! Que de bons souvenirs! s'exclame Canetti. Ma femme et moi, on se comportait comme des gamins quand nous allions avec le couple Leclerc passer des week-ends dans un grand manoir du petit village de Saint-Cyr-sur-Morin, là où nous achetions à la fabrique même du bon fromage Boursault. Lucienne et Félix profitaient de ces séjours à la campagne pour répéter certaines chansons qu'ils ont faites en duo sur disque : *Dialogue des amoureux, La Fille de l'île, L'Eau de l'hiver* et *Sensation.*»

Sans oublier les cinquante représentations du *P'tit Bonheur*, de la troupe Théâtre-Québec, aux Trois Baudets du 18 décembre 1964 au 15 février 1965, alors que Félix assurait la deuxième partie du spectacle. La Radio Télévision Française enregistra la pièce au complet, avec les réactions enthousiastes de la salle, en présence de l'ambassadeur du Canada, Jules Léger.

Récemment, Jacques Canetti m'adressait cette lettre :

LES ÉDITIONS et PRODUCTIONS MUSICALES DE JACQUES CANETTI
24, rue Nungesser et Coli - 75016 Paris

Le 5 novembre 1993

Monsieur Marcel Brouillard
Montréal

Cher ami,

[...]

Tout ce qui me rappelle la bonne époque de Félix Leclerc me ravit d'aise.

J'ai eu en Félix un ami fidèle qui a fait pour la diffusion de la chanson canadienne, québécoise, les miracles que peu de personnes peuvent ressentir comme je le fais.

Ma vue ne me permet plus d'écrire à la main les quelques lignes que vous voulez bien me demander pour votre livre.

Toutefois, si le fait de vous envoyer un court texte tapé à la machine vous convient, je le ferai avec le plus grand plaisir.

Dans l'attente de vos nouvelles, et en souhaitant à votre ouvrage le succès qu'il mérite...

Jacques Canetti

▼

Temps de repos pour Félix qui, durant cette période, dans son refuge de l'Anse de Vaudreuil, prend le temps de vivre, de flâner, de méditer. Il continue de correspondre avec ses vrais amis. Il en compte quelques-uns au sein du clergé québécois, notamment le père Médéric Montpetit, à qui il adresse une lettre touchante :

Vaudreuil, 12 mai 1964

Mon cher Médéric,

25 ans de prêtrise et moi 25 ans de mariage dans 3 ans. Je repasse nos deux vies – 25 ans. J'ai pensé à moi et toi 25 ans à penser aux autres. J'ai travaillé pour moi dans le cercle restreint de ma petite tête.

Toi, tes enfants, ils sont des millions que tu as formés, aidés, surveillés, façonnés, moulés ; maintenant ils courent le monde, pleins d'envies de le refaire avec amour à la base.

Pour te remercier d'avoir tant fait, on va te mettre dans l'ombre (on fait ça aux grands hommes) et moi pour me remercier de n'avoir pas fait grand-chose, on va me médailler.

Nos deux vies sont différentes et pourtant, laisse-moi croire qu'elles ont des points de ressemblance : l'au-delà, ne nommons que celui-là, le plus important, au fond, le seul.

Le pemier des deux qui y sera attendra l'autre. Moi, je ferai des escales dans le feu avant d'arriver définitivement à mon fauteuil.

Mais toi c'est tout droit que tu vas y aller. Tu leur diras que j'étais faible. (Tu as été le premier à me défendre à l'âge de 14 ans.) Tu continueras.

Je te félicite de ta vie. Le clergé est critiqué parce qu'il a de la difficulté à comprendre, à descendre. Toi, on t'a jamais connu dans les hauteurs de la sécurité ou dans les fumées métaphysiques. Au pied de l'échelle, toute ta vie à tenir des bâtons de base-ball, des cordes pour faire sauter, des ballons, des poteaux (et sans jamais penser à toi). Quelle dignité ! Tu me réconcilies avec les pas-bons, les lointains, les tricheurs.

Merci d'être là. Je te souhaite des noces d'or.

Toute communauté doit être orgueilleuse d'un homme comme toi. L'humilité les oblige à ne pas te le dire, moi je le fais. Et je sais que bien des fois, tu m'as béni dans ton cœur, cette fois, je te le demande, bénis-moi, passe-moi un peu de ton courage et de ta générosité, et peut-être arriverai-je à faire du bien. J'ai joué avec des lettres, toi avec des actes.

Tu peux t'asseoir maintenant et fumer tranquille. Si la terre est meilleure, c'est un peu à cause de toi.

Ce matin, moi je fume et je pense à tout cela et je ne sais pas pourquoi je suis fier.

Je ne travaillerai pas de la journée tiens, pour rester avec toi avec cette fierté d'être humain que tu me donnes.

Félix

▼

Après un énième voyage à l'étranger, Félix est de nouveau de retour à Vaudreuil. Il reprend contact avec son coin de terre. Mais depuis quelque temps, les retours sont moins apaisants.

D'ailleurs la rumeur veut que sa propriété soit à vendre, rumeur vite démentie par le principal intéressé, mais...

C'est une période difficile pour Félix. Il ne s'agit aucunement d'un état de crise, mais des craquements se font entendre. Sa carrière de vedette internationale l'intéresse de moins en moins ; il veut travailler, non s'exhiber ou se vendre comme un produit. Et puis, la rupture avec Canetti. Bientôt vingt-cinq ans de mariage, écrit Félix... Si ce n'est pas là l'ébauche d'une remise en question, ou le temps du bilan, on peut quand même constater que l'homme s'interroge.

CHAPITRE 20

Le déchirement d'une séparation

Au moment où le gouvernement français reconnaît officiellement la Délégation générale du Québec à Paris, les Leclerc reviennent à Vaudreuil. À l'aéroport de Dorval, en février 1965, le couple est accueilli par une fanfare composée de jeunes garçons en uniforme et casquette rouge enfoncée jusqu'aux yeux, venus de La Tuque, ville natale de Félix, qui jouent *Le P'tit Bonheur* et *Moi, mes souliers*.

Geneviève, la fille de Guy Mauffette, tend le fleurdelisé à Félix, rappel du geste des amis français qui, à Orly, lui avaient offert le tout nouveau drapeau canadien. Nous sommes en 1965 et les temps ont changé... Dans la salle de la Confédération, Air Canada offre un toast à l'homme des grands espaces.

Les journalistes sont nombreux au rendez-vous. Félix est-il heureux de revenir chez lui ? « J'aurais pu prolonger, jouer deux ans à Paris, et faire des virées en province, on m'attendait. Mais je suis un homme de ce pays, du grand air, j'avais besoin de revenir à Vaudreuil, au Québec. »

Comment s'est soldée l'aventure du *P'tit Bonheur* à Paris ? « C'est la première fois qu'une pièce canadienne est jouée aussi longtemps là-bas. C'est une trouée dans la jungle. Maintenant le dialogue est engagé. Les autres peuvent venir. Il est temps de cesser d'avoir honte de ce que nous sommes. *Le P'tit Bonheur* a ouvert une brèche, comme je l'ai fait pour la chanson il y a quinze ans. C'est le plus beau voyage que j'aie jamais fait... Au début, il y a bien eu un bourdonnement d'inquiétude, mais après ! Douze critiques pour et trois contre, c'est sûrement une bonne moyenne pour une pièce de chez nous. »

Peu de temps après son arrivée, on joue *Les Temples*. Encore une fois, cette nouvelle pièce provoque la tempête chez certains et l'euphorie chez d'autres.

Dans cette œuvre dramatique, présentée à la Comédie Canadienne en 1966, Leclerc fait preuve d'une franchise brutale et dérangeante. Il dénonce ceux qui se prétendent «le mur qui protège le pays» et raille le chef des armées : «Le fusil, la bêtise, vous êtes la violence qui écrase tout ce qui ne vous obéit pas. Vous êtes la censure, le boycottage, l'affameur, la destruction, la misère, la bombe, la peur, la guerre. Maintenant nous allons parler de construction, de travaux, d'ordre, de prospérité. Cette technique sera employée à la paix. Comme un autre essaie la guerre, j'essayerai la paix.»

▼

Félix a besoin de ralentir son rythme de vie et ce retour au bercail lui en donne l'occasion : «La joie de me sentir sans licou, ni attelage, un cheval qu'on renvoie au pacage, nu, et le maître garde la bride à la main et le cheval secoue la crinière et s'enfonce vers la liberté à l'autre bout du champ. Pas plus d'entrave qu'un animal sauvage.» Mais il ne retrouve pas la paix qu'il cherchait. Quelque chose ne va pas. Son comportement n'est plus le même.

Il écrit sans relâche : des refrains nostalgiques d'où il ressort «un nuage noir qui obscurcit les roses» et des «pleurs sous les chansons».

> Y a des amours dans les villes
> Presque dans chaque maison
> Sous l'océan, y a des îles
> Et des pleurs sous les chansons

Sa vie intérieure est perturbée, sa vie quotidienne ne le satisfait pas non plus. Quand, à Paris, il avait composé *Ailleurs*, il croyait que tout se réglerait à Vaudreuil, mais...

> Je brise tout ce qu'on me donne
> Plus je reçois et moins je donne
> Plus riche que forêt d'automne
> N'aide personne
> Bonheur m'alourdit et m'ennuie
> Ne suis pas fait pour ce pays
> Avec les loups, suis à l'abri...

▼

Depuis le retour, le couple Leclerc va cahin-caha. Les relations sont de plus en plus tendues : Félix et Andrée, surmenés, réagissent parfois d'une façon coléreuse qui n'était pas du tout habituelle jusqu'ici. Rien ne va plus. Les excès d'alcool périodiques du couple sont loin d'alléger l'atmosphère malsaine qui s'est installée. Les voisins et amis, témoins de plus en plus souvent de leurs éclats de voix, sont impuissants à faire revenir la paix.

Andrée est désemparée ; depuis quelque temps elle a noté un changement chez Félix et, même si elle craint de voir la chose se confirmer, elle croit bien avoir affaire à une rivale. Certes, Félix n'a jamais été indifférent à la beauté féminine, loin de là : « ... elle avait du lièvre dans le corps et dans les yeux et je me sentais des humeurs royales et conquérantes. C'est pas des cils qu'elle avait : des pinceaux, et pas des doigts : des tisons ardents ; pas une bouche : mais une grenade en fleur, et elle avait bien la chevelure pour faire quatre bons petits coussins, et une hanche de panthère et des dents à déchirer une épée », écrivait-il dans *Moi, mes souliers*, d'une princesse de l'entourage du roi Farouk.

Quant aux fans inconditionnelles et collantes, aux groupies toujours sur les traces de son mari, Andrée en a l'habitude. Elle sait qu'elle doit aussi compter avec les jeunes, débutantes ou admiratrices, que Félix a prises sous son aile. Plusieurs font partie des réguliers de la maison ; il arrive que, les soirées se prolongeant, certaines dorment à la maison de l'Anse : par exemple, Monique Miville-Deschênes, Gaétane Morin et Yolande B. Leclerc, devenue par la suite l'épouse de Jean-Paul Filion, auteur, interprète, écrivain et grand ami de Félix. Une chanteuse, aujourd'hui disparue tragiquement, passe la nuit, à plusieurs reprises, dans le hamac installé sur la galerie, avec l'espoir de parler à son idole au lever du jour.

Jusqu'ici Doudouche s'est plutôt amusée de la situation ; elle est même flattée de toute cette attention que suscite Félix. Aujourd'hui pourtant tout semble différent, Doudouche sent que son mari est habité par une passion qui le dévore.

Vers 1960, Félix avait construit de ses mains, avec l'aide d'amis, un camp en bois dans l'île d'Orléans. Ni voisins, ni eau, ni électricité. Jusqu'ici il s'y rendait surtout pour écrire. Maintenant il y passe de plus en plus de temps, à tel point que Doudouche soupçonne que quelqu'un l'attend peut-être là-bas. Une de ses amies se charge d'ailleurs de l'informer qu'on raconte que Félix s'est amouraché d'une jeune secrétaire. Préférant le pire à l'incertitude, Andrée décide d'aller vérifier sur place avec Martin.

La visite surprise à l'île d'Orléans ne laisse aucun doute; Andrée doit se rendre à l'évidence. Elle connaît maintenant sa rivale, mais elle a encore de l'espoir et décide de lutter. Elle cherche de l'aide pour régler son problème d'alcool. Même si le couple faisait chambre à part depuis plusieurs années, elle croyait encore... Elle souffre aussi de ne plus être la muse, la collaboratrice, la bien-aimée du poète, de l'écrivain, du chanteur, de son mari. Hélas, la douleur et la déception la poussent davantage à noyer sa peine dans l'alcool.

Le fils Martin, qui vient d'avoir vingt ans, est bien conscient que ça ne tourne pas rond à la maison et souhaite, lui aussi, que la paix revienne d'une façon ou de l'autre. Quant à Félix, il est à bout de nerfs. Épuisante double vie qui l'oblige à s'enfermer dans les cabines téléphoniques du village pour parler à l'autre... qui attend quelque part. Alibis, intrigues ne sont pas du tout de son goût; il faut que cela cesse.

Le couple tente à quelques reprises de recoller les morceaux. Félix est atterré du chagrin qu'il inflige à Andrée. Parfois il est prêt à toutes les promesses : «Rassure-toi, Doudouche. Aide-moi à trouver ce qui pourra nous apaiser, faire en sorte que l'on retrouve tous deux le vrai bonheur auquel nous avons droit, peut-être pouvons-nous unir nos deux chagrins.» Parfois, la pensée de l'autre l'obsède et il envisage tous les déchirements nécessaires pour la rejoindre.

Comme des spectacles l'attendent à Paris, Félix décide de partir seul, assurant Doudouche qu'il finira bien par retrouver ses esprits.

Mais il ne reviendra jamais prendre sa place auprès d'Andrée et de Martin.

▼

Félix quitte donc Vaudreuil, en 1966, sans Doudouche et Martin. Peu de temps après, incapable de supporter son absence, Gaétane Morin, celle que Félix ne peut chasser de ses pensées, laisse son emploi de secrétaire au gouvernement du Québec, au service de Jacques Parizeau, et va rejoindre Félix à Paris.

L'écrivain, cité en exemple à la jeunesse de son pays, passe un rude moment d'angoisse et de révolte. Il s'en ouvre au cardinal Paul-Émile Léger, qu'il rencontre à Paris. Félix s'informe des possibilités d'une annulation de mariage, mais le prélat est loin de l'encourager et de lui donner sa bénédiction. Il explique à Félix qu'il faut de bien meilleures raisons pour dissoudre un mariage religieux.

Peu de temps auparavant, le comédien Émile Genest avait obtenu de Rome l'annulation de son union sacrée devant Dieu et les hommes et Félix, fort de cet exemple, souhaitait, lui aussi, trouver la solution qui lui aurait permis de rester au sein de l'Église catholique.

Il est déchiré non seulement par les durs labours de sa vie changeante, mais surtout par la rigueur du clergé à son endroit. Tandis qu'on cherche à ramener la brebis égarée au bercail, lui cherche la route qui mène vers une nouvelle vie amoureuse.

En attendant, un couple vient de naître officieusement à Paris. Gaétane et Félix ne se quittent plus des yeux ni du cœur et entreprennent une nouvelle vie plutôt discrète, loin de la presse et des anciens amis. Pour le moment, il importe de régler la question du divorce avant d'officialiser leur union qui fait beaucoup jaser dans la capitale.

Vu la différence d'âge, vingt-cinq ans, on ne prend pas telle-ment au sérieux cette «aventure», qui se révélera pourtant une passion dévorante, un amour sans fin.

«Vivre avec Félix, apprend-on de Gaétane, trois ans après la mort de Félix, c'était extraordinaire, il était tellement simple. Autour d'une table avec les amis, il prenait toute la place, mais pas ici à la maison. C'était l'être le plus drôle du monde, et il n'était absolument pas sûr de lui. Il avait eu tellement de mauvaises critiques à ses débuts, qu'il en était resté marqué... C'est vrai qu'il inventait un nouveau style qui n'existait pas... Je me souviens de l'étonnement – et le mot est faible – de ma mère et des amies de son club de bridge qui, un bel après-midi, ont entendu cette grosse voix chanter... *et les crapauds chantent la liberté*... Dans la balançoire que je lui avais offerte pour son anniversaire, je lui ai avoué que je me trouvais bien niaiseuse et démodée parce que je n'avais jamais eu envie d'un autre homme. »

▼

Même si ce n'est qu'en 1966 que Gaétane Morin plonge dans l'univers intime de Félix Leclerc, pour le meilleur et pour le pire, son adoration date déjà de plusieurs années.

Sixième enfant d'une famille de sept, elle a onze ans quand son frère Gilles rapporte à la maison le disque du Canadien qui fait fureur à Paris. C'est *L'Hymne au printemps.*

« Dès cet instant, confiera-t-elle quelques années plus tard, il était devenu mon idole. J'avais quinze ans quand je l'ai rencontré la première fois ; à ses yeux, évidemment, je n'étais qu'une petite fille parmi tant d'autres qui gravitaient autour de sa personne. Quand je l'ai revu par hasard (elle a vingt-trois ans, lui quarante-huit) je me suis dit : C'est lui, c'est cet homme qu'il me faut... C'est aussi simple que ça. »

Aline Gaétane Morin, de la paroisse de Saint-Pierre, à l'île d'Orléans, est la fille d'Émile Morin et d'Aline Dupont, de Montmorency, près de Québec. Elle voulait être médecin comme son père, mais elle a dû interrompre ses études classiques à cause de la maladie de ce dernier. Toute petite, dans la maison familiale, sur la côte de Beaupré juste en face de l'île d'Orléans, elle se disait : « Un jour, c'est là dans l'île que j'habiterai... » Félix avait quarante-huit ans quand elle l'a rencontré, elle avait quarante-huit ans quand il est parti...

▼

Au moment où Félix Leclerc recommence une nouvelle vie avec Gaétane Morin, à l'hiver 1966, Jean-Claude Labrecque et Jean-Louis Frund s'amènent dans la cabane secrète de l'île avec caméras et équipement pour tourner *La Vie,* un monologue d'une heure au cours duquel Félix philosophe sur l'amour, la famille, la rupture, la mort et le pays : « On n'a pas le droit, dit Félix, de rester malheureux, de rester dans des situations troubles, de ne pas s'entendre avec sa famille, il faut la quitter ;

pas s'entendre avec son église, il faut s'en aller ; pas s'entendre avec le pays ou être blessé de quelque façon que ce soit... C'est pas de la lâcheté que de fuir, c'est d'essayer de vivre, de ressusciter, de repartir ailleurs... J'aurais pu, comme bien d'autres, rester, endurer, me résigner... le malheur, c'est immoral. »

Ce film, présenté pour la première fois à Radio-Canada le 8 décembre 1968, nous montre à travers les chansons et récits de Félix un homme heureux et triste à la fois, enraciné et déraciné. C'est le portrait d'un homme de ce pays déchiré pour qui la vie est un éternel recommencement, mais aussi un dépassement salutaire. Au-delà du personnage folklorique, Labrecque et Frund ont recherché l'âme de cet homme qui chante son appartenance, de cet artiste déchiré entre l'amour de ses compatriotes fort sévères et l'attachement immuable des Français. C'est aussi de ce déchirement que parle *La Vie*, où l'on entend également les voix de Renée Claude et de Jean Lapointe.

L'exilé volontaire s'installe donc, en 1967, dans la banlieue ouest de Paris, avec Gaétane, sœur de Claude Morin, sous-ministre des Affaires intergouvernementales du Québec et plus tard ministre du Parti québécois.

C'est dans cet environnement que Nathalie vient au monde en 1968. Félix s'apaise peu à peu en compagnie de celle qu'il aime, de la nouvelle enfant et de son chien fidèle, Bobino.

Trois ans plus tard, dans l'île d'Orléans, naît Francis. Le poète retrouve la joie de vivre. Il a moins d'inquiétude aussi à l'endroit de Doudouche, qui se porte beaucoup mieux, et qui peut compter sur Martin, toujours à ses côtés. Peu à peu le sentiment de culpabilité s'estompe.

Félix, c'est bien son droit, n'a jamais voulu parler trop ouvertement de sa rupture, puis de sa séparation de corps, juste avant que le mariage civil soit institué au Québec, le 1er avril 1969. Le divorce fut entendu devant le juge Bernard de L. Bourgeois, le 7 octobre 1969. Un divorce on ne peut plus banal, comme en fait foi le document reproduit uniquement pour rétablir la vérité souventes fois malmenée dans cette affaire personnelle pour les uns, et publique pour les autres.

Requérant
FÉLIX LECLERC, artiste, domicilié à Chemin de l'Anse, Vaudreuil, district de Montréal, et temporairement résidant à 17 rue Horace Vernet, 78 La Celle, St-Cloud, France.

Intimée
DAME MARIE YVONNE ANDRÉE VIEN, épouse séparée de biens de Félix Leclerc, domiciliée et résidant à Chemin de l'Anse, Vaudreuil, district de Montréal.

ATTENDU que le requérant a institué des procédures en divorce contre l'intimée;

ATTENDU que l'intimée n'a pas comparu dans les délais prévus et que défaut a été enregistré contre elle;

ATTENDU que la Cour, le 19ème jour de juin 1969, après avoir examiné les pièces versées au dossier et entendu la preuve et les explications du procureur du requérant, a décidé par jugement inconditionnel:

1.- De déclarer le requérant FÉLIX LECLERC, dont le mariage avec l'intimée DAME MARIE YVONNE ANDRÉE VIEN a été célébré le 1er juillet 1942, à la cité de Montréal, district de Montréal, divorcé de ladite intimée dans trois mois de la date dudit jugement conditionnel, à moins qu'on ne lui ait exposé, dans ce délai, des raisons suffisantes pour lesquelles ledit jugement ne devrait pas devenir irrévocable;

2.- De donner acte au consentement intervenu entre les parties, ledit consentement étant rédigé en anglais et produit sous la cote, exhibit R-3;

3.- Le tout sans frais.

VU la demande soumise à la Cour, ce jour, par le requérant dans le but de déclarer irrévocable ce jugement conditionnel;
ATTENDU que ce jugement conditionnel n'a pas été porté en appel et qu'il n'appert au dossier aucune raison suffisante pour qu'il ne soit pas fait droit à la présente demande du requérant;

CONSIDÉRANT que la demande du requérant s'avère bien fondée en faits et en droit;

POUR CES RAISONS:
LA COUR DÉCLARE que le susdit jugement conditionnel est maintenant irrévocable et que le requérant FÉLIX LECLERC, dont le mariage avec l'intimée DAME MARIE YVONNE ANDRÉE VIEN a été célébré le 1er juillet 1942, dans les cité et district de Montréal, est par les présentes divorcé de l'intimée.

LA COUR DONNE ACTE au consentement intervenu entre les parties et produit sous la cote, exhibit R-3, ledit consentement en langue anglaise.

▼

C'est à Saint-Hyacinthe que Félix Leclerc et Gaétane Morin s'unissent devant le pasteur Jacques Beaudoin, en vertu d'une dispense de bans de l'Église unie du Canada, le 23 décembre 1969, avec comme témoins Joseph et Jean-Pierre Pichette, de l'île d'Orléans. Le notaire Pierre Lamarre, de Dorion, rédige le contrat de cette nouvelle alliance, qui met fin à toutes les péripéties de cette agonie pour certains, et constitue un heureux dénouement pour d'autres.

Félix ne peut passer sous silence le bonheur retrouvé : «J'aime m'amuser. Je veux que mes enfants puissent dire comme moi qu'ils ont été élevés dans un milieu où l'on était heureux. On dit qu'il faut du courage pour être heureux. Ce courage-là, je l'ai... Quand j'étais plus jeune, j'étais pacifique. Je voyais certaines réalités dans un nuage abstrait. Mais je me suis réveillé, j'ai cassé mes chaînes et je me suis rendu compte que ce n'est pas si épeurant que ça de vivre libre. Après avoir vécu la contestation de mai 1968 à Paris, j'ai observé les jeunes. Oui, c'est vrai qu'on est peureux. Moi, je n'ai plus peur. Il faut faire confiance à la vie et aux jeunes.»

... Quelques années après cette visite chez moi, dans les Cévennes, pour la fête de mon village, en 1967, je suis allé chez lui, sur son île d'Orléans. Il m'attendait au seuil de sa retraite, debout dans l'embrasure. Je reste sur cette image... Sa tête touchait le ciel. Il paraissait immense. Il l'était. Il grandit chaque jour dans ce siècle qui meurt.

Jean-Pierre Chabrol

CHAPITRE 21

Doudouche et Martin

Quand Félix décide de partir seul pour Paris en 1966, Doudouche, même si elle craint le pire, espère encore qu'il lui reviendra. Après tout, on n'écarte pas du revers de la main une relation d'amour, d'amitié, de tendresse de près de vingt-cinq années.

Au bout de quelque temps, elle doit se rendre à l'évidence : c'est en vain qu'elle attend le retour de Félix. Mais Andrée Leclerc accepte mal que son mari quitte le nid et entreprenne une vie nouvelle avec une autre femme, beaucoup plus jeune. Elle se confie à un journaliste montréalais, avide d'une manchette à faire pleurer, qui publie sa confession. Doudouche, qui croit ainsi plaider sa cause, regrettera amèrement certaines de ses confidences très dures à l'égard de son mari. Félix réagira à la vivacité de ses propos sur l'amour en écrivant *La Vie* :

> Plus fragile que la feuille à l'arbre la vie
> Plus lourde que montagne au large la vie
> Légère comme plume d'outarde si
> Tu la lies à une autre vie ta vie

On comprend que la peine et un état dépressif ont dicté les paroles de Doudouche qui vit la fin d'un beau rêve. Elle s'accroche à ce qui lui reste de plus cher, son fils Martin, vingt-deux ans, qui est et sera toujours proche d'elle. Martin vit une situation dans laquelle il se sent impuissant. Il n'en peut plus de les voir se déchirer le cœur.

Puis, viendra ce que l'on sait : la séparation, et peu à peu s'installera un climat de compromis acceptable. Andrée et Martin habiteront la grande maison blanche aux volets bleus jusqu'en 1973. Puis, un homme d'affaires de la région, le controversé gaillard Bill Craig, prendra alors possession des lieux. Il tentera, plus tard, de tout vendre au gouvernement ou au public, selon le plus offrant, à un prix de surenchère. Il est vrai que l'endroit se prête admirablement bien à la construction d'un centre d'art, d'un théâtre d'été ou d'un musée régional.

Après une période de repos à l'extérieur du Québec au cours de laquelle elle réapprend à vivre seule dans la sobriété, Doudouche finit par retrouver la paix et la sérénité avec l'aide de Martin et de sa bonne amie, Louise Mauffette, la femme de Guy. Aujourd'hui, quand elle parle de Félix, c'est sans amertume aucune. Elle a beaucoup donné à l'homme qui a partagé une bonne partie de sa vie, mais elle a aussi beaucoup reçu et elle chérit les lettres, les photos et les souvenirs de cette époque. Durant une longue période elle a occupé un poste de secrétaire à la Corporation de la Cité des jeunes de Vaudreuil et elle est maintenant retraitée.

▼

Au moment de la séparation, Martin suit des cours de photographie par correspondance. Il se passionne pour ce métier et petit à petit il installe laboratoire, chambre noire et studio à l'étage de la maison de Vaudreuil, où l'image du grand Félix s'estompe peu à peu.

«Pour avoir des plumes à son chapeau...» comme dans la chanson de Félix, Martin a-t-il capitalisé sur le prestige de son père? Ce n'est pas facile d'être le fils d'un géant sous tous les rapports, mais Martin a toujours voulu ne compter que sur lui-même.

Janine Sutto, en bonne voisine et amie, est l'une des premières à constater le talent de Martin. Les clichés de son chien saisi sur le vif, ces voiliers au repos, ces couchers de soleil font aussi l'admiration de Mireille, la fille de Janine, alors âgée de dix ans.

De son père, Martin a appris à lire les paysages rougeoyants à l'automne, la mer qui baigne le sable blond, l'oiseau qui fait son nid, toute cette munificence de la nature qui imprègne l'âme de ceux qui savent encore s'émerveiller. Poète à sa manière, il choisit de fixer ces beautés sur pellicule.

En août 1968, il expose ses œuvres au Centre culturel de la Cité des jeunes de Vaudreuil. C'est le départ d'une belle carrière de photographe et, plus tard, de caméraman à l'Office national du film où il exerce toujours son art.

À l'occasion de cette exposition, Henri Deyglun avait réalisé une interview dans laquelle Martin confie quelques impressions de sa jeunesse.

«J'ai beaucoup voyagé depuis ma tendre enfance, depuis les débuts de papa à l'ABC et aux Trois Baudets, à Paris. Ça m'a peut-être aidé d'un côté, mais peut-être nui de l'autre... Mes études en ont pris un coup. J'ai rencontré toutes sortes de gens, surtout dans le monde artistique. Tous très intéressants. J'y pensais en classe et j'étais trop distrait pour m'appliquer vraiment. Je passais d'une école française à une école québécoise. Chaque fois, une nouvelle méthode, de nouveaux cours, des profs à la douzaine, d'autres mentalités. L'adaptation n'était pas facile.

«De mon enfance, je me souviens des longues promenades avec mon père à travers Paris. Il m'apprenait à observer et à aimer la nature. Il m'en montrait les beautés en isolant une scène comme s'il la cadrait pour que je me pénètre bien de ce qu'il voyait et que je n'aurais pas remarqué sans lui.

«Il racontait d'une façon très imagée, comme il l'a fait d'ailleurs dans ses chansons qui sont des successions de petites scènes. Quand je surprends dans la nature même une image que lui a décrite, j'essaie de la saisir, de la fixer pour retrouver en elle toute la poésie que mon père y a mise.

«C'est vraisemblablement de là que date l'éclosion de mon intérêt pour le métier de photographe. Comme tous les enfants, je me suis vivement intéressé aux images et dessins des journaux et des volumes que mon père m'achetait. Plus tard, j'ai pris grand intérêt aux divers reportages des grands magazines : *Paris Match, Life, Jours de France, Look*, etc. Si bien qu'un jour, trouvant les photos tellement belles et le travail des photographes tellement captivant, je me suis mis dans la tête de faire ce métier de globe-trotter. Après mon cours scientifique, les arts appliqués, l'architecture ne m'ont pas emballé. Tout m'a découragé, sauf la photo. Oh! voyager... Mais toujours, oh! oui, toujours revenir à Vaudreuil. »

Henri Deyglun était alors chroniqueur pour l'hebdomadaire *La Semaine* et quel merveilleux chroniqueur! À peine deux ou trois semaines avant sa mort, j'allais chercher à l'hôpital ses derniers textes encore tout pleins de vie et d'humour. Henri trouvait encore la force de s'intéresser au sort de Martin qu'il avait connu au berceau. Il soulignait que si la notoriété du père avait pu parfois sembler écrasante pour Martin, combien de richesses, en revanche, lui avait-elle apportées. Les voyages d'abord puis tous ces gens hors du commun qu'il a connus encore enfant. Combien de fois Martin s'est retrouvé au sein d'une assistance composée des Mauffette, Brassens, Trenet, Devos, Rafa, Normand et les autres. À écouter ces conversations, Martin a dû en emmagasiner des mots et des idées dans ses cahiers secrets!

▼

À Vaudreuil, aussitôt que le nom de Félix Leclerc est prononcé, il se trouve toujours quelqu'un pour évoquer d'autres souvenirs. Jeanne-d'Arc Gauthier-Metcalfe, qui enseigna à Martin, en 1953 et 1954 à Vaudreuil, nous le décrit comme un élève sensible et doux qui aime s'amuser, se déguiser et faire rire les élèves. Son père venait souvent le chercher après la classe. «Il m'arrivait, dit-elle, de les accompagner dans leur maison de l'Anse, les soirs où le couple Leclerc s'absentait. Je m'occupais de Martin et, à la fin de la soirée, Félix venait me reconduire chez mes parents à la Petite-Côte. Quand il allait en Europe, il remisait parfois sa Volks coccinelle dans nos hangars. C'était une fête quand il venait à notre cabane à sucre familiale avec sa femme et Martin.»

Monique Gauthier-Montpellier, la sœur de Jeanne-d'Arc, a elle aussi travaillé chez les Leclerc à l'occasion. Elle s'était notamment occupée de Martin, en 1953, quand Doudouche avait dû être hospitalisée. Dès le retour de Martin après l'école, à bord de l'autobus que Florian Fleury avait baptisé «Le P'tit Bonheur», elle l'aidait dans ses travaux scolaires. Puis, très fréquemment, Félix amenait Martin et ses petits amis, Louise et Pierre Vinet, au bord de l'eau et il leur racontait des histoires invraisemblables. Il adorait les enfants.

«Durant toute la journée, raconte Monique, Félix travaillait dans son bureau. C'était un homme simple, tellement réservé, qui nous mettait à l'aise. Un soir, après le repas, il m'avait demandé laquelle de ses chansons je préférais. Je lui avais répondu que c'était *L'Hymne au printemps*. Aussitôt, il était allé chercher sa guitare pour me la chanter. Ça m'avait beaucoup impressionnée que Félix Leclerc chante pour moi toute seule. »

(Photo John Taylor)

CHAPITRE 22

Tourbillon de spectacles

« Laissez-moi libre comme l'eau.
Renfermé huit jours, je me corromps et je deviens poison. »

Félix Leclerc, *Le Petit Livre bleu de Félix*

C'est un nouveau départ dans la carrière du chanteur en Europe, qui s'amorce par le MIDEM (festival du disque) à Cannes, où Félix est invité d'honneur. En septembre 1967, on le retrouve à Bobino, le célèbre music-hall de la rive gauche à Paris.

Depuis leur rencontre, le 23 décembre 1966 (encore un 23 décembre !), Jean Dufour est le secrétaire, l'imprésario, l'homme de confiance et surtout l'ami de Félix Leclerc. S'il répète que leur association est une chance pour lui, Félix peut en dire autant de cet homme discret et compétent qui a su donner à sa carrière en France une nouvelle et heureuse orientation.

En 1967, Jean Dufour organise une tournée qui les mène dans quarante villes françaises. Salles combles, publics variés et des bravos comme s'il en pleuvait. Félix termine *Chansons pour tes yeux* à Paris au moment même où de Gaulle s'illustre à Montréal avec son « Vive le Québec libre ! », le 24 juillet 1967.

En mai de la même année, Daniel Johnson s'est rendu à Paris pour préparer la visite du général de Gaulle. Il a besoin d'alliés, hors du Canada, pour mener à bien sa dure bataille de l'égalité ou de l'indépendance. Félix Leclerc ne restera pas insensible à ces démarches et s'entretiendra à quelques reprises avec le premier ministre Johnson, qui se laisse porter par la vague lors de la visite triomphale du président de la France, à l'occasion de l'Exposition universelle de Montréal. On connaît la suite : le Québec fait son entrée sur la scène mondiale. Le lendemain de son discours mémorable, après une allocution remarquée à l'Université de Montréal, de Gaulle annule son voyage à Ottawa et reprend l'avion pour Paris.

«Le désormais célèbre "Vive le Québec libre!" a, certes, offensé certaines personnes, déclare Félix. Si cette attitude agace, serait-ce que notre liberté est relative... J'ai beaucoup d'espoir en la génération montante du Québec. Elle n'a rien à envier à celle de France. La langue parlée s'est améliorée et cette jeunesse éprouve, de plus en plus, le besoin de s'instruire, de s'épanouir davantage. Je suis frappé par la qualité de l'écoute de ces jeunes. Le sort du Québec est entre leurs mains, en de bonnes mains.»

▼

Lors d'une conversation, en novembre 1993, avec Jean Drapeau, maire de Montréal au moment de l'Expo 67, je lui demandai s'il avait personnellement connu Félix Leclerc. «Vous savez une chose : je possède tous ses disques et je les écoute encore avec émerveillement. Lors de visites à Paris, je suis allé l'entendre au moins deux fois. Et puis à l'Expo 67 où il se trouvait, on avait beaucoup bavardé ensemble. Un jour que je séjournais dans la capitale, pour un congrès de l'Union des municipalités, je ressentis le besoin, un désir profond d'aller voir Félix à l'île d'Orléans. Tout seul, dans ma voiture, je me rendis chez lui pour renouer le fil de la conversation sur notre avenir collectif. Ce fut une rencontre fort agréable.»

▼

Si l'on parcourt l'imposante feuille de route de Félix pour 1967, on constate qu'il s'agit de l'année la plus exténuante et enrichissante sur le plan de sa carrière.

Il est partout à la fois. Au Québec, en France, en Autriche, en Allemagne, en Espagne et en Belgique, où il triomphe en octobre au Palais des Beaux-Arts de Bruxelles. Vingt-quatre chansons, de multiples rappels. On peut lire dans le quotidien belge *Le Soir* : «Jamais le Canada n'aura eu de meilleur agent publicitaire que ce chanteur au torse et à la voix de bûcheron, à la tête de dandy, qui touche sa guitare comme on cueille une violette, doucement, délicatement, qui rassemble en une même fête heureuse tous les événements de sa vie et de celle du monde, les livre au public en peu de mots, comme s'il les aimait trop pour les donner tout entiers et qui semble avoir les pieds enfoncés dans la bonne terre à labour et la chevelure dans les étoiles. »

C'est aussi en 1967 qu'il s'installe à La Celle-Saint-Cloud avec Gaétane. Du 1er au 10 novembre, on peut applaudir le Québécois à la Place des Arts, à Montréal, ensuite dans seize villes du Québec et également à Ottawa. Durant ce séjour de fin d'année à Montréal, il est omniprésent à la télévision de Radio-Canada et de Télé-Métropole. Guy Godin le reçoit à *Terre des jeunes* le 28 octobre; Jean-Louis Gagnon et Claude Lapointe à *Franc-parler* le 5 novembre; Mariette Lévesque au *Club des Jnobs* le 6; Guy Boucher à *Jeunesse oblige* le 10. Félix chante aussi à l'émission radiophonique *Chez Miville* le 21 du même mois. Et ça continue ainsi. Un rythme infernal !

C'est un feu roulant de spectacles, en 1968 et 1969, et de triomphes à travers l'Europe, surtout en France et en Suisse. Trois semaines d'affilée à guichets fermés au Théâtre de la Ville à Paris. Même succès à Bobino. À Liège, les admirateurs déçus de ne pouvoir obtenir de billets sont si nombreux qu'on frise l'émeute; une représentation doit être ajoutée en fin de soirée. Tournée méditerranéenne, galas par-ci, festivals par-là. Gaétane, la nouvelle souveraine, adore cette drôle de vie pendant une certaine période... La télévision, la radio, tous les médias, même les librairies, réclament la présence du roi Félix. Ses livres se vendent comme des petits pains. Cependant, l'homme de cinquante-cinq ans n'a plus le temps de penser, d'écrire et cela l'attriste. Parviendra-t-il à se tenir à flot longtemps dans un tel tourbillon ?

▼

Lors d'un séjour à Paris où je fais la chasse aux artistes (cinquante entrevues, en deux ans), en compagnie du photographe gitan Max Micol, j'ai tôt fait de m'apercevoir que le nom de Félix agit tel un véritable sésame. C'est grâce à lui que s'ouvrent les portes de Georges Brassens, Fernand Raynaud, Danielle Darrieux, Maurice Chevalier, Darry Cowl, Claude

François, Félix Marten, Michèle Morgan, Eddie Constantine, Colette Renard, Robert Lamoureux, Marcel Amont et d'autres.

Je souhaite rencontrer Guy Béart ? Félix m'envoie «aux studios de Boulogne où il tourne pour la télévision son émission *Bienvenue*. Il va bien te recevoir.» À mon arrivée aux studios de la RTF, je suis accueilli par Viviane Jungfer, attachée au bureau de la société Temporel et secrétaire de Guy Béart qui veille à écarter les importuns. Dès que je mentionne le nom de Félix, son sourire s'épanouit et elle prévient Guy Béart qui vient à moi la main tendue :

— Avez-vous vu à la télévision canadienne l'enregistrement que j'ai fait avec Félix Leclerc ? [L'émission sera présentée sur les ondes de Radio-Canada le 17 novembre 1969.] Quel type épatant ! On peut l'écouter parler durant des heures, des jours entiers. Il n'a pas son pareil. Chaleureux comme son pays. On a pris deux jours pour filmer une émission d'une heure avec des images et de la vivacité dans les propos. On n'a pas grand mérite, avec Félix, ça marche tout naturellement. Dans vingt ans, une séquence avec lui, comme c'est le cas aussi avec par exemple Raymond Devos, sera toujours aussi actuelle, aussi valable. Et puis cette émission m'a rappelé le Québec, depuis mon premier spectacle à Montréal avec Annie Cordy et Sacha Distel, à la Place des Arts, quelques engagements ici et là, à La Barre 500, à Longueuil. J'ai toujours suivi l'évolution du Québec sous l'impulsion de l'Expo 67. J'y ai aussi rencontré Raymond Lévesque, Jean-Pierre Ferland et Gilles Vigneault, qui m'a enseigné beaucoup de choses à la Porte Saint-Jean à Québec. J'ai même rendu visite à Félix, à Vaudreuil, avec lequel j'ai longtemps partagé le même imprésario d'ailleurs, Jacques Canetti.

— À propos de votre séjour chez Félix, à Vaudreuil, il me revient à la mémoire un fait cocasse que Félix m'a raconté. Un matin, vous étiez sorti de la douche complètement nu, comme si vous étiez seul dans la maison. Par fausse pudeur, un reste d'éducation familiale qui frisait le puritanisme, voire par jalousie, Félix avait été choqué de votre attitude désinvolte. «Ç'a-t-y du bon sens de s'exhiber ainsi en costume d'Adam devant tout le monde ! Ce sacré gros poilu de Béart se croyait peut-être dans un camp de nudistes sur la Côte d'Azur.» Mais allez savoir avec Félix, si ce n'est pas d'abord de lui-même qu'il se moquait...

À minuit, comble de gentillesse, le soir même, Guy Béart débarquait à mon hôtel, le Bedford, rue de l'Arcade, tout près de la Madeleine, pour m'offrir une boîte joliment enveloppée contenant tous ses microsillons et une photo de Félix faite lors de son passage à *Bienvenue.*

▼

Déjà, nous sommes en 1969. Félix Leclerc et Jacques Brel sont les invités spéciaux d'Europe 1. C'est la première fois qu'on les voit travailler ensemble. Brel lui rappelle son séjour à Vaudreuil dix ans plus tôt et les spectacles qu'il a donnés au Palais Montcalm, à Québec, et à la Comédie Canadienne à Montréal.

Pour fuir l'activité de Paris, Félix s'installe quelques mois en Suisse, à Saint-Légier, au-dessus de Vevey. Il effectue une autre tournée française avant de rentrer au pays en 1970 et d'emménager définitivement à l'île d'Orléans.

Son imprésario, Jean Dufour, devient le secrétaire de Raymond Devos, de 1971 à 1973, et assure les mêmes fonctions auprès de Bernard Haller. En 1974, il fonde sa propre agence artistique, en Dordogne, qui voit notamment aux carrières de Marina Vlady, Sébastian Maroto, Léo Ferré, Alan Stivel et, bien entendu, Félix Leclerc.

Par la suite, surtout de 1979 à 1982, d'autres grands noms du Québec et d'Europe se joignent à l'agence de Dufour : Yves Duteil, Julos Beaucarne, Pauline Julien, Jacques Bertin, Suzanne Jacob, Anna Prucnal. Plus tard, respectivement en 1984 et en 1987, Sol et Jean Lapointe effectueront des tournées européennes sous la direction de Dufour.

En 1991, Jean Dufour réalise une série d'émissions pour Radio-France Périgord en hommage à Félix Leclerc. Comme on peut le constater, ces deux défenseurs de la belle chanson ont fait un bon bout de chemin ensemble, principalement dans les Maisons des jeunes et de la culture, dans les grands festivals de France, où Félix connaît ses plus belles heures de gloire. Souvenirs toujours bien présents chez Jean Dufour.

Saint-Rémy-sur-Lidoire, France, 2 septembre 1994

Cher monsieur Brouillard,

Je vous remercie de votre aimable lettre et suis très sensible à la
manière dont vous servez la mémoire de Félix Leclerc. Vous le
savez, Félix a beaucoup apporté à ma carrière et à ma vie. Je lui
dois les plus belles années de mes expériences professionnelles
et son souvenir est toujours présent.

Je suis souvent sollicité par des organismes culturels ou des
associations qui honorent Félix Leclerc et son œuvre. Pour cette
raison, je n'ai plus beaucoup de documents réellement originaux.
Je vous envoie donc une photo accompagnée d'un bref commentaire...

[...]

Jean Dufour

Pendant quatre années d'affilée, Félix retrouve, en Europe,
un public fidèle, enthousiaste. «Mais son pays, le Québec, lui
manquait tout le temps. C'était comme une peine d'amour qui le
taraudait, raconte Gaétane Morin-Leclerc. Félix avait cinquante-
quatre ans, et à l'instant où il a vu sa fille Nathalie, il est devenu
un autre homme, toutes les barrières sont tombées. Cette enfant
l'a véritablement libéré... Après la naissance de Francis à l'île,
Félix, qui avait alors cinquante-sept ans, m'a avertie : "C'est
assez, je ne suis pas Charlie Chaplin."»

▼

Il s'en passe des choses au Québec. C'est la crise d'Octobre,
en 1970. Pierre Elliott Trudeau, premier ministre du Canada,
n'y va pas de main morte. On emprisonne des centaines d'innocents. On joue de la matraque. Le maire Jean Drapeau remporte
tous les sièges à l'élection municipale du 25 octobre. Robert
Bourassa est élu premier ministre du Québec. Le Front de
libération du Québec enlève l'attaché commercial de Grande-
Bretagne, James Cross, et le ministre Pierre Laporte. Bref, on a
mis le feu aux poudres. Félix, le patriote, est en colère et s'engage
à sa façon dans le combat pour l'indépendance du Québec.

Pour les souverainistes convaincus, il semble assuré et
normal qu'un nouveau pays apparaisse démocratiquement sur la
carte mondiale. L'État fédéral comprend de plus en plus que le

Québec n'est pas une province comme les autres. C'est d'abord la plus grande des contrées du monde dont la langue officielle soit le français. Près de quatre habitants sur cinq sont d'origine et de culture françaises. Hors de l'Europe, nous formons donc la seule collectivité importante qui soit française de souche. Les Québécois continuent de s'affranchir collectivement et de poursuivre, en 1994, la lutte pour la souveraineté, même sur la scène fédérale avec le nouveau porte-parole officiel, Lucien Bouchard. Pour lui, les Anglo-Canadiens s'aperçoivent qu'en boycottant systématiquement le Québec, ils empêchent l'évolution d'un peuple fier et digne de ses origines.

▼

Viennent aussi d'autres livres plus engagés publiés aux Nouvelles Éditions de l'Arc : *Rêves à vendre* et *Dernier Calepin*. Toujours très sollicité, Félix a du mal à s'isoler à l'île d'Orléans. Il accepte de faire quelques spectacles : une dizaine de villes européennes, Bobino en 1971, Madagascar, le Grand Théâtre de Québec, en septembre 1972, le Théâtre de la Ville, à Paris, en 1973, et quelques autres apparitions, notamment en Belgique et en Suisse, et même à Toronto...

Le 29 octobre 1973, Armand Loiselle, directeur des livres au Québec des magasins Eaton, qui fait les cent pas dans l'aéroport de la capitale de l'Ontario, n'en croit pas ses yeux quand il aperçoit Félix Leclerc ! Oui, nul autre que Félix Leclerc, qu'il vient tout juste de regarder à l'émission de Radio-Canada, *Appelez-moi Lise*, est là, seul, guitare à ses côtés, en train de lire le *Toronto Star*.

Timidement l'incrédule s'avance vers Félix pour le saluer. Aussitôt, la conversation s'engage sur un sujet qu'ils affectionnent tous les deux : «Nous avons parlé du métier de bûcheron, raconte Loiselle, pendant près d'une heure. C'est un métier que j'ai exercé quelques années au nord de l'Ontario et en Nouvelle-Angleterre. Félix s'enflammait, ses yeux pétillaient. Il fut question de Félix-Antoine Savard et de son roman *Menaud, maître-draveur*, et aussi du monde scolaire. Plus tard, en cours de vol, Félix s'est levé pour venir me saluer, ainsi que mon frère Bernard. Pour nous, admirateurs du pionnier depuis

de longues années, ce fut une joie de constater que l'homme
était aussi grand que l'artiste. »

▼

Guy Latraverse et Lucien Gagnon ont réussi un coup de
maître en présentant *J'ai vu le loup, le renard, le lion*, qui réunit
trois générations de chansonniers québécois – Félix Leclerc,
Gilles Vigneault et Robert Charlebois – sur les Plaines d'Abraham
à Québec, dans le cadre de la Superfrancofête le 13 août 1974.
Les trois artistes, que Félix définit ainsi : « Moi, je suis la lampe
à huile, Vigneault c'est l'électricité et Charlebois c'est le néon»,
ont rendu un bel hommage, à la fin du spectacle qui a attiré cent
cinquante mille personnes, à Raymond Lévesque. Qui n'a repris
en chœur sa composition à jamais éternelle, interprétée sur
disque par Enrico Macias, Cora Vaucaire, Eddie Constantine,
Nicole Croisille, Marie-Denise Pelletier, Simone Quesnel,
Fernand Gignac, Luce Duffault, pour ne nommer que ceux-là ?

> Quand les hommes vivront d'amour
> Il n'y aura plus de misère
> Les soldats seront troubadours
> Mais nous, nous serons morts, mon frère...

L'événement a été immortalisé, en 1975, sur un superbe
microsillon double regroupant vingt-cinq titres, dont *Contumace*,
Un soir de février, *Bozo*, *Les 100 000 Façons*, *Moi, mes souliers*,
Le P'tit Bonheur, *L'Alouette en colère*, *La Mort de l'ours*.

▼

À soixante ans, l'heure de la retraite a-t-elle sonné pour
Félix ? Selon toute apparence, il n'en est rien puisque, sous la
direction de son nouvel homme de confiance, Pierre Jobin,
Leclerc donne cent cinquante spectacles au Québec et en France.
Puis il ne veut plus quitter son île, à moins de raisons majeures.
Vingt-cinq ans après l'ABC en 1950, il chante du 18 novembre
1975 au 6 janvier 1976 au Théâtre Montparnasse-Gaston-Baty.
Son spectacle *Merci la France* sera enregistré sur un album
double. En 1976, il effectue une autre tournée en France. Le

15 novembre, il chante à Quimper, en Bretagne, le jour où le Parti québécois de René Lévesque remporte les élections.

Dorénavant, Félix réserve son tour de chant presque exclusivement au Patriote, à l'établissement de Montréal et à celui des Laurentides. Comme il le faisait les premières fois qu'il chantait à cet endroit, jamais il ne signe de contrat avec les fondateurs de ces établissements culturels, Yves Blais et Percival Broomfield ; tout se règle par une poignée de main.

Dans un livre qui relate les trente ans du Patriote, en 1994, Philippe Laframboise raconte qu'un certain soir, quelques années plus tôt, alors que les propriétaires du Patriote ramenaient leur invité chez lui à l'île d'Orléans, Félix leur parle d'une nouvelle chanson qu'il hésite à chanter en public et qu'il aimerait leur faire entendre. Percival et Yves ont le souffle coupé en entendant *L'Alouette en colère*. L'année suivante, lors d'un nouveau spectacle au Patriote, c'est le délire dès qu'on entend les premières notes de cette chanson qui figure parmi les œuvres les plus engagées de Félix.

> J'ai un fils enragé
> Qui ne croit ni à Dieu
> Ni à Diable ni à moi
> J'ai un fils écrasé
> Par les temples de la Finance
> Où il ne peut entrer
> Et par ceux des paroles
> D'où il ne peut sortir
>
> J'ai un fils dépouillé
> Comme le fut son père
> Porteur d'eau, scieur de bois
> Locataire et chômeur
> Dans son propre pays
>
> [...]
>
> Mon fils est en prison
> Et moi je sens en moi
> Dans le tréfonds de moi
> Pour la première fois
> Malgré moi, malgré moi
> Entre la chair et l'os
> S'installer la colère

▼

L'écrivain chanteur parisien Jacques Bertin décrit admirablement bien dans *Félix Leclerc, le Roi heureux*, les adieux du Canadien (maintenant appelé le Québécois) à la France. Félix met le cap sur la grande fête de l'Humanité à Paris, en septembre 1977, et fait une tournée en Suisse, dans les Maisons de la culture. Pour Bertin, qui a douze albums à son actif et aussi deux Grands Prix de l'Académie Charles-Cros, Leclerc est un symbole de la nation québécoise.

De son côté, Pierre Jobin, qui s'occupe de la carrière de Leclerc au Québec à partir de 1973, réussit à le faire sortir de l'île à quelques reprises seulement. Félix a soixante-quatre ans et veut consacrer une grande partie de son temps à ses jeunes enfants.

Bien des producteurs et des organismes de tout genre lui proposent d'autres engagements, mais en vain. Il répond pourtant par un mot gentil et personnel, même pour refuser. Alors que je sollicite sa présence pour un grand gala télévisé à Radio-Québec, le *Marathon du sourire*, organisé par le Comité provincial des malades, présidé par Claude Brunet, il me fait parvenir cette lettre, manuscrite comme à son habitude :

Île d'Orléans, le 15 avril 1983

Mon cher Marcel,

J'appuie ton projet au maximum mais, tu le sais, je ne chante plus depuis quelques années.

Sans sortir de l'île, tu as tous mes meilleurs souhaits. Mes bonnes pensées t'accompagnent.

Grands saluts à l'ami Guy Godin.

Amitiés,

Félix Leclerc

▼

Cette vie de plus en plus circonscrite aux limites de l'île d'Orléans est au goût de Félix. La vie de vedette, les tournées, les applaudissements, les voyages : il en a fait le tour.

Maintenant, ses plus beaux voyages se déroulent dans les six municipalités que compte l'île, lentement. Il s'arrête quand il veut, où il veut. Comme à Sainte-Pétronille, où il prend le temps de ralentir devant l'atelier et la maison du peintre Horatio Walker, le chantre de la paysannerie québécoise au tournant du siècle.

Cet artiste anglophone, né à Listowel (Ontario) en 1858, a vécu à l'île d'Orléans de 1888 jusqu'à sa mort en 1938, tout en poursuivant sa carrière à New York. Il était l'artiste le plus coté de sa génération en Amérique du Nord. «Aucun peintre n'a jamais observé la collectivité québécoise avec autant de perspicacité, de finesse et de justesse», dit de lui David Karel, auteur d'une biographie de Walker et professeur à l'Université Laval depuis 1973. Son collègue, l'ex-maire de Sainte-Pétronille, Bernard Dagenais, a assisté au dîner organisé en l'honneur de Félix, en 1986, à l'atelier de Walker. Cette même année, Félix visitait la grande rétrospective de ses œuvres au Musée du Québec.

Félix ne renie certes pas le faste que sa carrière lui a procuré, mais le style de vie qu'il mène sur l'île le comble. «Il a toujours été un solitaire, mentionne Gaétane Morin-Leclerc, un indépendant aussi. Il avait des amis artistes qu'il préférait voir seul à seul. Il aimait Jean-Pierre Ferland, dont il a chanté les premières chansons, et Gilles Vigneault, bien sûr, mais Félix était un gars de bois et un poète, et ce monde-là, ça ne fait partie d'aucun système.»

C'est parce qu'elle le voulait ainsi que Gaétane a choisi de rester non pas dans l'ombre gigantesque de son mari, mais à côté de lui. «Je ne voulais pas, confie-t-elle à la journaliste Monique Roy, devenir quelqu'un à cause de lui, je ne voulais pas être connue comme la femme de... C'est ainsi que j'ai exprimé mon féminisme... S'il avait fallu que je m'absente toute la journée pendant qu'il était en tournée, que seraient devenus nos enfants ? On avait un appartement à Québec, on allait au cinéma, au restaurant, mais Félix ne recevait à l'île que ceux qu'il voulait bien voir ; il avait atteint un âge où on a le droit de choisir.»

▼

Dès son installation permanente à l'île d'Orléans, en 1970, Radio-Canada n'a pas tardé à le présenter régulièrement à ses auditeurs. Dans le cadre de l'émission de radio *Tour de chant* le

11 janvier, réalisée par Claude Gosselin au Palais Montcalm, Félix n'a eu qu'à traverser le pont de l'île pour venir présenter ses récentes chansons et parler de son périple européen.

Trois mois plus tard, le 9 avril, un engagement pour la télévision de Radio-Canada ramène Félix, pour son plus grand plaisir, dans la capitale. Il s'agit d'une série réalisée par François Faucher, *Cent Mille Chansons,* enregistrée au Petit Cap, domaine appartenant au Petit Séminaire de Québec et situé à Cap-Tourmente, en face de l'île d'Orléans. Au cours de cette série animée par Richard Joubert, on suit Félix et l'écrivain Jean Côté jusqu'à la terrasse Dufferin.

«Qui n'a pas vu le cap Tourmente n'a pas connu vérita-blement Québec», disait Félix. C'est là, au début de sa carrière, sur le promontoire qui embrasse, par sa large fenêtre de verdure, le colossal fleuve Saint-Laurent et les ombres grises au lointain des grands immeubles de la ville, que Félix avait entonné ses plus beaux airs et lu quelques hymnes poétiques regroupés dans un ouvrage qui devait paraître un peu plus tard.

Un récital donné à l'Institut canadien, à Québec, le 21 septembre 1970 le ramène aux années cinquante. «Dans le temps, pour les gens qui n'ont pas connu la ville de Québec, dit Félix, le *carré* d'Youville était le centre nerveux de la Haute-Ville. Juste sur le coin, en diagonale avec le Palais Montcalm, Théo Genest et René Nolin accueillaient respectivement à leur hôtel et restaurant toute la faune artistique du Québec.» Félix y cassait souvent la croûte et côtoyait les chanteurs Jacques Larochelle, Guy Lepage, Claude Gosselin, le chroniqueur sportif Louis Chassé, le pianiste Gaston Rochon et, bien entendu, l'enfant terrible de la radio, Saint-Georges Côté, et Jean Côté, humoriste impénitent, dont Félix disait qu'il était le fils spirituel de la Dame aux camélias et le journaliste le plus déluré et le plus original de la Ville de Champlain.

Félix, qui s'intéressait depuis toujours à l'histoire de Québec et lisait tout ce qui lui tombait sous la main sur cette ville, avait toujours un fait à vérifier, un édifice à retrouver quand il y venait. Ses fouilles prenaient parfois l'allure d'une véritable tocade. Un jour qu'il avait rendez-vous avec Jean Côté, Félix, passant rue d'Auteuil, se mit à la recherche d'une vieille prison qu'il savait être la plus ancienne de Québec et qui méritait donc une visite, une prison à «chevilles de bois». Après avoir parcouru la rue en long, en large et en travers sans succès, il abandonna et alla retrouver Jean Côté chez Kerulu, situé près du cinéma Empire, aujourd'hui occupé par la librairie Garneau. Bonne idée puisque la vieille prison fut retrouvée comme par enchantement rue des Ursulines. «Tu vois que je m'y connais», fit remarquer Félix à l'intervieweur Côté un peu perplexe!

À cette époque aussi, Félix fréquentait souvent la piscine du Palais Montcalm où Jos Lachance, l'entraîneur du fameux nageur Jacques Amyot, vainqueur de la première Traversée internationale du lac Saint-Jean, régnait sur une petite écurie de champions. La musculature de Marc Lamontagne, porteur du titre de Monsieur Québec, avait de quoi complexer Félix qui, bien que doté d'une force de paysan, lui enviait bien un peu ses muscles : «Malheureusement, disait-il, si j'avais voulu devenir comme ces athlètes, il aurait fallu que je commence à pratiquer les poids et haltères au berceau.»

Québec. La rue du Trésor, le Château Frontenac, la terrasse Dufferin, la rue Sous-le-Fort, le Parlement, la Porte Saint-Jean, la Citadelle, le Musée de l'Amérique française, un héritage du Séminaire de Québec, les Plaines d'Abraham : autant de repères qui ont porté Félix à la rêverie, à la flânerie, et aussi à la création. Mais aussi que de coins ignorés, comme le déplorait Félix qui prônait que «le jour où l'on se fera un vrai pays, il devra d'abord reposer sur notre histoire et notre culture».

*Les francophones du Canada entier et, bien sûr,
ceux du Québec tout particulièrement se plaisent
à se reconnaître en lui... il parlait et chantait en
leur nom. Il les incarnait, comme il incarnait
leurs drames, leurs bonheurs, leurs rêves — petits
et grands — et il les faisait connaître au monde.
Il continue toujours à le faire...*

Jean-Louis Roux,
Montréal, 21 février 1989

CHAPITRE 23

La retraite

«L'île, c'est comme Chartres, c'est haut et propre, avec des
nefs, avec des arcs, des corridors et des falaises...»

Félix Leclerc

Félix travaille la terre et il est heureux. C'est ce qu'il confie
à Louis-Guy Lemieux, du *Soleil*, en décembre 1986 : «Mon
plaisir, c'est de faire mon jardin. J'ai un tracteur, je fais mes
clos, je prête mes pacages à mon voisin qui a soixante vaches
parce que j'ai pas mal grand... Je ne vis pas de la ferme, mais je
suis content en maudit d'aller chercher mes quinze poches de
patates à l'automne et de me mettre à quatre pattes dans le rang
et de ramasser, avec ma femme, des radis, des concombres, des
petites fèves...

«J'ai dû me débarrasser de beaucoup d'animaux : le bœuf, le
cheval, les chèvres. Mais j'ai des pigeons extraordinaires qui
ressemblent à des colombes. C'est une race spéciale : en France
on appelle ça des pirouetteux et, ici, des culbuteux. Ils montent
haut dans le ciel et se laissent tomber tout droit à terre comme
s'ils avaient reçu une balle de fusil. Au moment de s'écraser au
sol, ils se redressent et reprennent leur vol comme si de rien
n'était. C'est de toute beauté !»

Même septuagénaire il ne s'économise pas. Il y a quelque
temps, une allergie sournoise l'a obligé à prendre un tas de médicaments qui ont entamé son bon état de santé. Mais, somme
toute, il se porte bien même s'il ne peut oublier les effets de
l'âge. D'ailleurs il a eu l'occasion d'y penser il y a quelques
années quand son ami Séguin est décédé, le 16 septembre 1982 :
après avoir ressenti une douleur à la poitrine, son cœur a flanché,
presque sans prévenir.

Félix, qui aimait se pencher sur le passé de l'île, comme sur celui de son pays, trouvait à combler son appétit avec les connaissances de Robert-Lionel Séguin, historien et ethnologue. Tous les deux avaient à cœur la défense du patrimoine et l'identité québécoise. L'historien se plaisait à rappeler que la famille Séguin, terriens de génération en génération, était vraisemblablement la plus ancienne de la région de Vaudreuil, ainsi qu'il en était pour la famille Leclerc à l'île d'Orléans, l'ancêtre Jean s'y étant établi vers 1660.

Tout comme Leclerc dans son domaine, Séguin a acquis une réputation internationale grâce à ses ouvrages d'ethnologie. Tous les deux ont reçu de nombreux hommages, dont le prix Ludger-Duvernay attribué à un écrivain dont l'œuvre et le rayonnement servent les intérêts du Québec. L'ethnologue avait aussi remporté le prix Broquette-Bonin de l'Académie française.

Quelques années après la mort de Séguin, j'ai laissé un ouvrage qui lui était consacré, publié aux Presses de l'Université du Québec, dans la boîte aux lettres de Félix à l'île d'Orléans, qui en avait accusé réception :

Île d'Orléans, 8 mai 1984

Cher Marcel Brouillard,

Sois remercié ainsi que madame Huguette Séguin pour ce magnifique livre que nous avons trouvé avec un mot de ta part dans la boîte à lettres.

J'endosse entièrement le bel hommage que l'on rend à l'ethnologue ami Robert-Lionel Séguin, mais un ethnologue c'est quoi ?

Un ramasseux, un fouilleux, un rassembleux, un chef d'orchestre. On écoute et la symphonie passe.

Mon cher Marcel, mes bonnes pensées t'accompagnent.

Félix Leclerc

P.-S. Trois étoiles à Madeleine Ferron pour son texte : L'Étole de monsieur Séguin.

Le Musée des arts et traditions populaires du Québec à Trois-Rivières a accueilli l'imposante collection de Séguin, l'ethnologue, le professeur, l'historien qui fut le premier à favoriser le développement de l'ethnologie, de la muséologie et de la mise en valeur de notre patrimoine national, à commencer par la création du Musée historique de Vaudreuil ouvert au public en juillet 1965, qui a été renommé depuis Musée régional de Vaudreuil-Soulanges.

En 1954, Séguin avait remporté le premier prix de la meilleure nouvelle littéraire de l'Association des hebdomadaires de langue française pour un texte publié dans *La Presqu'île* et qui traitait de la légende du Champ du diable.

Dans le voisinage du sanctuaire de Notre-Dame-de-Lourdes, un large amoncellement de pierres usées, arrondies, disposées avec quelque symétrie continue d'intriguer bon nombre de pèlerins et de touristes. La légende veut que, il y a bien longtemps, résidait à cet endroit un cultivateur mécréant qui ne craignait pas de travailler sa terre même le dimanche, jour consacré au Seigneur. Aux passants qui le blâmaient, il ne répondait que par des blasphèmes. Aussi, un beau dimanche qu'il labourait son champ, la punition tomba-t-elle du ciel, foudroyante : le sol se déchira pour engloutir vivants le laboureur et ses bêtes, et la terre (certains diront le champ de patates) se transforma en un champ de cailloux.

Cette légende du Champ du diable ou du Champ de patates, évidemment bien connue des Rigaudiens, et un peu moins des Québécois, était pourtant connue d'un certain Français célèbre, comme j'ai pu le constater à mon grand étonnement.

Au début des années soixante-dix, je me retrouve à Paris où, par un concours de circonstances, j'ai l'occasion d'interviewer Fernand Raynaud qui me présente à deux grands de la presse mondiale : Raymond Castans, directeur de la rédaction, et Guillaume Hanoteaux, rédacteur en chef, alors tous deux de *Paris Match*. L'interview porte sur la chanson québécoise et les chanteurs québécois qui font leur marque à Paris. Lorsque dans la conversation je mentionne que j'habite Rigaud, Raynaud s'exclame : « Mais vous habitez dans le champ de patates de mon ami Félix ! » Qui aurait cru que la légende du Champ du diable traverserait l'Atlantique ?

J'ignorais à ce moment-là les liens qui existaient entre les Leclerc et les Raynaud depuis les débuts de Félix à Paris ; j'appris aussi que Raynaud avait rendu visite à Félix, à Vaudreuil. Quoi de plus naturel, par la suite, que Fernand demande à Félix de lui servir de témoin lorsqu'il épouse la chanteuse Renée Caron, le 22 janvier 1955, à la mairie de Belleville. Après la cérémonie, tous les invités sont conviés aux Trois Baudets, transformé pour l'occasion en guinguette, où Félix accepte de livrer le discours traditionnel et de chanter. Quand on sait que l'assistance comprend notamment Darry Cowl, Raymond Devos, Jean-Marc Thibault, Roger Pierre, Jacques Canetti, Jean Nohain, on imagine très bien l'ambiance !

Le comique, qui avait quitté son Auvergne natale à bicyclette, devait y revenir vingt-cinq ans plus tard en Rolls. Hélas, le 28 septembre 1973, Fernand Raynaud meurt dans un accident de voiture. Il n'a que quarante-huit ans. Peu de temps avant sa mort, il avait invité Félix, en tournée en France, chez lui, à Clermont-Ferrand. Il songeait à abandonner définitivement la scène et à se retirer à Nouméa en Nouvelle-Calédonie, où il s'était installé en 1972 pour échapper au fisc.

▼

Félix fuit les manifestations publiques, les journalistes, la scène, mais *La Presse* lui fait un jour une demande qu'il ne peut refuser, surtout qu'elle lui donne l'occasion de rencontrer une de ses idoles.

Lors du centième anniversaire du journal *La Presse*, le 20 octobre 1984, Félix Leclerc et Maurice Richard sont désignés comme étant les Québécois les plus illustres et les plus représentatifs de l'heure. *La Presse* organise une rencontre des deux lions – deux hommes qui ont ouvert le chemin et donné l'exemple à leur manière –, rencontre qui a lieu à l'île d'Orléans. Les journalistes Réjean Tremblay, Jean Beaunoyer, le photographe Pierre McCann et l'agent de Félix, Pierre Jobin, ainsi que Sylvie Lalande, coordonnatrice du comité du centenaire, y sont conviés.

Le pionnier de la chanson et le grand du hockey échangent des présents symboliques : le bâton de hockey du 526e but contre un 78-tours de la version originale de *Bozo*, un chandail des Canadiens contre la première édition des trois premiers livres de l'auteur. En écoutant Félix lire une petite adresse de circons-

Félix et son contrebassiste Léon Francioli dans les coulisses de Bobino à Paris, en 1968. (*Photo Max Micol*)

Félix et son imprésario Jean Dufour à Paris, en 1970, sur l'un des ponts qui enjambent le canal Saint-Martin. (*Photo Jacques Aubert — Philips*)

261

Félix à Nice au cours du tournage d'une émission de télévision. La nageuse qui lève un bras est Suzanne Nucéra, l'épouse de l'écrivain Louis Nucéra.
(*Photo Raph Gatti*)

Jean-Claude Labrecque et Jean-Louis Frund tournent *La Vie* avec Félix, à son camp en bois rond de l'île d'Orléans.
(*Collection Cinémathèque québécoise*)

La maison de Félix à l'île.
(*Photo Henri Aubin*)

Le père Paul-Aimé Martin, fondateur des Éditions Fides, et Félix. (*Archives Fides*)

Les lauréats des Prix du Québec 1977 : Léon Bellefleur, Félix, Léon Dion,
Jacques Ferron et Jacques Genest. (*Photo Normand Pichette* — Le Journal de Montréal)

Il suffit d'une chanson pour que Félix ressuscite sur nos visages les sourires tués par la vie et fasse frémir notre cœur, ce muscle étrange...

Louis Nucéra

François Dompierre, à gauche, et deux de ses musiciens en compagnie de Félix, au cours d'une séance d'enregistrement à Longueuil.
(*Photo John Taylor*)

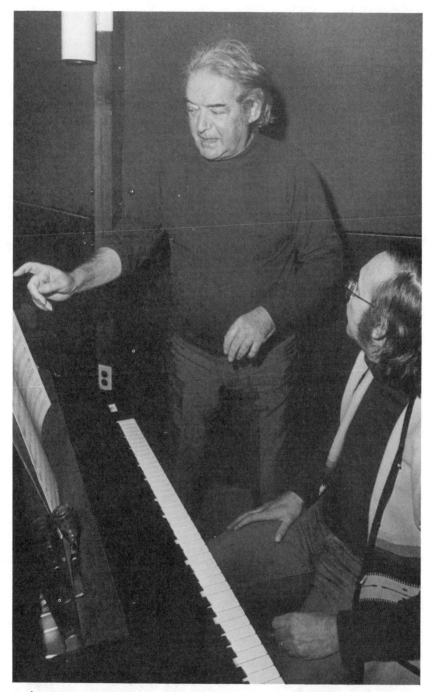

À Longueuil, en 1979, François Dompierre arrange et réalise *Chansons dans la mémoire longtemps*, un coffret de trois microsillons sur lesquels Félix interprète trente-six nouvelles versions de son répertoire. (*Photo John Taylor*)

Claude Rochon remet la médaille d'argent du MNQ à Félix, en 1980.
(*Archives Société Saint-Jean-Baptiste de Montréal*)

Monique Leyrac, Félix et son épouse Gaétane à l'île d'Orléans. (*Photo Camil LeSieur*)

Je te laisse, Félix, à tes montagnes à traverser, à tes voyages en profondeur, tant il est vrai qu'il y a des voyages en surface vite oubliés. Si par hasard tu ne te souviens plus, déjà, du tien sur cette terre, nous ne sommes pas près de tomber dans l'ingratitude à ton égard. Tu as apporté l'eau vive de ton Québec à la chanson française et nous buvons encore à la source. Bon vent au paradis des alouettes...

Roger Gicquel, 21 février 1989

Roger Gicquel, au centre, et Jean-Pierre Ferland à l'île d'Orléans, en 1984, lors de l'émission de télévision *Vagabondages* consacrée entièrement à Félix.
(*Photo Trudeau / Kipa – Archives Radio-Canada*)

Être «maîtres chez nous» ne suffit plus; c'est la souveraineté qu'on propose au peuple lors du référendum de 1980. Les artistes se mobilisent, Félix en tête, et prônent le «oui». Mais c'est le «non» qui l'emporte. Le poète déçu regagne son refuge insulaire.
(*Photo Camil LeSieur*)

Il y avait deux Félix. L'homme public était plein d'une discrète humilité. Sa modestie était la pudeur de son talent. Il avait une âme de violette. Sa gloire le gênait. Mais dans l'intimité, c'était un joyeux luron, d'une exubérance d'enfant, d'une gaieté contagieuse, d'une poésie délirante... Ce pays québécois, il le voulait indépendant. Et français. Pour lui aussi, l'alternative était tragiquement simple : c'était la souveraineté ou... la Louisiane.

Doris Lussier

René Lévesque, Doris Lussier et Félix : trois grands Québécois...
(*Collection Doris Lussier*)

C'est à ce moment-là que le premier ministre du Québec demanda à Félix de proclamer
les résultats du référendum. Devant une foule enthousiaste de partisans consternés,
René Lévesque dira à ces «gens du pays» : «Si je vous comprends bien,
ce que vous êtes en train de me dire, c'est : à la prochaine !»
(*Photo Camil LeSieur*)

Le consul général de France au Québec, Renaud Vignal, épingle les insignes du grade de Chevalier de la Légion d'honneur sur Félix. (*Archives* Le Soleil)

Félix en compagnie du sculpteur Armand Vaillancourt à l'île d'Orléans, en 1988. (*Collection de l'auteur*)

Félix reçoit chez lui, à l'île d'Orléans, le maire de Montréal, Jean Doré, et le député Gilles Duceppe, quelques jours à peine avant sa mort, en 1988. De gauche à droite : Amélie Duceppe, Conrad Lapointe, Yolande Brunelle, Alexis Brunelle-Duceppe, Félix, Jean Doré, sa fille Magali et son épouse Christiane Sauvé. (*Photo Colombe Lapointe*)

Francis félicite son père lors de la remise de la Légion d'honneur
chez le consul Renaud Vignal, à Québec. (*Photo Camil LeSieur*)

La dernière entrevue de Félix chez lui, à l'île d'Orléans, avec Louis-Guy Lemieux, du quotidien
Le Soleil, en juin 1988.

Tous n'ont pu entrer dans l'église Notre-Dame-des-Victoires de la basse ville de Québec pour les funérailles de Félix, en 1988. (*Photo Jacques Deschênes* — Le Soleil)

Rien n'a bougé dans le bureau de Félix à l'île d'Orléans, sept ans après sa mort. (*Photo Jacques Beardsell* — *Musée du Séminaire de Québec*)

Jean-Marie, Cécile, Sylvette et Grégoire, sœurs et frères de Félix, devant l'église de Saint-Pierre, à l'île d'Orléans, en 1988. (*Archives* Le Journal de Montréal)

Francis et Nathalie Leclerc dévoilent l'œuvre de Raoul Hunter dédiée à Félix et érigée à l'entrée de l'île d'Orléans en 1989. (*Photo Germaine Dumas*)

tance, les personnes présentes ont l'impression d'assister à un événement historique. « Ce n'est pas la gêne, écrit Beaunoyer, qui nous clouait le bec mais le respect face à deux hommes qui ont beaucoup fait du Québec ce qu'il est aujourd'hui et qui ne pouvaient que s'entendre et se comprendre. »

Félix en profite pour se faire raconter par Maurice lui-même sa version de cette fameuse soirée des éliminatoires, en 1955, qui avait engendré au Forum de Montréal la pire émeute sportive de notre histoire. Cent cinquante mille partisans en colère sont descendus dans la rue pour protester contre la suspension controversée et injuste du « Rocket ». « J'étais à Lausanne à ce moment-là, dit Félix, et là-bas nous avions tous les détails de l'incident. C'était traité comme une importante nouvelle internationale. »

Même si les deux pionniers ne professent pas nécessairement la même allégeance politique, il n'empêche que leurs signatures se suivaient, en 1977, sur la déclaration d'appui au projet de loi réclamant que le français doit, au Québec, être la langue normale et habituelle au travail, dans l'enseignement et dans les communications. Parmi les signataires de cette lettre adressée au premier ministre René Lévesque, de même qu'à Camille Laurin, ministre d'État au Développement culturel, on relève les noms de Robert-Lionel Séguin, Émile Legault, Stanley Cosgrove, Mia Riddez, Paul Unterberg, Marcel Dubé, Nicole Germain, Michel Tremblay. Quelque deux cents personnalités québécoises de toutes les sphères de la société ont également signé la pétition qui se lisait comme suit :

> Nous sommes fiers d'appuyer le projet de loi sur la langue qui rétablit enfin, après une longue attente historique, les droits du français au Québec dans toutes les dimensions de notre vie collective et traite nos minorités avec une justice et une générosité sans pareilles dans les législations des autres provinces du Canada. Ce projet de loi met fin à l'humiliation et à l'inquiétude séculaires de notre peuple, en lui permettant d'affirmer son identité et de répondre avec lucidité, courage et dignité à l'énorme défi que constitue son destin en terre d'Amérique. Implanté au coeur d'un continent anglophone, il tombe sous le sens que le Québec doit être massivement français pour assurer la maîtrise de son avenir et sa pleine contribution aux valeurs internationales de la culture française. Nous saluons cet espoir nouveau d'un Québec moderne et francophone.

Félix Leclerc n'a jamais raté une occasion de s'exprimer sur la question linguistique, notamment lorsqu'il s'agit des aspects relatifs aux pays exposés au bilinguisme : «Oui, je suis bilingue. Ce n'est pas à l'école primaire que j'ai appris l'anglais mais dans les rues d'Ottawa et à l'âge de quinze ans. C'est une mauvaise partance pour l'enfant anglais ou français que de lui inculquer deux langues à l'école primaire. Que chacun baigne dans sa langue maternelle jusqu'à l'âge de quatorze ans, s'il veut la bien posséder. Quand on veut, une langue seconde s'apprend en six mois dans une ville étrangère. La langue, c'est comme un instrument de musique : celui qui les joue tous, les joue mal. À part quelques exceptions, celui qui n'en joue qu'un seul le joue bien.»

Au moment de se quitter, avec la promesse de se revoir avant le bicentenaire de *La Presse*, Félix a récité *Il neige* à l'intention de son invité de marque :

> Quand il lance, l'Amérique hurle.
> Quand il compte, les sourds entendent.
> (Ce qui est arrivé à son 500ᵉ but.)
> Quand il est puni, les lignes téléphoniques sautent.
> Quand il passe, les recrues rêvent.
> C'est le vent qui patine,
> C'est tout Québec debout qui fait peur et qui rit...
> Il neige !

▼

Le 13 décembre 1985, Radio-Canada nous présente un *Beaux Dimanches* consacré au patriarche de l'île. Sa voix est changée, son regard n'est plus tout à fait le même. Il souffre en silence. Mais ses convictions profondes et son émotion crèvent l'écran.

On a écrit alors que Félix dit le Lion était sorti de son habitat pour dévoiler son testament et refaire devant nous le puzzle de l'histoire du Québec. «C'est pas parce que je suis un vieux pommier que je donne de vieilles pommes.» La télévision d'État a vu juste en nous dévoilant le contenu de *Rêves à vendre* ou *Troisième Calepin du même flâneur*.

En 1988, l'Office national du film offre un cadeau aux Québécois en réalisant *C'est la première fois que j'la chante*, à l'aide de métrages d'archives produits par cet organisme. On y entend dix-sept chansons du poète-troubadour, quelques-unes inédites, dont une qu'il interprète en duo avec Monique Leyrac, qui assure aussi la narration du documentaire tourné à l'époque chez les Leclerc, à la maison de l'Anse.

▼

Maintenant, la seule tournée qu'accepte de faire Félix, c'est celle de ses amis et voisins de l'île : Jos de Montigny, cultivateur, Yvan Roberge, aussi agriculteur, ainsi que la postière Françoise Roberge et le marchand général Paul-Émile Gosselin, Jacques Huot, paysagiste, Conrad Lapointe, sculpteur, Monique Hovington, tisseuse de tartan, Jean-Claude Paquet, doreur.

Depuis trois cents ans vit dans l'île une population de souche française, façonnée par ses origines, mais aussi par le climat, un paysage grandiose. Chez Félix, la hache est toujours là, toujours prête, près de la corde de bois de chauffage. Quelqu'un prendra-t-il la relève ? La chèvre et le mouton supplient qu'on leur porte un peu d'attention. Francis va-t-il chausser les bottes de son père ?

Henri Aubin, né à l'île d'Orléans en 1918, nous a fait découvrir son île, où il vit encore, et le petit monde de Félix dans son ouvrage *L'Île d'Orléans de Félix Leclerc*.

Encore aujourd'hui, des centaines de visiteurs font une pause au 2481 du chemin Royal de la paroisse de Saint-Pierre devant la maison du géant de l'île. Henri Aubin, qui fut directeur de la chorale et de la Caisse populaire paroissiale, secrétaire de la Commission scolaire durant vingt-cinq ans, puis secrétaire de la municipalité, habite au 1369 du chemin Royal. C'est dire qu'il en a vu du monde défiler devant chez lui pour découvrir cette île légendaire, à l'ombre d'un « grand-père au regard bleu qui monte la garde ».

« Félix, poursuit Henri Aubin, était en avance sur son temps, jeune de cœur et d'esprit. Il consacrait beaucoup d'énergie et de loisirs à ses enfants, alors qu'ils étaient, ces derniers temps, aux études. » Dans son deuxième ouvrage consacré à l'île d'Orléans, Henri Aubin a dressé sommairement l'arbre généalogique de Félix :

1. Jean Leclerc, tisserand en toile, épouse en Normandie, à Dieppe, Marie Blanquet, vers 1657. Le couple arriva à l'île d'Orléans vers 1660. Ils eurent neuf enfants.

2. Adrien Leclerc et Geneviève Paradis, 9 novembre 1694, à Saint-Pierre.

3. Jean-Baptiste Leclerc et Marie-Madeleine Jobidon, 6 avril 1728, à L'Ange-Gardien.

4. Michel Leclerc et Marie-Louise Hubert, 28 janvier 1762.

5. Michel-Clément Leclerc et Marie-Marguerite Beaudet, 28 octobre 1788, à Saint-Louis (Lotbinière).

6. Dominique Leclerc et Émélie Auger, 8 septembre 1840, à Saint-Louis (Lotbinière).

7. Nérée Leclerc et Zéphirine Laliberté, 10 juin 1878, à Sainte-Emmélie (Lotbinière).

8. Léonidas Leclerc et Fabiola Parrot, 14 novembre 1904, à Saint-Édouard (Lotbinière).

9. Félix Leclerc

Même s'il se faisait discret, Félix participait toujours à certaines activités de l'île : « Il s'est intéressé de près à la mise sur pied de la bibliothèque municipale, en 1986, suggérant des titres de livres, des collections. Il nous conseillait tout le temps. Son expérience, son humanisme étaient pour nous d'une grande richesse. Sa fille Nathalie a également apporté son aide durant plusieurs mois », rapporte Conrad Gagnon, le maire de la municipalité de Saint-Pierre.

Gisèle Gallichan, journaliste et animatrice à la télévision, « la fille du bout de l'île » comme l'avait nommée Félix, était parmi les privilégiés à qui il rendait visite. « Les bateaux y étaient pour beaucoup, dit-elle. Devant chez lui à Saint-Pierre, le chenal n'est pas assez profond pour laisser passer les navires de gros tonnage. Par contre, chez nous à Sainte-Pétronille, Félix avait déjà vu jusqu'à trois paquebots sillonner en même temps les eaux du fleuve. Pour comprendre le sens des choses, disait-il, il faut savoir tremper sa plume dans le bleu du ciel. »

Gisèle Gallichan est devenue membre de la petite famille de l'île, où elle habite encore, le jour où elle s'est amenée chez Félix pour l'interviewer ; ils ont beaucoup parlé et la complicité s'est vite installée entre eux. Elle est aussi devenue une grande amie de Gaétane, avec qui elle entretient toujours des liens profonds d'amitié.

Cette attirance pour l'île, pour les bateaux, Julos Beaucarne la commente dans un ouvrage sur Brel publié en 1990. Beaucarne, né à Bruxelles en 1936, raconte que Félix lui aussi préférait les îles : «Il vivait à Saint-Pierre sur l'île d'Orléans, ce bateau de terre, de champs et d'arbres qui navigue au milieu du Saint-Laurent face à la place forte de Québec. Un pont mince comme une libellule, presque une passerelle, remplace le traversier d'antan. Les poètes sont-ils des traversiers, des passeurs d'eau, des éclusiers, des pionniers, des ouvreurs de voies ? Pourquoi ce goût d'éloignement et de proximité étroitement mêlés : ce goût de foultitude et de solitude ? »

▼

Par un bel après-midi de l'été 1988, quelques jours avant que Félix nous quitte pour le grand voyage, il y avait du vent dans les voiles et le gémissement d'une guitare plaintive se mêlait aux conversations des membres de la famille et des amis venus célébrer un peu à l'avance l'anniversaire de Félix. Parmi les convives se retrouvaient Gisèle Gallichan, l'historien Gilles Gallichan, le comédien Paul Hébert, et Claude Morin, le frère de Gaétane.

Depuis longtemps on n'avait vu Félix dans une forme aussi resplendissante. Il blaguait, racontait des anecdotes, plaisantant même de la mort : «Un des plaisirs au ciel, lançait Félix, c'est de regarder vieillir en bas ceux qui vous appelaient les vieux.» Il rappela le souhait qu'il avait exprimé lors du décès de René Lévesque, en 1987, victime comme son ami Séguin d'une crise cardiaque : celui de terminer ses jours comme eux, vite et sans avertissement.

Sa voisine et amie, Jeannette Pichette, dira quelques jours plus tard : «Je l'ai vu encore dimanche, il se baignait dans sa piscine et était d'excellente humeur. Pour son anniversaire, je lui avais apporté un cadeau. J'étais contente de constater que les malaises respiratoires et cardiaques qui avaient nécessité son hospitalisation l'automne dernier étaient chose du passé. Vous savez, c'est mon défunt mari qui a vendu à Félix la terre où il a bâti sa maison et aussi son camp en bois rond. »

Son « campe » – c'est ainsi qu'il désignait son chalet ou sa « cabane au Canada » – qui faisait dire à Félix : « Je ne suis pas contre le confort, mais je crois qu'il faut se prouver, de temps en temps, qu'on peut s'en passer. Il faut parfois se mettre en situation de mourir de froid si on ne se défend pas. »

▼

« Si vous passez par ce pays, la nuit, y a un fanal comme un signal de bal... », comme dans *Bozo*. Beaucoup de visiteurs s'arrêtent à l'île d'Orléans pour saluer les gens du chemin Royal qui la ceinture. Des fouilles récentes ont permis d'y inventorier plusieurs sites préhistoriques et de découvrir également d'autres endroits historiques dont celui de l'Anse-du-Fort à Sainte-Pétronille.

En juillet 1994, je fais halte au Gîte de la Colombe, de la paroisse de Saint-Pierre à l'île, où Colombe et Conrad Lapointe m'invitent à visiter leur grande maison historique construite sur les fondations de la vieille demeure où vécurent au moins quatre générations des ancêtres de Félix. Cette habitation rurale, raconte Conrad Lapointe, a servi de salle de rassemblement paroissial à quelques reprises. On y a même présenté des soirées de magie et de lutte avec un homme fort du temps, Victor Delamarre, l'un des héros de Félix.

« C'est en 1974, dit Conrad, que nous nous y sommes installés pour y élever notre famille. Ma femme Colombe m'apportait son aide à la grange convertie en atelier d'ébénisterie. Maintenant, elle consacre surtout son temps aux touristes qui séjournent à notre gîte. »

Conrad Lapointe sculpta plusieurs meubles en chêne pour Félix, avec des motifs exclusifs de rideaux de scène et de fleurs de lys. Félix venait à son atelier avec toutes sortes de bonnes raisons ; parfois pour apporter du fromage de chèvre qu'il fabriquait lui-même ou des livres et des disques avec de belles dédicaces : « Quand je sais que Conrad sculpte dans sa grange, je me sens chez nous sur l'île. Bonne année 79 ! Félix L. » En voici une autre datée du mois de juillet 1977 : «À mon voisin l'ébé-niste Conrad Lapointe... Quand ils sont bien faits, les meubles restent comme des écrits... F.L.»

En remarquant les noms du maire de Montréal, Jean Doré, et du député Gilles Duceppe, inscrits dans leur registre d'invités, le 25 juillet 1988, je constate que cette date est bien proche du 8 août de la même année, alors que Félix nous quittait pour l'au-delà. Conrad avait alors téléphoné à Félix pour lui demander s'il ne pouvait pas consacrer quelques minutes de son précieux temps à ses invités de passage dans l'île.

Qui aurait pu se douter que quatorze jours plus tard ce serait la fin du grand Québécois ?

(Photo Camil LeSieur)

CHAPITRE 24

La jeunesse et le pays

Au Théâtre de l'Île, le 6 juin 1988, Félix accepte de participer à un spectacle pour encourager un mouvement pacifiste local. Son dernier engagement porte sur la place des enfants dans notre société. Il milite pour les jeunes. Les siens, et les nôtres. Pour leur avenir. «J'aimerais laisser une seule image, celle d'un homme avec une guitare qui voulait chanter les hommes et la terre qu'ils habitent...», dit-il dans sa dernière entrevue avec Louis-Guy Lemieux.

▼

Beaucoup d'eau a coulé sous la passerelle que Félix avait construite, en 1958, sur sa propriété de l'Anse de Vaudreuil, avec son ami Rosaire Vinet. Aujourd'hui, Martin, quarante-neuf ans, et Lise sont les parents d'Alexis, treize ans, et de Mélanie, dix-sept ans. Martin continue, en 1994, de travailler comme caméraman à l'Office national du film. Il habite Village-sur-le-Lac près de la grange et des champs où son père composa ses plus belles chansons, voire une grande partie de son œuvre imposante.

Nathalie, aujourd'hui âgée de vingt-cinq ans, porte le prénom de son arrière-grand-mère et Francis, vingt-trois ans, celui d'un aïeul. Bon sang ne saurait mentir si l'on songe aux ancêtres de Félix, Jean Leclerc et Marie Blanquet, qui ont supporté les durs hivers et fait à pied les trente-cinq kilomètres du tour de l'île, dès 1662.

Nathalie a étudié la psychologie et le travail social, mais sa mère, Gaétane, est persuadée que la musique occupera toujours la première place pour elle. Sa marraine et son parrain, Yolande B. Leclerc et Jean-Paul Filion, l'auteur de *La Parenté*, sont d'accord sur ce point.

Francis, qui a étudié en communication à l'Université Laval, est un passionné de cinéma, tout comme son demi-frère Martin. Il remporte le concours Vidéastes recherchés, en 1992. La projection de deux de ses œuvres aux Rendez-vous du cinéma québécois l'a fortement encouragé à se consacrer entièrement à son art. Francis est un conteur-né, tout comme son père ; dans ses films, il cherche avant tout à étonner le spectateur et à exploiter l'inattendu.

▼

En juin 1977, Félix participe aux fêtes de la Saint-Jean, sur la scène du Stade olympique. « Il fallait le faire. On célébrait l'an 1, après l'élection du Parti québécois en 1976. Il fallait que ce soit gros. Je ne m'étais pas rendu compte que ce stade-là en béton, ça ressemble à quarante-cinq grosses locomotives. C'était un spectacle conçu principalement pour la télévision. J'étais content de savoir que Joe Smith, à Vancouver, regardait ça et qu'il réalisait qu'ici, il y avait un peuple...

« Le 16 novembre 1976, lendemain de l'arrivée au pouvoir du PQ, je chantais au Stadium à Paris en compagnie de Pauline Julien et de Raymond Lévesque. J'ai alors écrit un texte sur cet événement qui a été publié dans *Le Monde* quelques jours plus tard. »

Le 16 novembre 1976

L'An 1 du Québec

L'arrivée de l'enfant a été dure pour la mère. Enfin il est là. Bien portant, vigoureux.

Déjà il rue et il crie, il veut vivre.

Ses yeux sont bleus avec du vert dedans.

Et je le vois puissant, calme, raisonnable et surtout poli.

Car moi la politesse surtout dans la chicane m'a toujours étonné. « Tirez les premiers, messieurs les Anglais », non pas jusque-là, mais un peu mousquetaire, bûcheron et poète.

Enfin, le fils est là.

Il lui reste à étudier, comparer, discuter les pensées dans les livres, les visages, les lunes, les voisins, les jardins, à découvrir le fleuve, les milliers de soupirs qui font de la musique dans les marais de nuit pour les Bozo fragiles. À chausser des patins, à nager sous les lacs, à filer vers la lune en français librement.

Il lui reste à se pencher sur celui qui demande, mais à se redresser devant celui qui donne, à ne rien accepter de facile, de gratuit.

Jamais oui, jamais non, plus souvent non que oui.

Voilà comme je le vois.

Étudiant jusqu'au soir de sa vie, il couvrira ses petits-fils de lainage, de patience et d'humour, cette arme pour le voyage qui est la plus utile.

Il quittera sa maison ouatée de neige, gagnera ou les champs, ou le bureau, ou l'usine, exigera juste salaire, la tête haute, mais ne détruira rien.

Vandales et braconniers sont des profanateurs et méritent potence. Il fera face au loup, dénoncera le fourbe. Trop de temps, trop longtemps, la terre fut aux lâches, aux oisifs, aux tricheurs. Qu'il la prenne, lui, mon fils, c'est à son tour. Chacun son tour. Elle est belle, elle est là, elle est sienne, et que la peur de vivre soit rayée à jamais.

Tu es chez toi, enfin, vis, goûte, savoure et chante.

Ne me remercie pas. Que tu vives comble mes jours de joie.

Bon voyage à toi et à ta descendance.

Félix Leclerc (entre Quimper et Paris)

▼

Félix profite de toutes les occasions qui lui sont données de parler aux jeunes. En 1983, Jean-Pierre Ferland anime quotidiennement *Station soleil* à Radio-Québec et souhaite vivement compter Félix au nombre de ses invités. Après des échanges de lettres, des appels téléphoniques, un télégramme soigneusement fignolé de Ferland, Félix accepte de passer à l'émission de télévision, qu'on enregistre aux Deux Pierrots de la rue Saint-Paul, dans le Vieux-Montréal.

Son agent et secrétaire Pierre Jobin a bel et bien averti le réalisateur que Félix, alors âgé de soixante-neuf ans, ne veut plus chanter. Il a accroché sa guitare. « Dis-leur, Pierre, que j'ai une jambe coupée, que je suis malade... Dis-leur que je ne parle qu'anglais, là ils vont croire que je suis vraiment malade... », l'avait prévenu Félix. Tel que convenu avec l'animateur, il sera sur les lieux à seize heures pour une courte entrevue en direct à seize heures trente, en ce dernier jour du mois d'août.

Tout le monde jubile. L'équipe de télé se prépare fébrilement à recevoir le roi de l'île, dont les apparitions en public sont extrêmement rares. Pierre Duceppe, le réalisateur, et Ferland sont aux p'tits oiseaux, de même que Claude Dubois, Jean Lapointe et les chroniqueurs Jeanette Biondi et Marc Laurendeau, qui font partie de l'émission.

On est en pleine répétition, dès quatorze heures, lorsque Félix s'amène seul, guitare en bandoulière. Duceppe s'empresse d'aller au-devant de son invité. Les musiciens arrêtent de jouer. Silence. Ferland est ému, jusqu'à la dernière minute, il avait craint que Félix se décommande.

— En quittant l'île, ma femme m'a fait comprendre que je devais apporter ma boîte à lunch, mon instrument de travail. Au cas où vous insisteriez pour que je chante, déclare Félix.

— Excellente idée, monsieur Leclerc, nous allons changer le déroulement de l'émission pour vous faire une place d'honneur, à vous et à votre guitare.

— Ne changez rien ! Pour les honneurs, on oublie ça. Rappelez-vous ce que dit Pagnol dans Marius : «L'honneur c'est comme les allumettes, ça ne sert qu'une fois.» J'ai pensé que ça pourrait faire plaisir à mon ami Jean-Pierre si je chantais l'une de ses chansons, *Ton visage*, ou bien *Les Noces d'or*, dont il a écrit les si belles paroles.

Ce fut un moment de grâce dès son entrée en ondes. Il a chanté, assis sur les marches de la scène des Deux Pierrots, et il a beaucoup parlé. Il a exhorté les jeunes à persister dans leur quête d'un pays, soulignant que certains peuples ont mis deux cents, trois cents ans pour gagner leur indépendance. «C'est pas vrai que c'est dépassé cette idée, confie-t-il au journaliste Paul-Henri Goulet. Faut le ressusciter, ce rêve. Faut en parler encore. Si on se laisse faire, on deviendra la Louisiane. La jeunesse, à qui appartient la tâche de changer les choses, doit prendre la place des aînés et faire son choix décisif. La souveraineté, c'est maintenant son affaire !»

Qu'il parle de poésie, de théâtre, de la jeunesse ou des aînés, Félix Leclerc revient toujours au rêve qu'il chérit le plus, celui de se donner un pays, un chez-soi. D'autres ont suivi son exemple et continuent de chanter et de parler dans les capitales, à l'instar de Gilles Vigneault : « Félix a battu des sentiers, défriché des terres et des champs, posé des clôtures, creusé des fossés, refait des ruisseaux, trouvé des lacs et des rivières dans le pays de la chanson où, aujourd'hui, nous allons nous baigner, cultiver, marcher et vivre plus facilement parce qu'il y a eu quelqu'un pour déboiser. »

Vigneault a découvert Leclerc alors que ce dernier était en tournée avec les Compagnons de Saint-Laurent au séminaire de Rimouski en 1948. Ce spectacle fut l'un des éléments déclencheurs qui le confirma dans sa décision de se lancer dans la chanson et l'écriture. Sa rencontre au collège avec Félix-Antoine Savard, l'auteur de *Menaud, maître-draveur* et *L'Abatis,* avait aussi été décisive pour sa carrière.

« Oui, c'est Félix qui m'a fait chanter, comme il a donné envie de chanter à tout le monde ici, dans le bon sens, de confier Vigneault. Quand le Canadien a triomphé à l'ABC, j'étudiais à la Faculté des lettres de l'Université Laval, à Québec. On n'a pas su tout de suite que ça marchait très fort pour lui. On a fait un peu la fine gueule dans certains milieux intellectuels ici. Lors de mes débuts en France, en 1966 et 1967, j'ai compris ce que Félix avait fait pour nous, les Québécois.

« Quand je lui ai demandé un coup de pouce pour publier mes premières chansons, Félix a eu cette remarque pleine de sagesse et d'humour : "Tes choses, mon Gilles, c'est-y des fraises ou des framboises ? Si oui, dépêche-toi de les vendre. Mais si c'est bon et durable, prends ton temps."»

Pour le poète et député de Mercier, Gérald Godin, l'âge mûr de Félix Leclerc, au lieu de l'éloigner de la situation politique, l'a mené vers un engagement de plus en plus profond. Les deux hommes ont eu des contacts fréquents au début des années soixante-dix, lorsque Félix accepta de prêter son nom à la cause de l'hebdomadaire *Québec Presse* que Godin dirigeait. «Le Québec n'est pas chanceux d'avoir perdu en moins d'un an deux personnes qui servaient de phares à notre société : René Lévesque et Félix Leclerc», de commenter Godin, qui vient à son tour de disparaître, le 12 octobre 1994, à la suite d'une longue maladie. La cérémonie à l'église Saint-Pierre-Claver, sur le Plateau Mont-Royal, s'est terminée avec *L'Hymne au printemps* de Félix.

Quand Félix reçut le prix Calixa-Lavallée, Pauline Julien, aussi Grand Prix du disque de l'Académie Charles-Cros de Paris à deux reprises, avait ajouté aux propos de son mari Gérald Godin : « Le grand coup de génie de Félix Leclerc est de rajeunir en même temps que le Québec, attentif et lucide à tout ce qui se passe en lui et autour de lui. »

Les gens qui ont préféré l'engagement poétique de Félix à son engagement politique respectent quand même la conviction profonde de cet homme franc, sincère, au service d'une cause. Parmi ceux-là, l'animatrice et auteure Pierrette Champoux me faisait parvenir, sachant que je m'apprêtais à publier le présent ouvrage, deux portraits de circonstance :

LE CHANTEUR	LE POÈTE
Il a chanté les « P'tits Bonheurs »	Il est plus grand mort que vivant !
Tous les « Bozo » de sa tendresse.	On ne lui voyait pas avant
Aussi la colère et la peur	Cette dimension de géant
Sur un fond mêlé de tristesse.	Qu'on lui découvre maintenant.
[...]	[...]

L'éditorialiste Marcel Adam, reconnu pour ses opinions fédéralistes, ne cache pas non plus son admiration pour Félix, dont il est un admirateur depuis toujours. « Ce n'est pas le diminuer que d'exprimer des réserves sur son action politique des dernières années. Avant Félix Leclerc, le domaine de la chanson était dominé par la production et les interprètes de France et des États-Unis. Il a été le pionnier et le précurseur de tous ceux qui allaient suivre son exemple et prendre la place qui était occupée jadis par les étrangers... Sa poésie foisonne d'images d'une si profonde résonance humaine et d'une telle beauté qu'on ne peut les entendre et demeurer l'œil sec. »

▼

À la fin de décembre 1978, Félix prend l'autocar en direction de Montréal pour assister au lancement du *Petit Livre bleu de Félix* et d'un nouveau microsillon, *Mon fils*.

Je t'ai montré mon fils
Ce que j'ai fait de mieux
Un soleil plein de nues
Des aurores boréales
Des cascades d'étoiles
Tombant dans le néant
Sur les branches du vent

Toute la presse est là. Nombreux invités, dont beaucoup de jeunes : « Si j'avais vingt ans aujourd'hui, ce serait différent, dit Félix. La chanson est devenue un boulevard. Et je n'aime pas les grandes avenues. Je préfère les petits sentiers, les ouvrir avec mon couteau de poche. Peut-être que je choisirais de travailler avec mes mains le cuivre ou le plomb en utilisant le feu. Les jeunes de vingt, trente ans sont surpris aujourd'hui d'entendre qu'il n'y avait pas de chansons québécoises, ou si peu, quand j'ai débuté. Comme leurs enfants seront surpris d'apprendre dans vingt ans que dans les années soixante-dix, chez nous, on avait de la difficulté à parler notre langue.

« Peut-être qu'à mon âge, bientôt soixante-cinq ans, j'ai de bonnes raisons d'être fatigué. L'an dernier, j'ai donné quarante-quatre spectacles dans quarante-quatre villes différentes de France, en autant de jours, tout ça pour chasser le mal du pays et l'angoisse. Et puis, quand ça fait trois mille tours de chant en trente ans, il est peut-être normal de ressentir quelque petite douleur physique et de vouloir regarder passer le train. De toute façon, on oublie les jérémiades, je passerai l'hiver à écrire dans mon île, à terminer mes petites histoires avant l'été 1979. Et puis après, on verra bien. Ma famille doit passer avant tout. »

▼

Félix Leclerc est un homme libre, écrit Jean Royer dans *Pays intimes* ; il s'est toujours défendu de faire de la « politi-querie » : « Je ne travaille pour aucun parti politique. Je travaille pour mon pays, pour les miens, ces géants assoupis. J'ai répondu à un représentant du Parti québécois qui voulait m'engager : si vous m'aimez, laissez-moi libre. Mon parti, c'est l'homme. Mon ennemi, c'est la bêtise et l'ignorance. »

Jean Royer, qui habita l'île durant plusieurs années, a aussi été le fondateur du Galendor. Aujourd'hui, en 1994, il se retrouve aux Éditions de l'Hexagone, après avoir dirigé les pages littéraires du *Devoir*, de 1978 à 1982. À de nombreuses occasions, il a eu le privilège d'interviewer ou simplement de partager les propos de Félix sur l'avenir, le pays à faire, etc.

«Bien oui. Les Leclerc étaient ici il y a trois siècles. Je suis chez nous dans l'île, dit Félix. Je suis bien dans mes habits, dans ma terre, dans mes affaires de Leclerc. C'est de l'atavisme, je pense bien. Et ma femme Gaétane vient de l'autre côté du pont. Elle a vu l'île toute petite, toute sa vie. Et nos enfants : Francis est né ici, Nathalie, la plus vieille, est née à Paris. Mais on est de l'île.

«Alors, ceux de l'île qui disent que ça fait vingt ans que je suis ici, moi je leur réponds que ça fait trois siècles... Les gens de l'île, ce sont des gens adorables, merveilleux. Mais il faut leur dire que c'est beau, l'île. J'en ai raconté des histoires des nuits de temps à mes amis ici et autour de Saint-Pierre ! Ils étaient tout heureux de savoir que j'avais voyagé un peu, que j'avais vu de beaux endroits dans le monde et que je leur disais, arrivé à l'île, que je trouvais ça beau !

«Sans se prendre pour d'autres, il faut vanter le pays. Il faut dire aux Québécoises qu'elles sont belles, intelligentes. Il faut dire aux jeunes Québécois qu'ils ont du talent à revendre. Il faut dire qu'on a des gars capables d'entreprendre des travaux comme la Manic. Il faut dire qu'on a les hommes. Faites-leur confiance : ils sont là, ils attendent ! Si vous me dites, juste avant d'entrer en scène : t'es pas bon ! C'est fini. Au contraire, si vous dites : c'est toi, t'es le seul, vas-y ! Moi, c'est ce qu'en France on m'a dit. J'y ai cru. Y croyant, les autres y croient.

«Alors, il faut se donner des bonnes claques sur l'épaule et se dire : on le fait, le pays ! Il y a des hommes qui pourront répondre aux moments tragiques à passer. Et ce matin-là comme dans *Qui est le père ?*, un cri terrible viendra du froid, du golfe, mais il n'y aura même pas de révolte : nous serons unis, ensemble... »

Qui est le père ? a été créée en 1973 au Galendor, le théâtre d'été de l'île d'Orléans. Le fils a pris pour nom Jean-Baptiste. Ses deux voisins, Uncle Sam et John Bull, viennent fêter chez lui, dans sa maison, avec la carte du Québec devant eux. Jean-

Baptiste se rend compte qu'il ne possède rien, que le pays n'est pas à lui. «Ce qui passionne, écrit Martine Corriveau dans *Le Soleil*, ce sont les idées véhiculées et le dénouement du suspense. Baptiste qui saute le mur de l'asile et parcourt la province maison par maison, à la recherche de ceux qui ont le goût de la liberté, ça demande réflexion.» Cette fois, la pièce avait été un succès, tant aux yeux du public que de la critique.

«Je suis hanté par l'idée d'avoir un pays à nous, poursuit Félix, comme les Français... Faut lâcher la peur. Faut croire en nous. Essayons, toujours! Parce qu'on aura toujours le remords de ne pas avoir essayé : on sera des vieux, tannants, sur nos chaises roulantes, puis on sera laids, on sera pas regardables parce qu'on n'aura pas essayé! Qu'on se réveille et qu'on devienne indépendants... C'est le temps de nos dernières chances. Il faudrait bien nous décider. Il nous faut un pays à nous.»

Félix est non seulement un homme libre, mais c'est aussi un homme heureux. «Cela s'entend, raconte Jean Royer. Cela se voit plus que jamais quand je le retrouve dans son île, qui ressemble bien au pays droit des plus fières chansons de Leclerc.»

Son bonheur, Félix l'a appris avec ses semblables, avec sa famille nouvelle. «Il ne faut pas chercher le secret plus loin, le deuxième souffle comme on dit. Quand t'as des jeunes enfants... tu ne peux pas penser à ton âge, tu n'as pas le temps de te regarder vieillir ni de te compter les rides dans le visage. Mais il manque à mon bonheur celui des autres, comme dit le vieux proverbe.»

Sa liberté, Félix veut qu'elle serve aux autres. Et il faut être vigilant, même dans les petites choses, comme lorsque Félix s'implique dans une bataille, qu'il gagnera d'ailleurs, contre l'implantation d'un centre commercial à l'île d'Orléans :

«L'île, c'est une œuvre finie. L'île est belle du derrière des granges aller à l'eau. Tout le tour. La route, c'est un premier pas. Il faut s'arrêter n'importe où, demander la permission à l'habitant d'aller dans les fonds. Les paysages sont variés. Il y a les détours de Saint-François et ce cimetière qui donne dans l'eau. Tout ça, c'est un immense bateau comme Chartres qu'on voit dans les blés... Il faut peut-être leur dire aux gens que le vert c'est précieux comme de l'or...»

Dans sa chanson *Le Tour de l'île*, c'est aussi le tour du Québec que nous propose Félix Leclerc. «T'es en face d'un homme, confie-t-il, qui croit aux siens, qui les aime. Tellement qu'il leur fait mal peut-être, qu'il leur dit des choses dures. Mais ils veulent bien l'accepter parce qu'ils savent que je les aime. Puis moi, je ne suis qu'une petite langue, avec ce que je sais... Je ne suis pas un maître à penser, je veux simplement dire : ayons confiance en nous... Ce n'est pas tant de la critique que je fais, c'est de la peine que j'ai : c'est une tristesse qu'on ressent, de nous voir si obéissants, si soumis, si inclinés, maudit ! C'est ça ma peine, dans le moment : j'essaye de comprendre pourquoi on invite l'étranger avec tant d'insistance à venir lancer ses écus ici et à découper le pays comme une étoffe.»

Ainsi que le souligne Jean Royer dans le documentaire vidéo *De profil et de face*, qui relate la carrière de Félix en France et son engagement au Québec et à sa langue, la critique en général accorde de bonnes notes à l'auteur radiophonique. Après l'édition et le succès rapide de ses livres, et surtout sa consécration comme artiste de la chanson en Europe, le vent change de direction. Est-ce normal que certains des nôtres n'acceptent pas facilement la réussite de leur compatriote, surtout à l'étranger ?

À ce sujet, Félix s'était amusé à raconter l'anecdote suivante à Jean Royer :

«J'admirais beaucoup un homme. Il était journaliste, savant, érudit. J'aurais voulu avoir son amitié. Je le voyais deux fois par semaine. J'étais jeune, il avait dix ans de plus que moi. Ce qu'il disait faisait loi et je buvais ses paroles. Il me suggérait un livre, je l'achetais, je le lisais. J'aurais voulu que cet homme m'aime. Je lui chantais mes chansons. Il n'avait pas l'air de comprendre et cela me faisait de la peine.

«Je pensais qu'il devait avoir raison : il avait voyagé, il était plus instruit que moi ! Je me disais : c'est par délicatesse qu'il ne veut pas se prononcer mais je sens bien qu'il n'est pas tout à fait d'accord avec mes chansons. Alors, une bonne fois, je me fâche ! J'arrivais de New York où j'avais acheté des disques russes. Par ailleurs, j'aimais souvent faire le fou avec la guitare en inventant une langue et en chantant comme si c'était en russe. J'avais enregistré une chanson comme ça sur un vieil acétate, avec mon ami Marco Audet. On avait fait ça dans le grand secret. Je suis retourné chez moi en me disant : j'ai une bonne blague dans ma poche ! J'enlève les étiquettes des disques russes achetés à New York et je les colle sur le vieil acétate que j'avais enregistré moi-même.

« Puis l'ami se présente. Je lui dis : vous avez raison de ne pas aimer mes chansons, regardez ce que j'ai acheté. Il me demande de lui faire entendre les disques. Une fois, encore une autre, puis une troisième fois. Il finit par me dire : "Vois-tu, quand tu auras souffert comme ces gens-là tu pourras te permettre de chanter ! Je ne comprends pas le russe mais je comprends tout !"

« Ben, j'ai dit : mon maudit ! c'est moi ! Là, tout a été fini entre nous. Il est disparu de mon admiration. Je ne voulais plus du tout devenir son ami. C'est lui, à son tour, pendant dix ans, le chapeau à la main quand il me voyait, quasiment le genou à terre, qui voulait être mon ami. Moi, je n'ai jamais plus été capable !

« Alors, je me suis dit : comme c'est fragile ! Comme il y a du gaspillage de mauvais mots, de mauvaises paroles, de coups de matraque ! Pour un jeune talent qui ne s'était pas trouvé encore mais qui voulait essayer seulement ! Et il a été descendu !

« J'en ai vu tomber beaucoup devant les rumeurs, les critiques et les opinions fracassantes et destructives. Pour rester debout, affirme Félix, c'est une question de santé morale. Il faut se mettre de la cire dans les oreilles. Il faut faire comme Ulysse : ne pas écouter les sirènes. Il faut bien rester attaché à son mât et se dire : mords pas, c'est pas le moment, attends d'être plus tranquille et que la tempête soit passée. »

▼

« La dernière année de sa vie, dit Gaétane, mon mari a relu et corrigé toute son œuvre... il souhaitait qu'elle soit publiée en deux tomes comme dans *La Pléiade*. Il m'a laissée avec ce rêve, qui était comme une dernière volonté, et je me débrouille pour qu'il se réalise. L'ensemble formera quatre tomes, sous coffret de luxe... Un jour, relisant ses textes, il s'est exclamé : "Mais je les haïssais ben, les Anglais... !" Élevé à La Tuque, où tous les patrons étaient unilingues anglophones, il n'avait pas oublié l'humiliation. Mais finalement, il s'est rendu compte que ce qui l'enrageait le plus c'était qu'on se laisse faire. »

Jean-Paul Desbiens, né à Métabetchouan en 1927, est un Chevalier de l'Ordre national du Québec comme Félix. Son livre *Les Insolences du Frère Untel*, qui a dépassé cent mille exemplaires, a sûrement marqué l'évolution du Québec des années soixante. Il fut directeur des programmes collégiaux et directeur général de l'enseignement secondaire au ministère de l'Éducation du Québec et éditorialiste en chef de *La Presse*.

Dans un texte qu'il a écrit en guise d'adieu à Félix, Jean-Paul Desbiens raconte comment il en est venu à fréquenter Félix l'écrivain, et résume très bien les rapports que les gens entretenaient avec l'écriture de Félix. C'était le 15 août 1944, à Saint-Hyacinthe, le matin même de la prise d'habit du jeune Jean-Paul chez les frères maristes. Sa mère était venue, en train, de Métabetchouan, au Lac-Saint-Jean. Avant de partir, elle voulut acheter de petits cadeaux pour ses enfants. À L'Imagerie, petit magasin tenu par les frères, on vendait des articles de piété : des images, des chapelets, des missels et des médailles. Le jeune Jean-Paul suggéra à sa mère d'acheter des exemplaires d'*Adagio*, d'*Allegro* et d'*Andante*. Deux ans plus tard, ces trois volumes en étaient à leur troisième ou quatrième réimpression, donc à plus de vingt mille exemplaires. Tirages énormes pour l'époque. Il en fut ainsi pour la plupart des livres de Félix. Après son succès en Europe, c'est le poète chansonnier qui a pris le pas sur l'écrivain et le dramaturge.

Jean-Paul Desbiens note que Félix aurait préféré laisser sa marque au théâtre plutôt que dans la chanson. Tout comme André Laurendeau aurait voulu qu'on se souvienne de lui comme politicien et non comme journaliste. Bien entendu, le public a toujours le dernier mot. C'est lui qui décide des carrières, qui accorde la palme à ses élus, au gré de son goût et des circonstances.

« Ces jugements ne veulent pas dire grand-chose, affirme Desbiens. On éprouve une espèce de jalousie envers les créateurs qui ont laissé leur trace en musique et surtout, peut-être, dans la chanson. *Le P'tit Bonheur, Moi, mes souliers* ou *L'Hymne au printemps* font maintenant partie de notre fonds commun. C'est le moyen de rejoindre pour longtemps des millions de personnes. Plus efficacement que ne peuvent le faire les prosateurs, les pamphlétaires ou les faiseurs de livres. »

Pour Félix, « écrire est un métier pénible, avec ou sans génie. Avec, c'est encombrant. Sans, c'est frustrant. » Mais avec ou sans, aurait-il pu ajouter, comme l'a écrit Réginald Martel à la sortie de *Carcajou*, l'important c'est que cela ne se sente pas : « Les artistes sont des gens de séduction. Artiste en plusieurs genres, Félix Leclerc possède assez de ressources pour séduire sans forcer son talent, sans prétendre renouveler ce qui lui paraît bel et bien. Les pays dont parle Leclerc, il y a mis l'empreinte de ses célèbres souliers, ce qui est une manière de garder la tête à juste portée des choses. En vieillissant, le poète a aussi visité les pays de l'âme, ce qui lui a permis de vérifier les intuitions anciennes, qui étaient les bonnes. *Carcajou* est un très bon livre qui aura, il me semble, le mérite de rejoindre un public très vaste. Félix Leclerc n'est pas de ceux qui veulent faire peur au monde ; il s'exprime comme cela vient, et cela vient bien. De plus, c'est avec une joie encore fraîche qu'on retrouve les personnages qu'il aime, hommes ou bêtes, qui ont toujours quelque chose à apprendre aux autres hommes et bêtes. Ce qui est plus neuf, en fin de compte, c'est une plus grande densité de l'émotion, même si celle-ci naît des mêmes observations... »

Ce naturel, cette fraîcheur lui ont valu l'amitié de certains auteurs par ailleurs peu au fait de la littérature québécoise. Joseph Kessel, par exemple, confiait à l'écrivain Louis Nucéra : « Félix Leclerc parle comme un livre. Il n'y a aucune affectation chez lui. Avec les musiciens tziganes, il est un des êtres qui m'apportent une émotion infinie. Longtemps j'ai eu des préférences pour les conteurs de Russie, d'Irlande, d'Orient. Le Canada a aussi son champion ! Et quel champion ! »

Ses personnages, de prime abord pourtant si éloignés de ceux d'Eugène Ionesco, lui avaient aussi attiré l'amitié de cet auteur dramatique d'origine roumaine : « Il me tenait des nuits entières, raconte Félix, devant des bouteilles de vin blanc pour que je lui raconte des histoires du Canada. Je lui en décrivais les grands espaces de lacs, de forêts, d'Indiens, de bûcherons. À six heures le matin, épuisé, je m'arrêtais, pressé d'aller me coucher. Et le sapré Eugène me rattrapait par la manche et me demandait : "Félix, s'il te plaît, raconte-moi encore une histoire de ton pays. Et parle-moi donc de Léo et de Fabiola."»

En ce qui concerne l'héritage littéraire de Leclerc, Roger Chamberland, chargé de cours en poésie et chanson à l'Université Laval, est catégorique : «On continuera à enseigner Leclerc à l'école. Comme on le fait présentement, dès le primaire. Pourquoi ? Parce qu'il se prête bien à la pédagogie. Ses contes, très enracinés, sont souvent naïfs, purs, parfois même enfantins, mais toujours dans une langue impeccable. La majorité de ses textes n'ont pas besoin d'explications socio-politiques pour être compris. Toujours allégoriques, ils peuvent être lus ou entendus au premier niveau et être appréciés de tous.» En France, Félix a été mis au programme des lycées français dès 1952 et il l'est encore aujourd'hui.

▼

Monique Leyrac est l'une des premières interprètes des chansons de Félix. Lorsqu'elle monte un spectacle consacré à Félix Leclerc au Théâtre de l'Île, récital qu'elle reprend sur d'autres scènes et à la télévision, Félix l'a tout de suite reconnue, lui qui l'avait décrite sans la connaître dans *Moi, mes souliers*. «Voilà qu'un petit bout de femme, exactement la bohémienne du traversier de ma jeunesse, danse, vit, saute, chante, rit, murmure, pleure, et dans la salle on ne voit que des visages heureux accrochés à la magie», écrit Félix sur la pochette du microsillon.

À quelques reprises, Félix et Monique partagent la même scène. Elle remporte le Grand Prix du Festival de Sopot pour son interprétation de *Mon pays*, de Gilles Vigneault, et le Grand Prix du Festival de la chanson d'Ostende. Entre 1965 et 1970, Monique triomphe à Bobino, au Carnegie Hall et au Town Hall, de New York. Elle passe à la prestigieuse émission américaine *The Ed Sullivan Show* et au *Ralph Harris Show* à la BBC de Londres. Vers 1985, elle tient le rôle de Laurence dans le téléroman *Des dames de cœur*, de Lise Payette, et incarne Sarah Bernhardt dans la pièce *Divine Sarah*, entre autres rôles.

Fin 1974, Félix présente un tour de chant au Patriote qui est suivi d'un nouveau microsillon, *Le Tour de l'île*, comprenant onze chansons, dont deux ne sont pas de lui : *La Complainte du phoque en Alaska*, de Michel Rivard, et *Le Dernier Pont*, de Jean-Luc Juvin. Le journaliste Georges-Hébert Germain écrit à cette occasion : « Peu de chanteurs québécois ont la voix aussi juste et aussi sûre que Félix. Il a enregistré ses chansons en s'accompagnant à la guitare et avec l'aide d'un contrebassiste. Et il a remis cet enregistrement à François Dompierre qui a complété les musiques en bordant chacune des chansons dans le lit magnétique où Félix les avait placées et en les abriant d'orchestrations aux vives couleurs... Et il dénonce à haute voix les aberrations de toutes sortes, les injustices et les vices qu'il découvre dans ce pays dont il jaillit. Il y a de la colère et de l'impatience dans cette voix félicienne, mais une profonde certitude aussi, un espoir lourd et puissant comme une arme. »

Cet enregistrement amorce une fructueuse association avec François Dompierre, compositeur, interprète, arrangeur. Il fait les orchestrations de la chanson *Le Tour de l'île* et travaille à l'album *Mon fils*, en 1977. Deux ans plus tard, il arrange et réalise *Chansons dans la mémoire longtemps* où Félix interprète trente-six nouvelles versions de ses chansons (*La Gigue*, *Bozo*, *Le Train du Nord*, etc.) que Dompierre a choisies parmi plus de deux cents. Ce coffret lui vaut le Félix de l'ADISQ comme arrangeur de l'année.

À l'émission *La Vie quotidienne*, animée par Lizette Gervais, à Radio-Canada, le 26 novembre 1979, Félix a beaucoup parlé de cette importante production : « On est entrés au studio Saint-Charles à Longueuil, un endroit que j'aime particulièrement parce qu'il y a des arbres de plus de cent ans, des saules pleureurs avec des branches tombantes grosses comme des presbytères. On a enregistré six chansons par jour pendant six jours d'affilée. Beaucoup de café et de cigarettes, hélas ! Avec la complicité de Michel Éthier et de Michel Donato, l'ami Dompierre les a habillées et parées de leurs plus beaux atours. Des peintures vieilles comme la lune, il les a rendues neuves comme le Québec, à qui je les rends parce qu'elles lui appartiennent. »

▼

FÉLIX LECLERC

MARCEL BROUILLARD

Le 16 décembre 1981, acceptant une rare apparition à la télévision, Félix se laisse interviewer par Denise Bombardier, dans le cadre de son émission *Noir sur blanc*, où il ébauche une sorte de bilan : «Pas d'affrontement dans mon œuvre. C'est une œuvre frileuse, peureuse comme moi. Rangez-moi avec les musiciens, les outardes, les innocents, les contemplatifs. Toute ma vie loin de la foule, mais aussi toute ma vie seul en face d'elle à défaire des nœuds.»

En 1984, l'animateur parisien Roger Gicquel débarque à l'île d'Orléans pour participer à l'enregistrement de *Vagabondages*, une émission réalisée par Nicolas Cohen pour Radio-Canada et TFI (France) en hommage à Félix Leclerc. Pour cet événement qui sera présenté dans le cadre des *Beaux Dimanches*, le 9 juin 1985, on a invité Yves Duteil, Claude Léveillée, Jean-Pierre Ferland, Sylvain Lelièvre, Marie-Claire Séguin, Michèle Bernard, qui interpréteront les chansons de Félix.

Alain Rémond a fait un compte rendu de cet enregistrement dans la revue française *Télérama* : «J'ai eu le grand plaisir, enfin, de retrouver un autre grand Américain non conforme. C'était à *Vagabondages*, l'émission (hors normes, elle aussi) de Roger Gicquel. Je veux parler de Félix Leclerc, ce roc, ce vieux lion qui a su s'inventer, se fabriquer, et préserver son propre univers contre les mythes de l'*American Way of Life*. Au point de devenir comme le symbole de la résistance culturelle du Québec, luttant pour sa survie dans un environnement anglo-saxon... On a envie de partir, loin, avec tous ses disques, toutes ses chansons. Le temps d'une cure de retrouvailles, de remariage avec soi-même...»

Au début de cette même année, soit le 1er janvier, Radio-Canada présente *Rêves à vendre*, mettant en lumière Félix Leclerc, filmé à son insu, parlant d'un projet qui lui tient à cœur. L'animateur Jean-Pierre Ferland présente à tour de rôle des amis de Félix venus lui rendre hommage : les comédiens Ding et Dong, Jean Duceppe, Guy Hoffmann, l'écrivain Michel Tremblay, le peintre Alfred Pellan, la fondatrice des Grands Ballets canadiens, Ludmilla Chiriaeff, et les Petits Chanteurs de Granby.

Récemment, en 1993, le Quatuor à cordes Arthur-LeBlanc nous faisait découvrir un inédit de Félix Leclerc. L'histoire remonte au milieu des années cinquante, époque où le violoniste Arthur LeBlanc avait alors joué à son invité *Le Secret des pins*, dans sa version pour violon, suggérant à Félix d'en écrire une version chantée.

C'est ce manuscrit de Félix que le Quatuor à cordes Arthur-LeBlanc a acquis, en 1993, de l'épouse du violoniste et compositeur, né à Saint-Anselme (aujourd'hui Dieppe) au Nouveau-Brunswick, en 1906, et décédé à Montréal en 1985. Il fut premier violon, en 1935, de l'Orchestre symphonique de Paris que dirigeait Pierre Monteux. Dans *Le Secret des pins*, Félix évoque l'amour, l'incompréhension des hommes et la nature apaisante et consolatrice, thèmes qui lui sont chers. L'arrangement de cette œuvre utilise comme introduction la *Quatrième Bagatelle pour piano* d'André Mathieu.

En plus de faire connaître cet air que l'auteur lui-même n'a jamais interprété en public, Claude Corbeil a enregistré onze autres chansons de Leclerc, dont *Le Tour de l'île*, *Bozo*, *Le P'tit Bonheur*, *Notre sentier*, *La Gaspésie*, *Ce matin-là*, *Les Perdrix*, *Le Pharmacien*. Il s'agit là, bien sûr, d'une pièce de collection. D'où la fierté du groupe musical formé de Luc Beauchemin, Hibiki Kobayashi, Vincent Bernard, Jean-Luc Plourde, et aussi du pianiste Roger Shakespeare Lord. Le peintre Luc Archambault s'est inspiré du poème inédit de Félix pour créer l'illustration de la pochette du disque compact, témoignage à trois grands disparus : Félix Leclerc, André Mathieu et Arthur LeBlanc. Peut-être aura-t-on encore la chance de découvrir d'autres chansons inédites de Félix, à qui j'adresse ce bien modeste hommage :

Schubert, amant inconsolable,
Où as-tu trouvé les accents
Qui font ma tristesse durable
En dépit de l'oubli du temps ?

Au long de ces jours endeuillés
Félix tu chanteras toujours
Tes symphonies inachevées
Comme sont toutes les amours.

▼

Lorsque l'Organisation des Nations unies déclare 1985 l'année internationale de la Jeunesse, on s'empresse de recruter dix personnalités susceptibles de livrer un message d'humanisme et d'espoir. Félix Leclerc et Fernand Seguin sont désignés pour représenter le Québec et encourager les vingt-neuf pays de l'Agence de coopération culturelle et technique à sensibiliser les jeunes aux défis de la fin du XXe siècle, soit le développement des nations, la solidarité entre les hommes et la paix sur la terre.

(Collection de l'auteur)

CHAPITRE 25

Jour de grande tristesse

C'est une journée fort maussade dans toute la francophonie. En ce huitième jour du huitième mois de 1988, huit heures, Félix Leclerc succombe à un arrêt cardiaque à l'île d'Orléans. Il attendait ce matin-là une équipe de l'ONF qui s'apprêtait à le filmer. Dans tous les médias, on ne parle que de ce départ. *Paris Match* consacre sa page couverture, deux semaines d'affilée, à Félix, l'immortel. À l'église Notre-Dame-des-Victoires à Québec, le 11 août, Johanne Blouin lui chantera : «Mon cher Félix, c'est à ton tour, de te laisser parler d'amour...» Et la foule applaudira dignement.

C'est le poète et peintre Jean-Paul Filion qui a eu la difficile tâche d'écrire et de prononcer l'oraison funèbre dans la petite église de la paroisse de Saint-Pierre à l'île d'Orléans :

Mon beau Félix...
Comme ça je t'ai toujours salué
Comme ça je te salue encore aujourd'hui.

Tout te dire serait trop long
Faudra donc trier les mots
Les mots qui conviennent à la couleur de ton bateau
Les mots vrais comme ceux que tu as aimés durant ton voyage
Autrement dit
Faudra chanter haut sans parler fort.

Félix...
Ils ont tout dit sur toi
Ils t'ont donné tous les noms pour essayer de traduire ton image
T'ont appelé : Géant, Père, Roi, Ambassadeur, Chêne et, comme
    ton père Léo, Bâtisseur
Tous ces titres sont beaux
Et tu les as bien mérités
À mon tour j'aimerais bien quand même risquer de te nommer à
    ma façon
En t'appelant le Réveilleur
Félix le Réveilleur de consciences

Félix l'allumeur de clarté
Poète heureux
Poète élu
Dont la beauté de la parole ne s'est jamais trahie
Entre le premier Sentier et l'Alouette en colère...
[...]

▼

La veille de la mort de Félix, Guy Mauffette lui avait téléphoné, ils avaient plaisanté comme à l'accoutumée et s'étaient donné rendez-vous à Québec, après la rentrée des classes.

— Félix, chaque fois que je vois ton nom dans le *Larousse*, juste à côté de celui du maréchal Leclerc, je suis presque gêné de te téléphoner !

— Voyons, Guy, arrête ça au plus sacrant. On a ben d'autres choses à se parler que du *Petit Larousse* ou du *Grand Robert*. Parle-moi d'abord de ta santé.

— Pas si pire pour un jeune homme de soixante-treize ans. Un peu dur d'oreille, mais ça va.

— Quand on se verra en septembre, tu viens de bonne heure et on va se parler toute la journée, jusqu'à ce que l'un de nous deux tombe.

Le lendemain matin, on ne parlait que de Félix ; on entendait ses chansons sur toutes les ondes : « Quand j'ai appris la nouvelle, dit Mauffette, c'est comme si j'avais mis les pieds sur les dents du râteau et que je recevais le manche en plein front. J'avais le cœur en compote. »

▼

C'est en 1978, dix ans plus tôt, que Félix commença à avoir des problèmes de santé. Il souffrait de troubles respiratoires et avait dû annuler plusieurs engagements en France, de même qu'au Québec, notamment au Théâtre de l'Île et au Mont-Orford, où il devait participer aux Choralies internationales.

« En 1980, Félix a attrapé une vilaine bronchite qui est devenue chronique et s'est compliquée d'asthme, et je me suis toujours demandé, constate Gaétane, s'il ne s'était pas trouvé une maladie pour arrêter de chanter. Il avait cessé de fumer. Il voulait tellement vivre de belles années, ici, à l'île, à aller dans le bois. C'était un vrai bûcheron, pas du tout folklorique. Son plaisir, c'était d'aller nettoyer la forêt. Il partait sur son tracteur, rentrait manger à midi et, après sa sieste, repartait.» Les dernières années, Félix, affaibli par les médicaments contre l'asthme, ne chantait plus, ou très rarement.

▼

Depuis, les témoignages d'amitié, d'amour, d'admiration n'ont pas cessé d'affluer.

Gisèle Gallichan a écrit dans la revue d'histoire *Cap-aux-Diamants* : «Du bout de son île, debout sur le rocher, on regarde au loin la cité et le soleil couchant. Les mots de Félix, sa musique nous envahissent. Il y a le pont de l'île, les goélands, la marée... et on peut repartir vers la ville. Ce que nous savons maintenant c'est que l'île d'Orléans, la patrie de Félix, et de son ancêtre – celui de la chanson et de sa vie –, est notre cellule de vérité, elle est notre identité... Passé le pont, on sent déjà monter le goût de revenir vers elle pour ouvrir, avec lui, "un bal pour l'éternité"!»

Dans *La Tribune*, de Sherbrooke, Jean Vigneault soulignait que : «René Lévesque, Fernand Seguin et Félix Leclerc sont partis, mais ils laissent un message, celui de l'amour de leur pays, celui de la passion pour les choses bien faites. Il faut éviter de verser dans le mélodrame comme si plus rien n'allait être pareil. C'est à nous de prolonger leurs œuvres, à nous de continuer de bâtir le pays, à nous de prendre la succession.»

Bien entendu, on n'a pas fini de mettre en valeur Félix. C'est bien la rançon de la gloire et la façon d'entrer dans la postérité. C'est ce qu'en pense Carol Néron, dans *Le Quotidien de Chicoutimi* : «Leclerc aura été à notre culture ce que René Lévesque fut à la politique. Avec sa pensée originale, Félix a proposé une démarche qui a contribué à faire de lui une légende vivante. Il a donné au Québec une identité qui lui est désormais propre, une présence internationale que personne encore, chez nous, n'est parvenu à égaler de manière aussi éclatante et subtile à la fois.»

Des confrères chanteurs lui ont aussi rendu hommage. À la mort de Félix, Claude Léveillée a écrit en quelques heures *Le Petit Bouquet*, chanson qui a été interprétée par Johanne Blouin.

En novembre 1988, au cours d'un spectacle à la Place des Arts, Yves Duteil lui dédiait l'une de ses plus belles chansons, *La Langue de chez nous*.

Lorsqu'en 1984, en compagnie du chanteur Claude Steben, qui a longtemps personnifié auprès des jeunes le célèbre Capitaine Cosmos, j'avais eu le plaisir de découvrir Duteil à l'Olympia de Paris, il y mentionnait l'influence de Félix Leclerc, dont une photo ornait les pages du programme-souvenir.

Claude Steben et Carole Cloutier, dans leur spectacle *Québec en ballade*, présenté il y a déjà dix ans à Dinard, Brest, Saint-Malo, L'Orient et Landerneau, offraient au public un joli bouquet des chansons de Leclerc et de Duteil, avec la participation musicale du groupe breton Chorus, du pianiste Claude Taillefer et l'intervention d'André Kirouac.

En 1989, Yves Duteil composait *Chanson pour Félix* :

> Je suis une île au bout du monde
> Et quand ma peine est trop profonde
> J'y voyage sur des chansons
> Avec Félix pour compagnon
>
> [...]
>
> Et sur son île au bout du monde
> Lorsque son âme est vagabonde
> Le vent siffle autour des maisons
> Les plus belles de ses chansons...

Comme l'a si bien écrit le président de l'Union des artistes, Serge Turgeon, chaque Québécois porte en lui un peu de Félix : « Et de l'île d'Orléans, jusqu'à la Contrescarpe, oui, nous respecterons toutes les langues, Félix. À commencer par la nôtre. »

Entre l'écrivain Ernest Pallascio-Morin, encore bourré de projets à quatre-vingt-cinq ans, et Félix Leclerc, il y a eu de nombreux échanges de lettres et de propos. À la mort de Félix, on pouvait lire dans la chronique de Maurice Côté, du *Journal de Montréal*, l'hommage de Pallascio-Morin : « J'ai du mal à rassembler mes mots ! Le choc est grand ! Pour moi, Félix était le poète tendre mais très conscient de l'épopée québécoise.

L'intégrité à l'état pur du chansonnier doublée du charme de sa personnalité, du poète aux mots ciselés dans le bois franc, du citoyen soucieux du bonheur des siens, inquiet au sujet de la langue de son Québec. Vrai dans sa nature de terrien qui l'accompagna tout au long de sa démarche artistique et de sa vérité exceptionnelle. Il m'a dit un jour : "Quand tu abats un arbre, toute la forêt est en deuil." Le mot prend sa dimension aujourd'hui. Vous vous souvenez sans doute de cette très belle chanson de Félix : Sur le bouleau/Où ton nom est gravé/À jamais ma chacune/J'ai retrouvé/Ces accords oubliés/Que je dédie/À ton minois joli...»

En France aussi, le souvenir est là, chez les gens du spectacle comme dans le public. À Montmartre, notamment, à l'automne de 1989, alors que je me trouvais à l'hôtel Utrillo, rue Aristide-Bruant, la patronne de cet établissement historique, Gabrielle Foudrain, sachant que j'étais québécois, me posa mille et une questions sur Félix dont elle connaissait tout le répertoire, même les chansons moins connues comme *Les Deux Sœurs*. Patachou l'avait créée à son petit cabaret en haut de la Butte, tout près du célèbre et vieux cabaret de la rue des Saules à Montmartre, Au lapin agile, qu'on appelait vers 1880 le Lapin à Gil, à cause du peintre André Gill qui se vit alors confier le soin de peindre une enseigne pour la guinguette, nommée jusque-là Cabaret des assassins. Yves Mathieu, qui veille à la survie de l'établissement, et Jean-Pierre Dréan, de la Maison de la France au Canada, ont eu la gentillesse de m'y recevoir et de m'en apprendre toute l'histoire.

«Un jour», écrivait Claude Brocart dans *La Dépêche du Midi*, après avoir assisté au spectacle de Leclerc au Casino de Sainte-Maxime, près de Saint-Tropez, en juillet 1951, «un chanteur-lièvre du Canada atterrit en France avec ses vieux souliers, un cœur neuf et sa guitare en bandoulière; il nous apportait la poésie de sa savane, l'originalité de l'accent vrai, un souffle nouveau. Il conquit alors sans coup férir le Tout-Paris et aussitôt il fut en demande dans toute la France. Son triomphe fut instantané. Il nous laissa le souvenir d'un homme fascinant et d'une soirée inoubliable sur la Côte d'Azur. À partir de ce grand moment, je n'avais qu'une idée en tête, un rêve à réaliser, celui de connaître ce pays et d'y vivre...»

Le temps a passé, mais ces mots n'étaient pas vains puisque ce rêve, Claude Brocart l'a réalisé. Antiquaire et évaluateur d'œuvres d'art, il a quitté son Toulouse natal pour s'installer définitivement au Québec en 1979, à Anjou, et plus tard dans les Laurentides, à Prévost. En octobre 1994, il est de ceux qui se sont emballés devant les œuvres des Créateurs associés de Val-David qui présentaient un *Hommage à Félix Leclerc*. Chacun des quarante artistes avait choisi d'illustrer un thème inspiré de la poésie de Félix.

Il est un autre hommage, plus personnel, qui fut rendu à Félix par sa femme, Gaétane, lors de la parution, en 1989, d'une édition de luxe du *Fou de l'île*, édition qui comprend vingt-deux reproductions collées à la main et seize dessins inédits de cinq peintres québécois : Gilles Archambault, Yolande Bernier, Ghislain Caron, Pierre Leduc et Ghislain Lefebvre, réunis grâce à Normand Prescott.

En guise de préface, Gaétane Leclerc adressait ce message d'amour à Félix :

Mon cher F., Fou, Filou,

On m'a dit que tu étais parti de l'Île pour toujours... Il y a cet immense silence si insupportable dans ton bureau, la cuisine, la chambre. Dans toute la maison. Bien sûr.

Mais quand je vais dehors, tu es dans chaque arbre que tu as planté : ton tilleul, tes chênes, tes innombrables bouleaux, notre épinette bleue, mes rosiers. Dans la petite route qui mène au fleuve, dans ta cabane en bois rond (le phare où nous allions sur les battures est tombé au début de l'hiver), dans le verger redevenu sauvage sans toi, dans la petite mésange à la fenêtre. Dans les enfants avec tes yeux clairs...

Toutes tes paroles (ta voix !) flottent au-dessus des « pâturages de silence » que quelqu'un, quelque part (mais où ?), répète inlassablement, pour me rassurer, me prouver, me jurer, que tu seras toujours ici, en moi, comme au fond d'un berceau, un enfant qui sommeille...

Je vais aller avec toi, « en prenant bien mon temps », comme tu le désirais, mon grand fou Filou (mais quand ?).

J'ai retrouvé un poème sur ton bureau l'autre jour. Tu écrivais : « Je t'ai aimée, je t'aime et t'aimerai. »

Écoute l'écho, venant d'ici.

Oui,

Pour toujours.

Ta fille de l'Île
Gaétane Leclerc

Île d'Orléans,
le 7 juin 1989.

▼

Des touristes du monde entier, de passage à l'île d'Orléans, ne manquent pas de visiter le petit cimetière paroissial de Saint-Pierre où le poète de l'île dort. Le curé Bernard Lapointe veille sur ce lopin de terre où l'on dépose des fleurs de lys, des messages de toutes sortes, une bêche, des souliers usés, des cordes de guitare, des objets d'antiquité.

Le 1er septembre 1988, une limousine officielle, drapeaux du Québec et de la France flottant au vent, s'est arrêtée à l'entrée du cimetière de Saint-Pierre. Le représentant français, Alain Decaux, ministre de la Francophonie, accompagné de Lise Bacon, alors ministre des Affaires culturelles du Québec, ont déposé une couronne de fleurs et une plaque sur laquelle on peut lire : «Hommage au grand poète Félix Leclerc. Grand poète de la francophonie». Et c'est signé : Le gouvernement français.

En mai 1994, Francine Grimaldi relate dans sa chronique de *La Presse* ce commentaire du comédien Daniel Gélin, en tournage à Montréal : «Mon seul regret aujourd'hui en quittant le Québec, c'est de devoir repartir sans avoir eu le temps d'aller faire mon pèlerinage habituel à l'île d'Orléans pour me recueillir sur la tombe de Félix.»

Le public ressent aussi le besoin de s'attarder à l'intérieur de la petite église historique de Saint-Pierre où Félix a fait halte une dernière fois le 11 août 1988. Cet édifice religieux échappa de justesse, en 1759, à la torche incendiaire des soldats anglais qui ont débité les bancs pour en faire du bois de chauffage, par les nuits fraîches d'août et de septembre.

▼

Le 8 août 1988 fut un jour de deuil pour le Québec. Toutes les autorités souverainistes, nationalistes ou fédéralistes ont rendu de vibrants hommages à l'illustre disparu. Pour sa part, Jacques Parizeau a réagi ainsi : «On a perdu notre plus grand poète, on ne met jamais suffisamment l'accent sur le rôle de ces gens-là. Je me souviens d'avoir dit que la Révolution tranquille a été l'œuvre de quelques ministres, de quelques fonctionnaires mais aussi des poètes et des chansonniers, et je le crois profondément... Il y a des gestes qui sont faciles à réaliser, moi, j'aimerais beaucoup que le pont de l'île d'Orléans qu'il aimait tant porte son nom. Il faut que la société québécoise dise merci à cet homme qui a joué un si grand rôle chez nous. »

Se pourrait-il qu'un jour les citoyens de l'île donnent leur accord à cette suggestion de Jacques Parizeau, élu premier ministre du Québec en 1994 ?

Il a passé sa vie à réfléchir aux autres, à écrire et à chanter pour donner une substance à l'âme d'un pays. Son regard, presque malgré lui, est devenu une lueur d'espoir, une complicité et un ralliement pour tous les francophones.

Yves Duteil

CHAPITRE 26

Félix immortalisé

Le Québec peut s'enorgueillir d'avoir parmi les siens un troubadour et un poète qui compte parmi les plus marquants de la francophonie contemporaine, qui lui a déjà signifié sa légitime fierté en lui remettant nombre de prix.

Et c'est en témoignage de toute sa reconnaissance que l'Université du Québec lui décerne, en 1982, le titre de docteur *honoris causa*. «Conteur et fils de conteur, écrit Gilles Boulet, président de cette institution, Félix Leclerc est un défricheur de la parole, un sourcier du langage. Il retourne les mots, comme d'autres leur champ, et les fait couler, briller, geler ou fondre, suivant son cœur et selon les saisons...»

▼

En 1977, l'année où l'on joue sa pièce *La Peur à Raoul* au Théâtre de l'Île, il est le premier à recevoir le prix Denise-Pelletier, la plus haute distinction dans le domaine des arts et de la scène, que le gouvernement du Québec vient de créer. Félix a aussi été fait officier de l'Ordre du Canada et grand officier de l'Ordre national du Québec, il est médaillé de l'Académie canadienne-française; sans oublier le prix Calixa-Lavallée, la médaille *Bene Merenti de Patria*, de la Société Saint-Jean-Baptiste, le Grand Prix spécial de l'ADISQ, etc.

Félix obtient aussi la Médaille d'argent du Mouvement national des Québécoises et Québécois qui honore l'œuvre et le travail d'une personnalité de chez nous. C'est le président de cet organisme, Claude Rochon, qui lui confère cet honneur, en 1979, en présence de René Lévesque, de Jacques Parizeau et de Denis Vaugeois, ministre des Affaires culturelles du Québec. Au nom de la colonie artistique, Jean Lapointe a rendu un vibrant hommage à l'écrivain, poète et chansonnier. La remise a été suivie peu après d'une exposition consacrée à Félix Leclerc tenue au Complexe Desjardins.

C'est en 1973, lors de son vingt-cinquième anniversaire de fondation, que le MNQ remit pour la première fois sa Médaille d'argent, cette année-là au député et historien René Chaloult. Vinrent ensuite : Esdras Minville, Jean-Marc Léger, Alfred Rouleau, Félix Leclerc, Marcel Robidas, Gérard Turcotte, Jean-Pierre Coallier et Fernand Daoust. Depuis bientôt cinquante ans qu'il existe, cet organisme a été associé à toutes les grandes transformations de la société québécoise et est le maître d'œuvre, depuis 1984, de la Fête nationale, à l'échelle de tout le Québec, rôle que jouait autrefois la Société Saint-Jean-Baptiste. En 1966, un des chars allégoriques était dédié à Félix Leclerc. On y voyait passer «Le Train du Nord» sous l'Arc de triomphe de l'Étoile à Paris, sur l'avenue de France la plus vivante et la plus chargée d'histoire.

Au début de sa carrière, le jeune Félix Leclerc demande mille dollars au gouvernement pour payer un voyage d'études et de travail. Quelques jours avant son départ, il attend encore. En désespoir de cause, il vend, en 1951, une dizaine de ses chansons pour cette somme dont il avait un urgent besoin. Parmi les chansons vendues à rabais : *Le P'tit Bonheur*. Après toutes ces années, on estime à trois millions de dollars les redevances perdues. C'est en rappelant cette aventure que Jean Beaunoyer, dans *La Presse* du 31 août 1983, souligne que le premier de nos chansonniers a accepté de prêter son nom à une fondation pour aider les jeunes artistes.

Le 10 mars 1986, Félix fut décoré chevalier de la Légion d'honneur. Lors d'une cérémonie tenue chez le consul général de France à Québec, Renaud Vignal, Leclerc fera un bref discours : «Que l'anglais garde sa place dans le monde et que le français reprenne la sienne, c'est-à-dire la première, comme au temps des rois. Merci la France !» Puis, le consul a lu un message du ministre de la Culture de l'époque, Jack Lang : «Avec Charles Trenet et Georges Brassens, vous occupez depuis longtemps une place d'exception dans l'histoire de la chanson française. Votre public vous aime, il aime en vous le pays mais aussi l'homme simple et vrai si proche de la nature et de ses semblables...»

▼

À titre posthume, le poète a aussi été fait chevalier de l'Ordre de la Pléiade, distinction honorifique décernée par l'Assemblée internationale des parlementaires de langue française (AIPLF). Cet honneur visait à souligner la contribution exemplaire de Félix Leclerc à la cause de la francophonie ainsi que son rôle de porte-parole du Québec pour la défense de la culture française à travers le monde. Les insignes de cet ordre ont été remis à Gaétane Morin-Leclerc par Pierre Lorrain, vice-président de l'AIPLF et président de l'Assemblée nationale du Québec en 1989.

En cette même année, lors de l'inauguration d'un monument en l'honneur de Félix, à l'île d'Orléans, des centaines de parents et amis assistaient au dévoilement d'une sculpture réalisée par Raoul Hunter. Étaient présents, notamment, Gaétane et ses enfants, Nathalie et Francis, les deux frères du poète, Jean-Marie et Grégoire, les ministres Yves Séguin et Gilles Loiselle, l'archevêque de Québec, Louis-Albert Vachon, de même que le forgeron Guy Bel, l'instigateur du projet Louis Dumas et les comédiens Jean Lapointe, Paul Buissonneau, René Caron, Paul Hébert et Guy Provost.

Ce dernier, dont l'amitié avec Félix remonte au temps de Vaudreuil, chez les Compagnons de Saint-Laurent, se rappelle les bons moments où Félix « voulait tester – c'est bien le mot – ses chansons auprès de nous. Il appréhendait nos réactions, mais nous, nous étions ravis. À Paris, à la fin de 1950, j'étais présent à la première de Félix à l'ABC. Je crois bien qu'il y avait aussi Georges Groulx, Jacques Normand, Suzanne Avon et peut-être Aglaé. C'est bien loin tout ça. Durant mes sept années en France, dont trois au Théâtre national populaire, avec Jean Vilar et Gérard Philipe, j'ai eu le plaisir de rencontrer Félix à plusieurs reprises. »

Au cœur même du parc La Fontaine, à Montréal, une autre statue imposante, œuvre du sculpteur Roger Langevin, est solidement ancrée au sol depuis le 21 octobre 1990 à l'ombre du vert feuillage, don du Mouvement national des Québécois qui a mené avec succès une campagne de souscription. L'artiste définit ainsi son œuvre : « Le personnage est sculptural. Il a la stature physique et mentale d'un Moïse. Il représente le Père... il est debout, ses jambes texturées comme l'écorce soutiennent un corps puissant, torse bombé, main sur la hanche, manteau sur l'épaule pour accentuer la masse supérieure du corps comme le volume généreux d'un feuillage en plein ciel. »

Distinction d'un autre ordre, en 1990 a été fondé le Camp littéraire Félix, situé au Domaine Brillant, dans la région du Bas-Saint-Laurent, à Esprit-Saint, qui a pour objectif de stimuler le développement de la relève littéraire québécoise.

▼

Les récompenses officielles assurent, sans aucun doute, l'immortalité, mais c'est encore l'amour, l'admiration dans le cœur de certaines personnes qui fait que Félix Leclerc ne mourra jamais tout à fait. Récemment, Monique Roy, dans la revue *Châtelaine*, demandait aux lecteurs si un écrivain avait eu une influence dans leur vie et pourquoi.

Marthe Lemoine, de Saint-Hubert, avait choisi Félix Leclerc : « J'ai cherché longtemps car, entre Boris Vian, Alain-Fournier, Gilbert Cesbron, Nikos Kazantzakis ou encore Saint-Exupéry, j'ai vécu des heures de plaisir intense. J'ai essayé par la suite d'être plus amoureuse, plus sensible à la vie, aux autres... Mais le seul qui a su et sait encore me parler au plus profond de mon être, c'est vous, Félix Leclerc, et rien ne peut m'ôter le plaisir que m'apporte *Le Fou de l'île*. »

C'est ce même ouvrage qui a changé le cours de la vie de Christine Fournier, autrefois de Grenoble. Dans une lettre postée de Riyad, en Arabie Saoudite, elle raconte qu'elle a habité Montréal afin de pouvoir savourer pleinement les images de son idole, Félix, et d'entrer en communion avec l'esprit de ses chansons.

« J'suis tombée en amour avec son île, écrit-elle, j'suis moi aussi devenue une folle de l'île d'Orléans, où les lumières de Noël font un feu d'artifice coloré dans une nuit lumineuse... J'espère revoir le pays de Félix où la neige fleurit tôt et fane tard, où ses artistes n'en finissent pas de chanter sa douceur et sa force. Il me tarde de relire *Pieds nus dans l'aube*, qui m'a fait comprendre le pays de Félix. »

▼

Dans tout le Québec, le nom de Félix a été immortalisé. Montréal a son parc Félix-Leclerc près des rues Beaubien et Langelier ; il existe au moins trois autres parcs, soit à LaSalle, à Québec et à Sainte-Marthe-sur-le-Lac.

On trouve une rue, un chemin, une montée ou un boulevard Félix-Leclerc dans les municipalités suivantes : Alma, Baie-Saint-Paul, Boisbriand, Chambly, Lévis, Pintendre, Prévost, Sainte-Julie, Sainte-Rosalie, Saint-Félicien, Saint-Hilaire, Saint-Luc, Trois-Rivières, Varennes, Vaudreuil et Victoriaville.

D'autres désignations toponymiques commémoratives soulignent des œuvres de l'écrivain, soit : la baie du P'tit Bonheur, dans les Laurentides, et les monts Adagio, Allegro, Andante situés à Stoneham, dans le parc de la Jacques-Cartier.

Repentigny a son école secondaire Félix-Leclerc ; Longueuil, Montréal (quartiers Côte-des-Neiges et Pointe-aux-Trembles) et Saint-Constant, leur école primaire Félix-Leclerc ; Saint-Léonard et Val-Bélair, leur bibliothèque municipale Félix-Leclerc ; Sainte-Foy a nommé ainsi un pavillon de la Commission scolaire Les Découvreurs. Et, en France, un lycée marseillais a été baptisé en son honneur.

▼

Le salut de Jack Lang, ex-ministre de la Culture en France – « En perdant Félix Leclerc, nous ne perdons pas seulement un admirable artiste, mais un immense magicien de la musique et des mots qui a su traverser notre siècle tourmenté sans jamais cesser d'être poète » –, définit bien Joseph Félix Eugène Leclerc, né et baptisé à La Tuque le 2 août 1914, et qui s'en est allé, tout comme le Petit Prince, vivre sur son étoile.

À toi, Félix, le mot de la fin ! Entends-tu nos applaudissements ? *Bis !*

ÉPILOGUE

C'est beau la vie, comme un nœud dans le bois
C'est bon la vie, bue au creux de ta main
Fragile aussi, même celle du roi
C'est dur la vie, vous me comprenez bien.

C'est beau l'amour, tu l'as écrit sur moi
C'est bon l'amour quand tes mains le déploient
C'est lourd l'amour accroché à nos reins
C'est court l'amour et ça ne comprend rien.

C'est fou la mort, plus méchant que le vent
C'est sourd la mort, comme un mort sur un banc
C'est noir la mort et ça passe en riant
C'est grand la mort, c'est plein de vie dedans.

Félix Leclerc
(Collaboration : Yolande B. Leclerc)
Éditions Tutti et Archambault (1962)

Guitare en bandoulière, le corps figé dans une armure de bronze, il est là devant nous à l'entrée de l'île d'Orléans. Sur l'imposante sculpture on peut lire : un grand-père au regard bleu qui monte la garde. Voilà ce qui illustre à jamais la mémoire de celui qui a voulu protéger son royaume où il a choisi de mourir et de survivre dans la tête et le cœur de son monde d'ici et d'ailleurs.

Le cardinal Louis-Albert Vachon a écrit un *Te Deum* fort éloquent, vibrant témoignage qui s'achève ainsi :

« Félix, ton peuple te chérit, il vient ici immortaliser ton nom. Ta chanson, tu nous l'as dit, c'est comme le battement de nos cœurs. C'est comme le pain, on peut s'en passer mais pas pour longtemps ! Il nous faudra toujours tes chansons... Des chansons qui ont vibré sur tes lèvres, qui ont remué nos âmes, qui ont fait plus grand notre pays. Dieu soit loué pour Félix, notre frère ! »

L'artiste a chanté La Tuque, Vaudreuil, l'île d'Orléans, et tous ces endroits qui l'ont marqué. Une affaire de cœur. Il a pris le temps d'écouter, de traverser les mers, d'inventer des mots et des musiques pour mieux nous faire connaître à l'étranger dans nos plus beaux atours. Reste à jamais un nom, et surtout un prénom, Félix, gravé en nous.

Son épouse, Gaétane, légataire universelle de son œuvre, de ses rêves, continue d'habiter l'île d'Orléans, dans la grande maison de bois où est resté intact le bureau rempli de livres, de disques, d'affiches, de souvenirs. Sa dernière guitare repose par terre, devant sa table de travail. Personne n'ose encore y prendre place. Les jours de nostalgie, Nathalie et Francis viennent parfois s'y recueillir. Leur mère confiait à la presse, lors de l'ouverture de l'exposition itinérante *Félix Leclerc ou l'aventure*, au Musée de l'Amérique française, à Québec, le 9 octobre 1994 : «Les enfants ont toujours été étonnés par la vénération que le public portait à leur père. Le personnage public et la notion de vedettariat étaient des aspects qui n'existaient pas dans leur quotidien.»

Gaétane, qui a partagé la vie de Félix durant plus de vingt ans, l'a rendu heureux et entend continuer de s'occuper à faire vivre ses livres, ses chansons, ses pièces de théâtre, ses idées. Sa vie est maintenant consacrée à promouvoir l'œuvre de son mari.

Rien ne sera jamais pareil, mais il lui reste le souvenir et la légende qui n'en finit plus de grandir et qui met un peu de baume sur la déchirure d'août 1988.

Gaétane partage les propos que Jean Lapointe a tenus à l'île d'Orléans, en août 1989 : «T'as pris le temps d'aimer, d'écrire, de chanter. De nous ouvrir les yeux, de nous dire qui on est. Puis tu t'es endormi, quand est venu l'été. Les outardes ont pleuré, et les enfants aussi. T'es parti au soleil rejoindre les plus grands. Mais t'as laissé derrière l'espérance et le temps. Les oies m'ont raconté que tu veilles sur nous. On n'oubliera jamais, bel homme de chez nous.»

— Pourquoi encore et toujours cette fascination pour Félix Leclerc? m'a demandé un jour Jean Pettigrew, des Éditions Québec/Amérique.

— Peut-être parce que ce lion au cœur d'or était un prophète, un créateur, un pionnier, un véritable artiste, un patriote et qu'il ne cessera jamais de l'être...

Lors de l'inauguration du Théâtre Félix-Leclerc, en 1983, Félix Leclerc avait dit : « S'il y a quelqu'un qui peut écrire ma vie et en raconter les hauts et les bas, c'est bien mon ami Brouillard. Pendant des années, nos chemins se sont croisés, surtout les chemins de l'Anse de Vaudreuil. »

Alors, je me suis dit qu'il faudrait bien un jour...

CHRONOLOGIE

1914	Naissance de Félix Leclerc à La Tuque, le 2 août. Sixième d'une famille de onze enfants. Son père s'appelle Léonidas Leclerc et sa mère, Fabiola Parrot.
1920-1927	Études primaires chez les frères maristes à La Tuque.
1928-1933	Études au séminaire des Oblats de Marie-Immaculée à Ottawa et à l'Université d'Ottawa.
1934-1938	Il exerce le métier d'annonceur et d'animateur aux stations de radio CHRC, de Québec, et CHLN, de Trois-Rivières, où il écrit ses premiers sketches.
1939-1940	Le comédien et réalisateur Guy Mauffette lui ouvre les portes de Radio-Canada. Félix interprète sa première chanson, *Notre sentier*, joue plusieurs rôles à la société d'État et s'installe à Montréal.
1941	Il fait sa marque comme comédien et auteur dramatique en présentant la série *Je me souviens* à Radio-Canada et bien d'autres sketches.
	Il entre chez les Compagnons de Saint-Laurent, troupe théâtrale dirigée par le père Émile Legault, qui deviendra l'un de ses amis.
1942	Félix épouse Andrée Vien le 1er juillet.
	Appelé à faire son service militaire, il en est exempté à cause d'un souffle au cœur.
1943-1944	Les Éditions Fides publient ses trois premiers livres : *Adagio, Allegro* et *Andante*.
1945	Un premier fils, Martin, vient au monde à Outremont, le 13 juillet.
	La famille déménage dans les Chenaux, à Vaudreuil, chez les Compagnons de Saint-Laurent. Elle occupera, peu de temps après, deux autres maisons dans l'Anse de Vaudreuil.
	Mort de Fabiola Leclerc.

1946   Félix effectue un premier séjour de quatre mois à la ferme de
                son ami Jos Pichette, de la paroisse de Saint-Pierre, à l'île
                d'Orléans. C'est là qu'il écrit la première version du *Fou de
                l'île.*

                Une semaine avant Noël, Fides publie *Pieds nus dans
                l'aube.*

1947   Création de sa pièce de théâtre *Maluron* par les Compagnons
                de Saint-Laurent sur la scène du Gesù et à l'École technique
                d'Ottawa.

1948   Fondation de la compagnie théâtrale VLM (Vien-Leclerc-
                Mauffette). *Le P'tit Bonheur* est joué en primeur au Centre
                des loisirs de Vaudreuil et à l'auditorium du Collège Bourget
                de Rigaud. La pièce sera reprise au Québec, en France et en
                Suisse. VLM présente aussi *La P'tite Misère* et *La Caverne
                des splendeurs.*

1949   Fides publie *Dialogues d'hommes et de bêtes.*

1950   Grâce à Jean Rafa, à Jacques Normand et à Pierre Dulude,
                l'imprésario français Jacques Canetti découvre Félix à
                Montréal. Celui-ci débute à l'ABC de Paris le 23 décembre.

1951   En février, on le retrouve sur la scène des Trois Baudets à
                Paris.
                Grand Prix du disque de l'Académie Charles-Cros pour son
                premier album Polydor.

                Bref séjour à Montréal où le maire Camillien Houde le reçoit
                à l'hôtel de ville. Il chante cinq soirs au Café Continental. On
                le fête à Vaudreuil et à la Chambre de commerce de Montréal.

1952-1953   En plus de chanter régulièrement à Paris, il effectue sa
                première tournée en France et dans plusieurs pays d'Europe
                et d'Afrique du Nord.

1953   Retour au Québec où il effectue une grande tournée. Il est
                fêté une deuxième fois au Centre des loisirs de Vaudreuil.
                Jacques Normand, Monique Leyrac et Guy Mauffette
                animent la soirée du 26 juillet. Il célèbre Noël à Vaudreuil
                en compagnie de Charles Trenet, d'Henri Deyglun, de Janine
                Sutto et de Jean Rafa.

1954-1955   Il écrit sans arrêt à Vaudreuil et refait le plein d'énergie.

                Nouveau séjour en France où l'on publie *Moi, mes souliers.*

                La Compagnie des Faux-Nez donne soixante-dix représen-
                tations du *P'tit Bonheur* en Suisse.

1956-1957 Création de *Sonnez les matines* par le théâtre du Rideau Vert à Montréal.

      Son téléroman *Nérée Tousignant* est présenté à Radio-Canada.

      Il écrit des sketches pour l'émission animée par le père Émile Legault à la télévision d'État et compose de nouvelles chansons et des pièces de théâtre.

1958   Il remporte une deuxième fois le Grand Prix de l'Académie Charles-Cros pour son deuxième album. À Paris, on publie *Le Fou de l'île*.

      Félix se rend en Abitibi pour tourner dans *Les Brûlés*, un film de l'Office national du film.

1959   Félix repart pour la France le 12 janvier et revient le 26 juin.

      Claude Jutra réalise, pour l'ONF, *Félix Leclerc troubadour*, à sa maison de Vaudreuil.

      La pièce *Sonnez les matines* est reprise au Gesù à Montréal et au Théâtre Capitole à Québec.

      En septembre, Félix chante aux Trois Castors du Café Saint-Jacques à Montréal.

1960-1962 Repos à Vaudreuil et tournée de spectacles au Québec.

      Ed. Archambault inc. lance le quatrième microsillon de Félix.

1963   On présente au Gesù et au Monument national *L'Auberge des morts subites* (153 représentations).

      Une autre pièce, *Le roi viendra demain*, est présentée à la télévision de Radio-Canada le 22 décembre.

1964   Le Théâtre Québec joue cinquante représentations du *P'tit Bonheur* au Trois Baudets à Paris. Comme chanteur, Félix est porté en triomphe.

1965   Luc Bérimont publie aux Éditions Seghers, à Paris, un livre sur Félix, dans la collection *Poètes d'aujourd'hui*.

      Retour difficile à Vaudreuil en février. Le couple Leclerc va cahin-caha. On parle de séparation et de divorce.

      Mort de Léo Leclerc.

1966   La comédie *Les Temples* est créée à la Comédie canadienne, le 10 janvier, par la troupe du Théâtre-Québec, dans une mise en scène d'Yves Massicotte. Les critiques font mal à Félix qui décide de repartir pour l'Europe. Il refait sa vie avec Gaétane Morin.

Jean-Claude Labrecque et Jean-Louis Frund tournent *La Vie* dans son «campe» de l'Île d'Orléans.

Huitième microsillon de Félix.

1967-1969   Tournées triomphales en Europe organisées par son imprésario et ami Jean Dufour.

En novembre 1967, on l'applaudit à la Place des Arts à Montréal et dans seize villes du Québec, ainsi qu'à Ottawa.

Naissance de Nathalie à Paris, en 1968.

Divorce de Félix et d'Andrée Vien.

Remariage avec Gaétane Morin le 23 décembre 1969.

1970   Félix s'installe définitivement dans sa nouvelle maison de l'île d'Orléans, à Saint-Pierre, là où naîtra Francis.

1971   Félix refait Bobino.

1973   Il remporte pour la troisième fois le Grand Prix de l'Académie Charles-Cros pour l'ensemble de son œuvre.

La comédie *Où est le père?* est créée au Théâtre de l'Île situé tout près de la maison de Félix.

Il retourne à Paris au Théâtre de la Ville, de même qu'en Suisse et en Belgique.

1974   Avec Gilles Vigneault et Robert Charlebois, il participe à la Superfrancofête sur les Plaines d'Abraham à Québec le 13 août. Cet événement donne lieu à la production de l'album *J'ai vu le loup, le renard, le lion.*

Tour de chant au Patriote à Montréal.

1975-1977   Il reçoit le prix Calixa-Lavallée de la Société Saint-Jean-Baptiste de Montréal et la médaille *Bene Merenti de Patria.* Il est lauréat du premier prix Denise-Pelletier, décerné par le gouvernement du Québec, pour l'ensemble de son œuvre théâtrale.

Le Grand Échiquier, avec Jacques Chancel.

Cent cinquante spectacles, notamment au Théâtre Montparnasse-Gaston-Baty.

Été 1976 : *Le Temps d'une saison*, avec Claude Léveillée.

1978   Il enregistre avec François Dompierre *Chansons dans la mémoire longtemps*, un coffret de trois disques regroupant trente-six de ses plus belles chansons.

On publie *Le Petit Livre bleu de Félix*.

1979
Il accepte de prêter son prénom aux trophées remis annuellement par l'ADISQ (Association du disque et de l'industrie du spectacle québécois). Il reçoit, lors du premier gala, le premier trophée *Témoignages* de l'ADISQ.

Une exposition consacrée à Félix Leclerc est présentée au Complexe Desjardins à Montréal.

1980
Il reçoit la médaille d'argent du Mouvement national des Québécois et se prononce officiellement pour le « oui » au référendum du 22 mai.

L'Association internationale des parlementaires de langue française lui accorde la décoration de la Pléiade, le 15 décembre.

Présentation du film *Mon cher Félix*, production Kébec-Films. Diffusion dans le cadre du 10e anniversaire de Loto-Québec au réseau TVA, le 16 mars.

1981
Denise Bombardier reçoit Félix à *Noir sur blanc* à la télévision de Radio-Canada, le 16 décembre.

1982
Il reçoit un doctorat honorifique de l'Université du Québec, le 11 juin.

1983
Hommage à Félix au festival de la chanson du Printemps de Bourges.

Gala hommage à Félix au nouveau théâtre qui porte son nom, à Montréal.

Création de la Fondation Félix-Leclerc destinée à venir en aide aux jeunes artistes de la relève.

1984
Les Nouvelles Éditions de l'Arc publient *Rêves à vendre*.

Félix est nommé membre à vie de l'Union des écrivains québécois.

Enregistrement de l'émission de télévision *Vagabondages* (France) avec Roger Gicquel et Yves Duteil à l'île d'Orléans.

1985
Il reçoit du premier ministre du Québec, René Lévesque, l'Ordre national des Québécois, le 26 juin, à titre de Grand Officier.

1986
Il reçoit à Québec, le 10 mars, la décoration de Chevalier de la légion d'honneur du gouvernement français des mains du consul Renaud Vignal.

1988   Le 8 août, à 8 heures, il meurt subitement chez lui à l'île d'Orléans.

            Son *Dernier Calepin* paraîtra en octobre.

1989   La Chambre de commerce de l'île d'Orléans, présidée par Bruno Coulombe, érige à l'entrée de l'île un monument à Félix Leclerc exécuté par le sculpteur Raoul Hunter. Le comité d'organisation, dirigé par Louis Dumas, a amassé la somme de 30 000 $ afin de graver à jamais le nom de Félix Leclerc.

            Le 2 août, la ville de La Tuque avec son maire en tête, André Duchesneau, organise une journée Félix-Leclerc. Guy Godin et Jérôme Lemay animent l'événement.

1990   Inauguration de l'imposante statue dédiée à Félix Leclerc au Parc La Fontaine, à Montréal, le 21 octobre. Une œuvre du sculpteur Roger Langevin.

1994   Le Musée Louis-Hémon, de Péribonka, dirigé par Lynn Boisselle, présente du 26 juin au 10 octobre une exposition consacrée à Félix Leclerc, projet réalisé en collaboration avec le Centre de recherche en littérature québécoise de l'Université Laval et le Département d'études du deuxième cycle en muséologie de cet établissement.

            Le Musée de l'Amérique française réalise une exposition consacrée à Félix Leclerc à travers l'histoire de l'homme et de son œuvre. Hélène Gagnon est chargée de cet événement qui a lieu à Québec, d'octobre 1994 à octobre 1995.

            Dans le cadre des *Beaux Dimanches*, Radio-Canada présente *Pieds nus dans l'aube*, le 31 juillet, inspiré du livre de Félix. Des extraits sont lus par l'auteur et par Paul Hébert. Ce documentaire de Jean-Louis Frund et de Jacques Gagné évoque l'enfance du poète en Mauricie.

DISCOGRAPHIE

78 TOURS
Paris, Polydor, 1951

Le P'tit Bonheur • Notre sentier.
Moi, mes souliers • Le Roi heureux / Le Bal.
Le Train du Nord • La Gigue / Petit Pierre.
Mac Pherson • La Complainte du pêcheur.
L'Hymne au printemps • La mer n'est pas la mer.
Bozo • La Danse la moins jolie.
Demain si la mer • La Complainte du pêcheur.
Présence • Écho.
Épousailles • Chanson de nuit.
Francis • Le Petit Ours.
Contumace • Elle n'est pas jolie.
L'Homme au vélo • Tu allumes ma nuit.
Matin de noces • Nicolas.
Prière bohémienne • Complot d'enfants.
Chanson du pharmacien / Danse paysanne • Lettre de mon frère / Pour l'amour d'un chien.
Prologue / L'Affaire décourageante / La Muette • Visite à l'hôpital / La Veuve / Le Banc sur la route / Le Héros / Finale du P'tit Bonheur.

78 TOURS
Montréal, Épic, 1957

Bozo • Moi, mes souliers.
La Muette / Visite à l'hôpital • Prologue du P'tit Bonheur.
La Veuve / Le Banc sur la route • Le Héros / Finale du P'tit Bonheur.
Attends-moi, Ti-Gars • Le Québécois.
Le roi viendra demain • Comme Abraham.
L'Héritage • Tirelou.
Le Québécois • Le roi viendra demain (Montréal, Philips, 1957).

45 TOURS

Tirelou • Tour de reins (Montréal, Philips, 1964).
Les Algues • La Valse à Joseph (Montréal, Philips, 1964).

Moi, mes souliers / L'Hymne au printemps / Chanson du pharmacien • Le P'tit Bonheur / Le Bal / Bozo (Paris, Polydor, 1964). Réédition chez Philips, Montréal, 1964.

L'Héritage / Tirelou • Tour de reins / Litanies du petit homme (Épic, Paris). Réédition, Philips, 1964.

Moi, mes souliers / La Mouche à feu • Pour bâtir une maison / Le Petit Ours gris (Compilation, Philips, 1964).

Les 100 000 Façons de tuer un homme • L'Alouette en colère (Paris, Philips, 1972).

La Complainte du phoque en Alaska • L'Encan (Montréal, Philips, 1975).

Les Rogations (Montréal, Polydor, 1978).

Le Train du Nord • Contumace (Montréal, Polydor, 1980).

ALBUMS • 33 TOURS

Félix chante ses derniers succès (Paris, Philips et Polydor, 1950-1951). Face 1 : *Moi, mes souliers, Le Roi heureux, Le Train du Nord, Bozo, Contumace.* Face 2 : *L'Hymne au printemps, Le P'tit Bonheur, Écho, Francis.*

Félix Leclerc chante (Montréal, Philips Réalités, 1957). Livre-disque. Réédité sous le titre **La Drave.** Face 1 : *Comme Abraham, Attends-moi, Ti-Gars, La Drave, La Chanson du pharmacien, Prière bohémienne, Le Roi et le laboureur, Un petit soulier rose, J'ai deux montagnes.* Face 2 : *La Chanson de Pierrot, Le Québécois, Dialogue amoureux, Le roi viendra demain, Chanson des colons, Ce matin-là, Sensation.*

Félix Leclerc et sa guitare N° 1 (Épic, 1958). Face 1 : *Chanson des colons, La Drave, Dialogue des amoureux, Ce matin-là, Le Roi et le laboureur, Les Perdrix.* Face 2 : *Comme Abraham, Attends-moi, Ti-Gars, Un petit soulier rose, Le Québécois, Le roi viendra demain, Chanson du retraité, J'ai deux montagnes.*

Félix Leclerc et sa guitare N° 2 (Épic, 1959). Face 1 : *Moi, mes souliers, Le Roi heureux, Le Train du Nord, Bozo, Contumace, Le Bal.* Face 2 : *L'Hymne au printemps, Le P'tit Bonheur, Écho, Francis, Chanson du pharmacien, Le Petit Ours.*

Les Nouvelles Chansons de Félix (Paris, Philips, 1959). Face 1 : *Tirelou, L'Héritage, Tour de reins, L'Agité, L'Abeille, Sur le bouleau, Litanies du petit homme.* Face 2 : *La Chanson du vieux polisson, Les Dimanches, Si tu crois, Les Cinq Millionnaires.* Réédité sous le titre **L'Héritage** avec en plus *Je cherche un abri pour l'hiver, L'Imbécile, Le Testament, Mouillures, L'Eau de l'hiver.*

Félix Leclerc et sa guitare N° 3 (Montréal, Épic, 1959. Réédité chez Philips, Paris, 1959). Face 1 : *Sur le bouleau, Litanies du petit homme, Elle pleure,*

Les Dimanches, Le Testament, Si tu crois, Mouillures, L'Abeille, L'Héritage. Face 2 : *Au même clou, L'Agité, Les Cinq Millionnaires, La Fille de l'île, Tirelou, Les Soirs d'hiver, Tour de reins, La Chanson du vieux polisson* (avec Yoanhan Zarai).

Le Roi heureux (Une production Philips, 1962, de Jacques Canetti, réalisée par Michel Bernard). Face 1 : *Le Roi heureux, Le Chant de la création, Perdu gagné, La Gigue, Elle pleure, L'imbécile, Les Soirs d'hiver, Je cherche un abri, Le Bal, Le Loup.* Face 2 : *Tu te lèveras tôt, Au même clou, Mac Pherson, Mouillures, Ton visage, Complot d'enfants, Notre sentier, La Fille de l'île, L'Eau de l'hiver.* Réédité chez Philips, 1968 et 1970 et chez Polydor (accompagnement : Michel Legrand).

Félix Leclerc (Montréal, Philips, 1964). Face 1 : *Premier Amour, Valse à Joseph, Le Roi chasseur, Chanson en russe, Y a des amours, La Fête, Douleur.* Face 2 : *Les Algues, Sur la corde à linge, Le Traversier, Les Nouveau-nés, La Vie, l'amour, la mort, Les Soupirs, Le jour qui s'appelle aujourd'hui.* Réédité sous le titre **Le jour qui s'appelle aujourd'hui** chez Philips, 1968, 1970, et Polydor, avec quelques chansons différentes.

Mes premières chansons (Paris, Philips, 1964). Face 1 : *Moi, mes souliers, Contumace, Elle n'est pas jolie, Bozo, Écho, Francis, Lettre de mon frère, Demain si la mer.* Face 2 : *La Danse la moins jolie, Le P'tit Bonheur, Le Train du Nord, Petit Pierre, La Complainte du pêcheur, L'Hymne au printemps, La mer n'est pas la mer, Présence.* Réédité sous le titre **Moi, mes souliers** chez Philips, 1968, et chez Polydor.

Moi, mes chansons (Montréal, Philips, 1966). Préface de Jean Royer. Face 1 : *Ailleurs, Bon Voyage dans la lune, Qu'ont vu tes yeux, Noces d'or, En muet, Dieu qui dort.* Face 2 : *Oh! mon maître, Chanson de nuit, Manic 5, Le Bonhomme et la jeune fille, Nuage noir, Mes longs voyages.* Réédité sous le titre **Mes longs voyages** (Philips et Polydor, 1966). Préface de Louis Nucéra (direction d'orchestre et arrangements : Pierre Brabant).

La Vie (Paris, Philips, 1967). Face 1 : *La Gaspésie, Passage de l'outarde, L'Écharpe, Une valse, Les Moutons sur la rivière, La Vie.* Face 2 : *Errances, Do ré mi, Blues pour Pinky, Variations sur le verbe donner, Tzigane.* Réédité sous le même titre chez Philips, 1968, 1969 et chez Polydor.

Cent Chansons. Coffret de six disques chez Philips, 1968.

Félix Leclerc dit Pieds nus dans l'aube (Paris, Polydor, 1969). Double album. Face 1 : *La maison, Fidor, La Bataille de chiens, Le Théâtre.* Face 2 : *Harry, Ludger, Le Barbier.* Face 3 : *Monsieur Eustache, Misère de chien, Le Nord.* Face 4 : *La Peau de loup, Au couvent, Mort d'Anne-Marie, L'Oncle Rodolphe, Le Départ.*

J'inviterai l'enfance (Paris, Philips, 1969). Face 1 : *La Mort de l'ours, Les Escaliers devant, J'inviterai l'enfance, Le Père, Richesses.* Face 2 : *Grand-Papa Pan Pan, Naissance, En attendant l'enfant, Les Mauvais Conseils, La Veuve.* Réédité sous le même titre chez Philips, 1970, et chez Polydor.

Félix Leclerc chante pour les enfants (Paris, Philips, 1970). Livre-disque, compilation. *Le P'tit Bonheur, Le Bal, Les Algues, Le loup, Tu te lèveras tôt, Le Roi heureux, La Mort de l'ours, Les Moutons sur la rivière, Grand-Papa Pan Pan, Complot d'enfants.* Réédité chez Philips, 1974, en 45 t. : *Moi, mes souliers, La Mouche à feu, Pour bâtir une maison, Le Petit Ours, La Légende du petit ours gris.*

Pleins Feux sur Félix Leclerc (Paris, Philips, 1971). Vol. 1. Double album (compilation). Vol. 2. Deux autres disques (compilation).

L'Alouette en colère (Paris, Philips, 1972). Face 1 : *L'Alouette en colère, Viendra-t-elle aujourd'hui, My neighbour is rich, La Légende du petit ours gris, Un soir de février.* Face 2 : *Batelier, batelier, Les 100 000 Façons de tuer un homme, Races de monde, La Mouche à feu, Pour bâtir une maison, Tu t'en iras demain.*

Félix Leclerc, Radio-Canada international (1972). Face 1 : *Entrevue avec Andréanne Lafond.* Face 2 : *Moi, mes souliers, Variations sur le verbe donner, En attendant l'enfant, L'Alouette en colère, Contumace, Francis, La Veuve, Notre sentier, Le P'tit Bonheur.*

J'ai vu le loup, le renard, le lion (Félix avec Robert Charlebois et Gilles Vigneault à la Superfrancofête le 13 août 1974). Production VLC-13. Double album.

Le Tour de l'île (Montréal, Philips, 1975). Face 1 : *L'Encan, Chant d'un patriote, Comme une bête, La Complainte du phoque en Alaska, L'Ancêtre.* Face 2 : *Les Poteaux, Le Dernier Pont, Sors-moi donc Albert, Fatalité, Un an déjà, Le Tour de l'île.*

Félix Leclerc «Merci la France» (Paris, Polydor, 1976). Enregistrement public au Théâtre Montparnasse-Gaston-Baty en décembre 1975. Disque 1 : *La Vie, J'inviterai l'enfance, Les Mauvais Conseils, L'Encan, Chant d'un patriote, Comme une bête, En attendant l'enfant, La Mort de l'ours, Litanies du petit homme, Sors-moi donc Albert, Les 100 000 Façons de tuer un homme, Francis, Y a des amours, Notre sentier, Les Poteaux, Moi, mes souliers, L'Ancêtre, Bozo, La Veuve.* Disque 2 : *La Complainte du phoque en Alaska, Variations sur le verbe donner, La Danse la moins jolie, Do ré mi, La Chanson du pharmacien, Prière bohémienne, Contumace, Races de monde, L'Alouette en colère, La Vie, l'amour, la mort, Ailleurs, Le P'tit Bonheur, Fatalité, Un an déjà, Le Tour de l'île.* Réédité chez Philips, Montréal, 1976.

Félix Leclerc/Claude Léveillée. Le Temps d'une saison. Enregistrement à l'île d'Orléans, Québec, au Théâtre de l'Île, en décembre 1976 (Montréal,

Polydor, 1976). Deux disques. Réédition. Amplitude, 1989, et chez Philips, compilation, 1977.

Mon fils (Montréal, Polydor, 1978). Face 1 : *Les Rogations, Le Petit Point défendu, Nelligan, Chanson de femme d'autrefois et d'aujourd'hui* (par Monique Leyrac), *La Nuit du 15 novembre.* Face 2 : *La Montagnette* (chanson suisse), *L'Édéenne* (Lady Ann), *Oh... lon... la belle journée, L'An 1, Mon fils.* Réédité chez Philips, 1978, Kébec-Disc, 1985, Amplitude, 1989.

Chansons dans la mémoire longtemps (Longueuil, Polydor, 1979). Coffret de trois disques avec livret de photos. Trente-six chansons de Félix, interprétées par lui, coulées dans le bronze par François Dompierre.

Disque 1 • Face 1 : *Moi, mes souliers, Richesses, La Mort de l'ours, Contumace, La Vie, Les Algues, Le Train du Nord.* Face 2 : *Le Québécois, Présence, Ailleurs, Tu te lèveras tôt, Le Bal.*

Disque 2 • Face 1 : *L'Alouette en colère, L'Eau de l'hiver, J'ai deux montagnes, La Gaspésie, La Gigue, Francis, Bozo.* Face 2 : *Le Roi et le laboureur, Attends-moi, Ti-Gars, Ce matin-là, Tirelou, Litanies, Mouillures.*

Disque 3 • Face 1 : *Mac Pherson, La Danse la moins jolie, Le Roi heureux, la Veuve, L'Hymne au printemps.* Face 2 : *Chanson du pharmacien, Les 100 000 Façons de tuer un homme, Prière bohémienne, Le P'tit Bonheur, Petit Pierre, Notre sentier.*

Félix Leclerc/Claude Léveillée. La Légende du petit ours gris et Le Journal d'un chien (extraits) (Longueuil, Polydor, 1979). Contes racontés par Félix sur des musiques de Léveillée. Face 1 : *Dormir l'hiver, Première Nuit d'homme, Fête en forêt, Blessante Froidure, Blanche Découverte, Nocturne pour un petit ours gris.* Face 2 : *Complainte d'un chien, Folle Jeunesse, Attente dans la nuit, Nocturne pour un chien, Ma famille, Au couchant de la vie.*

Profil. Vol. 1 et Vol. 2. Extraits du coffret de Polydor, 1986, par Kébec-Disc.

Félix Leclerc raconte aux enfants (Paris, Philips, 1989). Narration de Jean-Paul Sermonte.

L'Ancêtre (Montréal, Kébec-Disc, 1976). Enregistrement à l'île d'Orléans, Québec, au Théâtre de l'Île. Double album. Réédition en 1989.

Heureux qui comme Félix. Coffret de quatre disques compacts réunissant ses plus belles chansons de compagnies déjà mentionnées.

L'Intégrale. Coffret de six disques compacts réunissant les disques Philips, 1989. Plus de cent cinquante chansons.

Félix Leclerc : 21 titres, chansons d'auteurs (Philips, 1991). / **Félix Leclerc** (Compilation, Philips, 1992). Double album.

Félix Leclerc en concert. Un homme et son pays. (Toronto, PolygramVidéo, 1994). Préface de Marcel Brouillard. Vidéocassette.

FÉLIX CHANTE D'AUTRES
AUTEURS SUR DISQUE

Raymond Devos • *La Chanson de Pierrot*

Maurice Fanon • *L'Écharpe*

Jean-Pierre Ferland • *Ton visage* et *Noces d'or*

Saint François d'Assise • *Le Chant de la création*

Jean-Luc Juvin • *Le Dernier Pont*

Raymond Lévesque • *Quand les hommes vivront d'amour* (avec Vigneault et Charlebois)

Léo Poll et Maurice Druon • *Le Galérien*

Arthur Rimbaud • *Sensation*

Michel Rivard • *Ce matin-là* • *La Complainte du phoque en Alaska*

François Villon • *Le Testament*

INTERPRÈTES DE CHANSONS DE FÉLIX
SUR DISQUE, CASSETTE OU DISQUE COMPACT

Mathé Altéry • *L'Hymne au printemps.* (Les 13 plus belles chansons du monde, Paris, Pathé, 1968)

Bélanger et son orchestre • *Sors-moi donc Albert.* Musique du Québec, vol. 4. (Montréal, Production de l'Éditeur officiel du Québec réalisée par Stéphane Venne)

Johanne Blouin • *Merci Félix.* Face A : *Sors-moi donc Albert, Le P'tit Bonheur, Moi, mes souliers, Attends-moi, Ti-Gars, Le Train du Nord.* Face B : *Tirelou, L'Hymne au printemps, Bozo, Le Tour de l'île, Notre sentier.* (Montréal, Les Productions Guy Cloutier, 1987)

Claude Corbeil • *La Vie, l'amour, la mort, La Gaspésie, Le Tour de l'île, Ce matin-là, Bozo, Chanson du pharmacien, L'Hymne au printemps, Les Perdrix, Notre sentier, Demain si la mer, Le P'tit Bonheur, Secret des pins.* (Disques Helios enr., 1993)

Nicole Croisille • *Moi, mes souliers*

Dalida • *Le P'tit Bonheur*

Richard Ferland et son orchestre • *Attends-moi, Ti-Gars.* Musique du Québec, vol. 1. (Montréal, Production de l'Éditeur officiel du Québec réalisée par Stéphane Venne)

Francisco (Frantz Charles Denis) • *Le P'tit Bonheur.* Arrangements François Dompierre, 1994.

Jean-Claude Gauthier • *Notre sentier, Tirelou.* (Montréal, Musi-Promix, 1994)

Fernand Gignac • Bozo, 45 t. (Montréal, Trans-Canada, 1967)

Marcel Lévèque et son orchestre • *Bozo,* 33 t., 3 chefs • 12 chansonniers. (Montréal, Select, 1967)

Monique Leyrac • *Premier Amour, Petit Pierre, Le Bal, My neighbour is rich, Pour bâtir une maison, L'Hymne au printemps, Y a des amours, La Fille de l'île, Francis, La Gaspésie, Tirelou.* (Montréal, Polydor, 1977) • *Le P'tit Bonheur,* 78 t. (Montréal, RCA Victor, 1950)

Lady Patachou • *Les Deux Sœurs.* Orchestre Jos Boyer. (Paris, Quality, Polydor, 1951)

Groupe Raymond Berthiaume • *Moi, mes souliers, Le P'tit Bonheur,* 33 t., *Chantons en chœur,* vol. 1. (Montréal, Gala, RCA Victor)

Gaston Rochon et son orchestre • *Le Tour de l'île.*

Joseph Rouleau chante Félix • *L'Hymne au printemps, Demain si la mer, Moi, mes souliers, Tirelou, Ce matin-là, Les Soirs d'hiver, Le Québécois, L'Héritage, Bozo, Comme Abraham, Attends-moi, Ti-Gars, Valse à Joseph, Le P'tit Bonheur, La mer n'est pas la mer, Douleur, Les Perdrix, La Complainte du pêcheur, Notre sentier, Le Tour de l'île.* (Production de l'Orchestre symphonique de Trois-Rivières, 1990)

Catherine Sauvage • La *Chanson du pharmacien*

Marie-Claire et Richard Séguin • *Le Train du Nord*

Monique Vermont et Jean Faber • *Notre sentier.* Microsillon *C'est dans l'amour.* (Montréal Production MCS, Roger Magnan, 1982)

Éric Zimmermann • *Le Traversier, Douleur.*

BIBLIOGRAPHIE

1. ŒUVRES (PREMIÈRES ÉDITIONS)

Adagio. Contes, Montréal, Fides, 1943, 204 p.

Allegro. Fables, Montréal, Fides, 1944, 195 p.

Andante. Poèmes, Montréal, Fides, 1944, 158 p.

Pieds nus dans l'aube. Roman, Montréal, Fides, 1946, 242 p.

Dialogues d'hommes et de bêtes. Théâtre, Montréal, Paris, South Bend, Sao Paulo, 1949, 217 p.

Les Chansons de Félix Leclerc, le Canadien. Paris, Éditions Raoul Breton, 1951, 28 p.

Théâtre de village. Montréal et Paris, Fides, 1951, 192 p.

Le Hamac dans les voiles. Contes extraits d'*Adagio, Allegro* et *Andante*, Montréal, Fides, 1951 ; Paris, Amiot-Dumont, 1955, 226 p.

Moi, mes souliers... Journal d'un lièvre à deux pattes. Préface de Jean Giono, Paris, Amiot-Dumont, 1955, 226 p.

Le Fou de l'île. Roman, Paris, Denoël, 1958, 222 p. ; Fides, 1962, 286 p.

Douze Chansons de Félix Leclerc. Montréal, Éditions Archambault, 1958, 58 p. Partitions musicales.

Le P'tit Bonheur suivi de *Sonnez les matines*. Beauchemin, 1959, 154 p. Réédition du *P'tit Bonheur*, 280 p. chez Beauchemin en 1964.

Le Calepin d'un flâneur. Maximes, Montréal et Paris, Fides, 1961, 170 p.

L'Auberge des morts subites. Comédie en deux actes, Montréal, Librairie Beauchemin, 1964, 203 p.

Chansons pour tes yeux. Poésie, Paris, Robert Laffont, 1968, 120 p. ; Montréal, Fides, 1976.

Les Chansons de Félix Leclerc. Paris, Éditions métropolitaines, 1969, 24 p.

Cent Chansons. Poésie, Montréal, Fides, 1970, 255 p.

Carcajou ou Le Diable des bois. Roman, Paris, Robert Laffont, et Montréal, Éditions du Jour, 1973, 264 p.

Qui est le père ? Présentation de Jean Royer, Montréal, Leméac, 1977, 128 p.

Le Petit Livre bleu de Félix ou Le Nouveau Calepin du même flâneur. Maximes, Montréal, Nouvelles Éditions de l'Arc, 1978, 302 p.

Félix Leclerc raconte L'Avare, et *Le Violon magique.* Contes et légendes, Montréal, Éditions Héritage, 1979, 20 p.

Le Tour de l'île. Illustré par Gilles Tibo, Montréal, La courte échelle, 1980. (n.p.)

Le Choix de Félix dans l'œuvre de Félix Leclerc. Les Presses Laurentiennes, 1983, 80 p.

Rêves à vendre ou *Troisième Calepin du même flâneur.* Maximes, Montréal, Nouvelles Éditions de l'Arc, 1984, 250 p.

Dernier Calepin. Montréal, Nouvelles Éditions de l'Arc, 1988, 192 p.

2. TRADUCTIONS EN ANGLAIS

Allegro. Traduit par Linda Hutcheon, introduction d'Elizabeth Jones, Toronto, McClelland and Stewart, 1974, 125 p.

The Madman, the Kite & the Island. Traduit par Philip Straford, Ottawa, Oberson Press, 1976, 153 p.

3. ÉDITIONS DE LUXE

L'Âme à l'œil. Treize photos originales de Louis Forest. Poèmes de Félix Leclerc, etc., Montréal, les Éditions Louis Forest, 1963, 1 emboîtage, 4 feuilles et 13 feuilles doubles.

L'Ancêtre. Poème, Châteauguay, Éditions Michel Nantel, 1974, 16 p.

Bonjour de l'île. Illustrations de Lorne H. Bouchard, Châteauguay, Éditions Michel Nantel, 1975. 1 portefeuille, 165 p. + 10 feuilles.

Un matin. Lithographie de Roland Pichet, Lacolle, Éditions Michel Nantel, 1977, 1 portefeuille, 1 pl. couleur.

Chansons dans la mémoire longtemps. Estampes originales d'Antoine Dumas, Montréal, Art global, 1981, 3 vol.

Le Fou de l'île. Reproductions de tableaux et 16 dessins inédits, Montréal, Fides, 1989, 203 p.

Mouillures. Conception et réalisation de l'estampe originale, Dominique G. Tremblay, Montréal, Loto-Québec, 1989, 1 cahier, 1 feuille de pl. en coul.

À la recherche du pays de Félix. Textes de Claude Jasmin et de Marcel Brouillard. Vingt-quatre tableaux de Fernand Labelle, Montréal, Publications Transcontinental, 1989, 70 p. ill. couleurs.

4. ÉTUDES

Les Adieux du Québec à Félix Leclerc. Montréal, Les Presses Laurentiennes, 1989, 165 p.

BÉRIMONT, Luc. *Félix Leclerc*, Paris, Seghers, et Montréal, Fides, 1964, 191 p.

BERTIN, Jacques. *Félix Leclerc, le roi heureux* (biographie), Paris, Arléa, 1987, 315 p. ill.

BERTIN, Jacques. [même titre], Paris, Arléa, et Montréal, Boréal, 1988, 314 p.

CARAGHIAUR, Eugen Enea. *Sur les traces de Félix Leclerc* (préface de Gaston Miron, introduction de Jean-Pierre Ferland), Montréal-Nord, Éditions de La Voix du peuple, 1989, 131 p. ill.

En hommage à Félix Leclerc. Poèmes du 2e cycle du secondaire, Saint-Romuald, Éditions Les Mots d'école, 1992, 79 p. ill.

LE PENNEC, Jean-Claude. *L'Univers poétique de Félix Leclerc*, Montréal, Fides, 1967, 266 p.

SAMSON, Jean-Noël et Roland-M. CHARLAND. *Félix Leclerc*, Montréal, Fides, 1967, 88 p. (Dossiers de documentation en littérature canadienne-française)

SERMONTE, Jean-Paul. *Félix Leclerc, roi, poète et chanteur*, Monaco, Éditions du Rocher (Jean-Paul Bertrand), 1989, 156 p. ill., portr., 30 cm.

SYLVAIN, Jean-Paul. *Félix Leclerc ou Mes vingt-cinq années dans l'intimité de Félix Leclerc racontées par Andrée Leclerc*, Montréal, Éditions de l'Homme, 1968, 157 p. ill., portr.

5. JOURNAUX HOMMAGE

Adieu Félix : tout sur sa vie, ses chansons, ses écrits. Montréal, SuperMagazine (Paul-Henri Goulet), 1988, 32 p. ill.

Édition spéciale Félix Leclerc. Montréal, Sperandio Communications inc., 1988, 28 p. ill.

Félix Leclerc : la mort d'un géant. Montréal, Échos-Vedettes, 1988, 16 p. ill.

Spécial album souvenir Félix Leclerc. Laval, Éditions Vedettes Plus, 1988, 32 p. ill.

6. DICTIONNAIRES

COURNOYER, Jean. *Dictionnaire des noms propres du Québec : Le Petit Jean*, Éditions Stanké, 1993, 954 p. [p. 458].

LÉGARÉ, Yves [sous la direction de]. *Dictionnaire des écrivains québécois contemporains*, Montréal, Québec/Amérique, 1983, [p. 242-243]. Photo.

LEMIRE, Maurice [sous la direction de]. *Dictionnaire des œuvres littéraires du Québec*, Montréal, Fides, tome III, t. IV et t. V.

Petit Larousse illustré 1994, Paris, Larousse, 1993, 1784 p. [p. 1461].

ROBERT, Paul. *Le Petit Robert 2 : Dictionnaire universel des noms propres, alphabétique et analogique,* Paris, Dictionnaires Le Robert, 1988, 1952 p. [p. 1040].

SEVRAN, Pascal. *Le Dictionnaire de la chanson française*, Paris, Éditions Michel Lafon, 1988, 392 p. [p. 217].

THÉRIEN, Robert et Isabelle D'AMOURS. *Dictionnaire de la musique populaire au Québec, 1955-1992*, Québec, Institut québécois de recherche sur la culture, 1992, 580 p. [p.265-271].

VERMILLAT, France et Jacques CHARPENTREAU. *Dictionnaire de la chanson française*, Paris, Librairie Larousse, 1968, 255 p. [p. 143-144].

7. Ouvrages consultés

AUBIN, Henri. *L'Île d'Orléans de Félix Leclerc*, Éditions La Liberté, 1989, 140 p. ill.

AUBIN, Henri. *Île d'Orléans – Terre des aïeux*, Éditions La Liberté, 1994, 120 p. ill.

BARBRY, François-Régis. *Gilles Vigneault*, Éditions Le Centurion, 1978, 157 p.

BARJON, Louis. *La Chanson d'aujourd'hui*, Paris, Éditions B.P., 1959, 190 p. ill.

BERNARD, Monique. *Ceux de chez nous*, Agence de Presse Artistique, 1969, 162 p. ill.

BOURASSA, André G. et Jean-Marc LARRUE. *Les Nuits de la « Main »*, Montréal, VLB Éditeur, 1993, 368 p. ill.

BRUNSCHWIG, Chantal, Louis-Jean CALVET, Jean-Claude KLEIN. *Cent Ans de chanson française*, Paris, Éditions du Seuil, 1981, 448 p.

CANETTI, Jacques. *On cherche jeune homme aimant la musique*, Paris, Calmann-Lévy, 1978, 276 p. ill. [Lignes de vie] [p. 157-159].

CHUTKOV, Paul. *Depardieu,* Paris, Éditions Belfond, 1994, 382 p. ill.

DESBIENS, Raymond. *Victor Delamarre « Superman » du Québec*, Montréal, La Presse, 1973, 112 p. ill.

DISTEL, Sacha. *Les Pendules à l'heure*, Paris, Éditions Carere-Michel Lafon, 1985, 366 p. ill.

DUHAMEL, Roger. *L'Air du temps*, Paris, Le Cercle du Livre de France, 1968, 203 p.

FILION, Lucien. *Histoire de La Tuque à travers ses maires*, Éditions du Bien Public, 1977, 212 p. ill.

GARNEAU, Sylvain. *Objets retrouvés*, Librairie Déom, 1965, 332 p.

GÉRIN-LAJOIE, Paul. *Combats d'une révolution tranquille*, Montréal, CEC, 1989, 378 p. ill.

GIROUX, Émile. *Langue française : 4e et 5e années : « Pieds nus dans l'aube »*. Adaptation inédite de Félix Leclerc à l'usage des écoliers, Guide du maître, Saint-Vincent-de-Paul, les Éditions des frères maristes, Librairie Saint-Joseph, Lévis, Procure des frères maristes, 1957, 560 p. ill.

GIROUX, Robert. *Le Guide de la chanson québécoise*, Éditions Triptyque, 1991, 179 p. ill.

HALIMI, ANDRÉ. *On connaît la chanson*, Éditions La Table Ronde, 1959, 210 p.

JASMIN-BÉLISLE, Hélène. *Le Père Émile Legault et ses Compagnons de Saint-Laurent*, Éditions Leméac, 1986, 206 p. ill.

JEANNOTTE, Adhémar. *Vaudreuil notes historiques*, 1982, 120 p., deuxième édition.

LAFRAMBOISE, Philippe. *La Bolduc*, VLB Éditeur, 1992, 218 p.

LAFRAMBOISE, Philippe. *Tino Rossi*, La Presse, 1972, 128 p. ill.

LAMONTAGNE, Léopold. *Visage de la civilisation au Canada français*, 1970, 131 p.

LEMIEUX, Louis-Guy. *Un amour de ville*, Éditions de l'Homme, 1994, 360 p.

LÉVESQUE, Raymond. *D'ailleurs et d'ici*, Éditions Leméac, 1986, 206 p.

LEYRAC, Monique. *Mon enfance à Rosemont*, Les Éditions Primeur, 1983, 210 p. ill.

MAUFFETTE, Guy. *Le soir qui penche*, Écrits des Forges, 1989, 84 p.

NORMAND, Jacques. *De Québec à Tizi-Ouzou*, Éditions Stanké, 1980, 184 p.

NORMAND, Jacques. *Les Nuits de Montréal*, Éditions La Presse, 1974, 190 p. ill.

NUCÉRA, Louis. *Mes ports d'attache*, Paris, Éditions Grasset, 1993, 320 p.

PAGÉ, Pierre. *Répertoire des œuvres de la littérature radiophonique québécoise*, Éditions Fides, 1975, 826 p.

PALLASCIO-MORIN, Ernest. *Sacré métier! Mémoires d'un journaliste*, Louise Courteau éditrice, 1990, 360 p. ill.

PROVENCHER, Jean. *Chronologie du Québec*, Éditions Boréal, 1991, 220 p. ill.

PRUD'HOMME, François. *Notre-Dame de Lourdes de Rigaud*, 1974, 224 p. ill.

PUGNET, Jacques. *Jean Giono*, Paris, Éditions Universitaires, 1955, 160 p.

RIOUX, Marcel. *Les Québécois*, Paris, Éditions du Seuil, 1980, 192 p. ill.

ROBIDOUX, Fernand. *Si ma chanson*, Éditions Populaires, 1974, 160 p. ill.

ROBITAILLE, Jacqueline. *Félix Leclerc, coup d'œil*, Recueil, Rivière-du-Loup (Québec), 1989, 40 p.

ROYER, Jean. *Pays intimes*, Éditions Leméac, 1976, 242 p.

RUDEL-TESSIER, Joseph. *André Mathieu, un génie*, Éditions Héritage, 1976, 376 p. ill.

SABLON, Jean. *De France ou bien d'ailleurs*, Paris, Éditions Robert Laffont, 1979, 285 p. ill.

SALACHAS, Gilbert et Béatrice BOTTET. *Le Guide de la chanson française*, Syros Alternatives, 1989, 166 p. ill.

SAUMART, Ingrid. *La Vie extraordinaire de Jean Despréz*, Les Éditions du Jour, 1965, 118 p. ill.

THIBAULT, Gérard et Chantal HÉBERT. *Chez Gérard. La Petite Scène des grandes vedettes*. Sainte-Foy, Les Éditions spectaculaires, 1988, 542 p.

TREMBLAY-DAVIAULT, Christine. *Un cinéma orphelin*, Montréal, Éditions Québec/Amérique, 1981, 360 p. ill.

VALOIS, Marcel. *Au carrefour des souvenirs*, Montréal, Éditions Beauchemin, 1965, 158 p.

VÉZINA, Marie-Odile et Edward RÉMY. *Têtes d'affiche*, Éditions du printemps, 1983, 436 p. [p. 1-3].

WARREN, Louise. *Léonise Valois, femme de lettres*, Montréal, Éditions de l'Hexagone, 1993, 314 p. ill.

WEIDER, Ben. *Louis Cyr, l'homme le plus fort du monde*, Montréal, VLB Éditeur, 1976, 174 p. ill.

INDEX DES NOMS

C

Caron (Ghislain) 308.
Caron (Louis) 100.
Caron (parfums) 150, 151.
Caron (René) 174, 315.
Caron (Renée) 259.
Carrousel TV 149.
Cartes marines 65.
Caruso (Enrico) 22.
Casa Loma 158.
Casino de Sainte-Maxime 307.
Casino Français (le) 158.
Castans (Raymond) 259.
Cathédrale (La) 206.
Cave (La) 158.
Caverne des splendeurs (La) 90, 99.
CBC 142.
Ce matin-là 107, 299.
Cent Ans de chanson française 194.
100 000 Façons (Les) 250.
Cent Mille Chansons 254.
Centre des loisirs de Vaudreuil 146, 148, 200.
Cercle de fermières 98.
Cercle Récamier 47.
Cerf-volant (Le) 48.
Cesbron (Gilbert) 316.
C'est la première fois que j'la chante 276.
C'était le bon temps 172.
Ceux de chez nous 221.
Ce Vendredi-là 48.
Chaloult (René) 314.
Chamberland (Roger) 296.
Chambon (Paul) 70.
Chambre de commerce 145.
Champi 158.
Champlain 97.
Champoux (Pierrette) 288.
Champs-Enlisés (Les) 199, 219.
Chanson d'aujourd'hui (La) 190.
Chanson de fille à un géant 203.
Chanson de Pierrot (La) 140.
Chanson des colons 177.
Chanson pour Félix 306.
Chansons dans la mémoire longtemps 297.
Chansons de Félix Leclerc, le Canadien 122.
Chansons pour tes yeux 243.
Chant de l'armée du Rhin (Le) 180.
Chantons maintenant 168.
Chapeau à plumes (Le) 157.
Chaplin (Charlie) 90, 181, 248.
Charland (Hector) 91.

Charlebois (Benoît) 18.
Charlebois (Jeanne-d'Arc) 139.
Charlebois (Robert) 100, 192, 221, 250.
Charlot v. Chaplin, Charlie.
Charron (Jos) 79.
Chassé (Louis) 254.
Chasse à l'homme 63, 96.
Chasseurs de cafard 112.
Chateaubriand 218.
Château-de-Blois 41.
Château Frontenac 255.
Château Vaudreuil 77.
Châtelaine 316.
Chénier (Gilbert) 204.
Chevalier (Maurice) 14, 92, 109, 133, 145, 151, 189, 245.
Chevrier-Leclerc (Lise) 283.
Chez Miville 245.
Chiriaeff (Ludmilla) 298.
CHLN 41.
Chopin 22.
Chopin (salle) 122, 165.
Choquette (Robert) 91, 95, 100.
Choralies internationales 304.
Chorus (le groupe breton) 306.
CHRC 36, 37, 154.
Christophe (saint) 186.
Ciel par-dessus les toits (Le) 90.
Cinq Jumelles (Les) 47.
Cité des jeunes de Vaudreuil 238.
Cirque (Le) 181.
CKAC 91, 113, 160.
CKVL 92, 109, 221.
Clairette 157.
Claude (Renée) 233.
Claudel (Paul) 35.
Claveau (André) 138, 142, 182.
Clay (Philippe) 142.
Clément (Jean) 142, 158.
Clopin-clopant 190.
Cloutier (Carole) 306.
Cloutier (Suzanne) 137.
Club des Jnobs (Le) 245.
Club du coucou (Le) 36.
Coailier (Jean-Pierre) 314.
Cobetto (Andy) 158.
Cochon borgne 158.
Cocteau (Jean) 92.
Coderre (Émile) 46.
Cohen (Nicolas) 298.
Collège séraphique des capucins 32.
Collégiens Troubadours (Les) 149.

Je cherche un abri 79, 202.
Je croyais 142, 189.
Je me souviens 48, 63.
Je nous aime 172.
Je suis loin de toi mignonne 190.
Jeune Scène (La) 200.
Jeunesse dorée 206.
Jeunesse étudiante catholique 88.
Jeunesse oblige 245.
Jeunesses musicales du Canada 202.
Jeux olympiques (XXIes) 166.
Je vous aime 172.
Jobidon (Marie-Madeleine) 278.
Jobin (Pierre) 191, 250, 252, 260, 285.
Joie de vivre 172.
Joliat (Aurèle) 35.
Joly (seigneur) 171.
Johnson père (Daniel) 102, 213, 214, 243.
Joubert (Richard) 254.
Journal de Montréal (Le) 306.
Journal d'un lièvre à deux pattes 116.
Jours de France 151, 239.
Jouvet (Louis) 70.
Joyal (Judith) 158.
J'parl' pour parler 46.
Julien (Pauline) 141, 159, 192, 247, 284, 288.
Jungfer (Viviane) 246.
Jutra (Claude) 168, 181, 182.
Juvin (Jean-Luc) 297.

K

Kamouraska 181.
Karel (David) 253.
Kazantzakis (Nikos) 316.
Kerulu 255.
Kessel (Joseph) 295.
Ketty (Rina) 106, 158.
Kirouac (André) 306.
Knight (Norman) 190.
Kobayashi (Hibiki) 299.
Kostelanetz (André) 165.

L

La Barre 500 – 246.
Laberge (Marie) 100.
Labrecque (Jacques) 189.

Labrecque (Jean-Claude) 232, 233.
Labric (Pierre) 113, 114.
Labro (Maurice) 182.
Lachance (Jos) 255.
Lachance (Mirielle) 204.
Lachance (pension) 33, 38.
La Fontaine (Jean de) 47, 48.
La Fontaine (parc) 64, 315.
Lafortune (Ambroise) 88.
Laframboise (Philippe) 100, 251.
La Guardia (Fiorello H.) 165.
Laine (Frankie) 157.
Lajeunesse (Jean) 90, 170.
Lalande (Sylvie) 260.
Laliberté (Zéphirine) 278.
Lalonde (Gérard) 204.
Lalonde (Hermione) 95.
Lama (Serge) 196.
Lamarche (Jos) 26, 40.
Lamarre (Pierre) 95, 235.
Lambert fils (Albert) 70.
Lamontagne (François-Xavier) 26.
Lamontagne (Marc) 255.
Lamothe (Willie) 189.
Lamoureux (Robert) 140, 246.
Landry (Henri) 141.
Lang (Jack) 314, 317.
Langevin (Gilbert) 141.
Langevin (Roger) 315.
Langlais (Paul) 86.
Langlois (Nathalie) 26.
Langue de chez nous (La) 306.
Languirand (Jacques) 134.
Lanthier (Ulric) 79.
Lapierre (Eugène) 107.
Lapierre (Viateur) 101.
Lapin à Gil 307.
Laplante (Raymond) 147.
Lapointe (Bernard) 309.
Lapointe (Claude) 245.
Lapointe (Colombe) 280.
Lapointe (Conrad) 277, 280, 281.
Lapointe (Jean) 233, 247, 286, 313, 315, 320.
Lapointe (Pierre) 167.
Lapointe (Suzanne) 158.
Laporte (Pierre) 248.
L'Archevêque (André) 101.
Larochelle (Jacques) 254.
Larocque-Auger (Laurette) v. Despréz, Jean.

N

Narrache (Jean) 46.
Nat King Cole 157.
Nelligan (Émile) 35.
Nérée Tousignant 163, 171, 172, 220.
Néron (Carol) 305.
New England Mutual Hall 70.
Nichée (La) 63.
Nicolet (Jean) 97.
Noces d'or (Les) 286.
Noël (Michel) 158.
Noël (Paolo) 158, 170.
Nohain (Jean) 260.
Noir sur blanc 298.
Nolin (René) 254.
Normand (Gilles) 204.
Normand (Jacques) 90, 109, 113, 146, 148, 153-159, 189, 240, 315.
Normand (Pascal) 190.
Notre-Dame (église) 42.
Notre-Dame de Paris 134, 137.
Notre-Dame-des-Victoires (église) 303.
Notre sentier 36, 42, 155, 174, 189, 299.
Notre temps 72, 148.
Nouveau-nés (Les) 77.
Nouvelles Éditions de l'Arc 249.
Nuages 168.
Nucéra (Louis) 203, 295.
Nuits de Montréal (Les) 113, 157.

O

Objets retrouvés 150.
Oblats de Marie-Immaculée (séminaire des) 30.
Ô Canada 63.
Ô Corse, île d'amour 35.
Odéon 105.
Office national du film 167, 168, 182, 239, 276, 283, 303.
Olden (Les) 222.
Oligny (Huguette) 48, 90, 99, 170.
Oligny (Monique) 170.
Oligny (Odette) 48, 121.
Olympia (l') 142, 153, 158, 159, 191, 221, 306.
Olympiades du Music-hall 1967 – 158.
On connaît la chanson 194.
O'Neill (Eugene) 181.
O'Neill (Oona) 181.

Open Gate Club 182, 184.
Orchestre philharmonique de New York 165.
Orchestre symphonique de Paris 299.
Ordinaire 192.
Ordre de la Pléiade 315.
Ordre du Canada 313.
Ordre national du Québec 294, 313.
Ordres (Les) 181.
Or du temps (L') 172.
Organisation des Nations unies 299.
Ouragan 191.

P

Pagnol (Marcel) 157, 200, 286.
Palais des Beaux-Arts 244.
Palais Montcalm 247, 254, 255.
Pallascio-Morin (Ernest) 306.
Palma de l'Empire (La) 36.
Paquet (Jean-Claude) 277.
Paradis (Geneviève) 278.
Parenté (La) 283.
Paris Match 137, 151, 179, 259, 303.
Paris-Presse 205.
Parizeau (Jacques) 231, 309, 310, 313.
Parlez-moi d'amour 35.
Parrot (Eugène) 25.
Parrot (Fabiola) 19, 22, 25-27, 31, 40, 214, 278, 296.
Parrot (Nathalie) v. Langlois, Nathalie.
Parti libéral du Québec 38.
Parti québécois 233, 251, 284, 289.
Passant charitable (Le) 96, 149.
Patachou 92, 138, 145, 157, 307.
Pathé-Marconi 105.
Patrie (La) 184, 219.
Patriote (le) 158, 251, 296.
Paul V 183.
Pavarotti 38.
Payette (Lise) 296.
Pays intimes 289.
Peau douce (La) 182
Péladeau (Pierre) 139.
Pellan (Alfred) 100, 298.
Pellerin (Gilles) 158.
Pellerin (Jean) 21.
Pellerin (Jeannine) 39.
Pelletier (Alex) 68.
Pelletier (Denise) 220.
Pelletier (Gérard) 68, 88.